Rudolf Bohren

Lebensstil

Fasten und Feiern

Neukirchener
Verlag

© 1986
Neukirchener Verlag des Erziehungsvereins GmbH,
Neukirchen-Vluyn
Alle Rechte vorbehalten
Umschlaggestaltung: Kurt Wolff, Düsseldorf-Kaiserswerth
Umschlagbild: *Florentiner Meister,* Der Heilige Johannes Gualbertus
im Kreise der Mönche von Vallombrosa, um 1440
Feder, aquarelliert, auf Pergament, Goldhöhung
Berlin, Kupferstichkabinett SMPK (Inv.-Nr. KdZ 5173)
Gesamtherstellung: Breklumer Druckerei Manfred Siegel KG
Printed in Germany
ISBN 3-7887-1252-X

CIP-Kurztitelaufnahme der Deutschen Bibliothek

Bohren, Rudolf:
Lebensstil: Fasten u. Feiern / Rudolf Bohren. –
Neukirchen-Vluyn: Neukirchener Verlag, 1986
ISBN 3-7887-1252-X

*Für
Kathrin
Marianne und Heiner
Ruedi und Heidi
Christian*

Inhalt

Vorwort 9

Lebensstil 11
Ankommen 12
Zwischen Sitte und Mode: Stil 17
Die Magie des Kleides 22
Das vergessene Gewand 30
Das Leben wahrnehmen 36
Bürgerliche Religion 40
Reimarus und die Kindertaufe 43
Bürgerlich-christliche Stilmischung – das evangelische
Pfarrhaus 47
Das ägyptische Mönchtum 57
Kritik am mönchischen Lebensstil 61

Lektüre – stilbildend 65
Der Text – eine neue Welt 66
Rückblick auf die »Weisung der Väter« –
der Chassidismus 68
Prägende Macht des Buches 70
Ankommen und Anfangen 73
Ernährung 75
Wiederkäuen 80
Erweiterung der Schrift 81
Erweiterte Existenz 83
Lektüre und Tradition 87
Lesezeit 88
Ein Buch der Gemeinde 91
Lesen – ein königlicher Akt 94
Bibliotherapie 96

Fasten und Feiern 101
Biographische Notiz 104
Das Essen als Fest im Alltag 107

Abschied von der Nostalgie 110
Lebensstil und Wiedergeburt 112

Kunst als Heiligung 123
Begründung der Ästhetik in der Schönheit Gottes ... 124
Kunst im Horizont der Sonntäglichkeit 130
Sonntäglichkeit als Endzeitlichkeit 136
Sonntäglichkeit als Geistesgegenwart 142

Sendung und Askese 151
Bemühung um eine kritische Theorie der Askese 152
Theologische Reflexion der Askese 161
Frage nach der heute gebotenen Askese 165
Vergessene Fragen 171
Das vergessene Volk 174

Vorwort

Wie können wir die Stunde bestehen, die der Welt und unsere eigene? Die Frage nach der Zeit, nach dem, was sie schenkt und fordert, umgreift das Persönliche und Allgemeine, den geistlichen wie den politischen Bereich und ist – eine Laienfrage, da sie jeden Christenmenschen angeht. So schrieb ich dieses Buch in erster Linie für Laien, für Theologen insofern, als diese zum Volk Gottes *(laos)* gehören, also selbst Laien sind mit der Frage, wie wir heute und morgen leben können – sollen.
Für den Lebensstil gibt es keine schnellfertigen Rezepte. Ich biete darum keine Stilfibel, hoffe aber, daß Leser, die meinen Meditationen folgen, über die hier angesprochenen Themen mit sich selbst und anderen ins Gespräch kommen und das finden, was wir hierzulande verloren haben: Stil.
1973 erschien mein kleines Büchlein »Fasten und Feiern« als Vorübung gleichsam zur theologischen Ästhetik »Daß Gott schön werde« (1975). Aber immer noch blieb mir das kleine Schriftlein voraus, konnte von meiner Existenz in keiner Weise eingeholt werden. Eine neuerliche Beschäftigung mit der in »Fasten und Feiern« angeschlagenen Thematik legte sich nahe – besonders auch im Gespräch mit Hermann Timm. Dankbar und mit Freuden griff ich darum die Anregung des Verlags auf, das Büchlein neu herauszubringen.
Wegleitend hierbei waren drei Hinreisen: einmal das Erlebnis Indien, vermittelt durch ein Gastsemester in Bangalore, zum andern eine dankbare Hinkehr zum Elternhaus, die Erinnerung an Kindertage; und endlich die Begegnung mit den ersten Mönchen der ägyptischen Wüste, die mir nicht zuletzt Adolf Martin Ritter vermittelte: das Nahe und das Weite, die Welt, aus der wir stammen, die der spirituellen und leiblichen Väter und die Welt, deren Schuldner wir sind, bilden den Horizont dessen, was hier gesucht und erfragt wird.
Nicht ohne Bedacht widme ich dieses Werklein meinen Kindern. Sein Thema ist das einer kommenden Generation. Sie mögen erreichen, was unsereiner nur von ferne schaut.

Die Größe der Buchstaben besagt nichts über die Wertung des Textes durch den Autor: Das *Kleingedruckte* soll dem Leser die Orientierung erleichtern. Es enthält zum einen – markiert durch ein kursivgedrucktes Stichwort, z. B. »*Predigt*« – pastoraltheologische Bemerkungen, die der Nichttheologe gerne übersehen mag, und zum andern exkursartige Hinweise, die keineswegs überlesen werden sollten.

Ohne die Hilfe meiner Mitarbeiter hätte wohl nie erscheinen können, was ich vorlege: Maria Bleickert schrieb das Manuskript, Ulrich Brates las die Korrektur, und Gerd Debus hat das Entstehen förderlich begleitet. So geht mein Dank nach vielen Seiten.

Dossenheim, im Frühjahr 1986   Rudolf Bohren

Lebensstil

»Warum willst du den Rebbe besuchen?«
fragte jemand einen bedeutenden Rabbi,
der, obwohl seine Zeit kostbar war, tagelang wanderte,
um seinen Meister am Sabbat zu besuchen.
»Um neben ihm zu stehen und zu beobachten,
wie er seine Schuhe zubindet«, antwortete er.

Abraham J. Heschel

Ankommen

Ein Augenblick nach längerer Autofahrt. Man ist einige Hundert Kilometer gefahren, hat sein Ziel erreicht – möglicherweise ein altbekanntes –, die Koffer in die Wohnung getragen, sich schon ans Auspacken gemacht: Auf einmal hält man ein Kleidungsstück oder ein Buch in der Hand und versinkt einen Augenblick lang ins Ort- und Zeitlose. Das Auto steht zwar in der Garage oder auf dem Abstellplatz, man ist nicht mehr unterwegs, aber die Fahrt hat einen noch nicht freigegeben. Man ist angekommen, aber noch nicht da, empfindet einen Moment der Leere, der irgendwie ängstet, durchlebt eine Art Schrecksekunde, einen Moment der Hemmung und Lähmung, in dem man nicht recht weiß, was man soll, oder man weiß, was man sollte, und mag nicht. Typisch für diesen Zustand – wollte man ein zweites Beispiel nennen – der Sonntag nach einer gestreßten Woche. Endlich ist man am Sonntag angekommen, hat aber keinen Sonntag und weiß nicht, was mit der Zeit anfangen.
Das Stigma einer Epoche, die Zeitkritiker die »Postmoderne« nennen: Angekommen in einer neuen Zeit, sind wir noch nicht da, wissen nicht, was mit uns selbst und der Welt anfangen – und wenn wir's wüßten, möchten und könnten wir's nicht. Wir sind weit, möglicherweise zu weit, gereist und wissen nun nicht, wie umgehen mit den Dingen, wir haben das Dasein verlernt und noch nicht gefunden – die Gegenwart. Die Zeit, in der wir leben, ist noch nicht unsere Zeit. Das gilt nun erst recht von der theologischen Qualifizierung unserer Gegenwart:
Noch nicht unsere Zeit ist das Jahr, das wir zählen »nach Christi Geburt«. Die Schwierigkeiten, die wir mit der »Postmoderne« haben, sind vergleichsweise gering gegenüber denen, die uns das »Post Christum natum« beschert. »Das ewig Licht geht da herein, gibt der Welt ein neuen Schein«, hat Luther gesungen. Auch in *der* Welt sind wir angekommen, deren neuer Schein uns blendet, sobald wir ihn wahrnehmen. Da müssen wir wiederum sagen: Das Jahr nach Christi Geburt ist noch nicht unsere Zeit. Noch nicht unsere Zeit aber sind unsere Tage erst recht als Vorzeit, als Zeit, die dem kommenden Christus entgegenläuft. Es ist kein Zufall, daß in unserem Gesangbuch eine Strophe Paul Gerhardts fehlt, die unsere Zeit von der Zukunft her qualifiziert:

> Die Zeit ist nunmehr nah,
> Herr Jesus, du bist da;
> Die Wunder, die den Leuten
> Dein Ankunft sollen deuten,
> Die sind, wie wir gesehen,
> In großer Zahl geschehen.

Unser Gesangbuch dokumentiert in dieser Hinsicht die Unfähigkeit, zu hoffen und die Gegenwart in ihrer Zukunftsträchtigkeit zu erfassen. Wir sind noch nicht, wo wir schon sind. Lebensstil wäre demnach zu begreifen als Kunst des Ankommens, für uns relevant nicht nur in der kulturgeschichtlich zu qualifizierenden neuen Zeit, sondern auch in der verborgen diese umfassenden, die es als Werk des Christus zu entdecken gilt: »Und der auf dem Throne saß, sprach: Siehe, ich mache alles neu. Und er sagte zu mir: Schreibe; denn diese Worte sind zuverlässig und wahr« (Offb 21,5). Ein Christenmensch ist ein Ankommender. Wo ein Mensch zu glauben anfängt, hat er eine lange Fahrt immer schon hinter sich, eine Fahrt von den Erzvätern her, an Propheten und Aposteln vorbei. Das ging gleichsam im Nachtflug, man konnte die Distanzen nicht wahrnehmen, und nun ist man angekommen in der neuen Welt Gottes, ist aus der Taufe gekrochen und hält ein Kleidungsstück oder ein Buch in der Hand, und man weiß nicht, wie umgehen mit den Dingen am neuen Ort, an dem die Uhren anders gehen. – Anfangen im Glauben heißt ankommen, sich zurechtfinden, sich einrichten. Schon gerät der Autor möglicherweise ins Zwielicht. »Aha«, bemerkt der eine, »›einrichten‹, das kennen wir; da meint einer das Biedermeierliche, das Philiströse«; und der andere wendet ein: »Ach, wenn es das wäre! Aber der hebt doch – kaum hat er begonnen – schon von der Erde ab. ›Einrichten‹, das meint doch schon Jenseitiges wie Hebr 12,22, wo die Christen als die bezeichnet werden, die ›zu der Stadt des lebendigen Gottes, dem himmlischen Jerusalem, und zu Zehntausenden von Engeln ...‹ gekommen sind. Man kann auch an Kol 3,3 erinnern: ›Euer Leben ist mit Christus in Gott verborgen‹.«

Wie wäre es, wenn beide ein wenig recht hätten? Wie wir noch sehen werden, sind von beiden Einwänden her in der Geschichte des Christentums Lebensstile entwickelt worden, die für ihre Zeit und ihre Gegend in hohem Maße bedeutsam waren. Ankommen, sich einrichten in der neuen Welt Gottes hieße dann, im Dickicht der Städte die Stadt Gottes entdecken und Wunder

in der »Postmoderne« schauen, wie ein Paul Gerhardt die Wunder der Nähe in der Barockzeit sah. Aber wie soll das zugehen? Möglicherweise haben beide Einwände auch ein wenig unrecht. Wenn Christen Ankommende sind, gehört zum Zurechtfinden und Sich-einrichten der Schmerz des Noch-nicht, der sie rufen läßt »Dein Reich komme«. Als Wartende werden sie zu Bittenden und als solche zu Entdeckern:
Der Reisende ist an einem Ort angekommen, wo er nicht allein ist, wo eine Familie schon auf ihn wartet: Brüder, Schwestern, Väter, Mütter. Vielleicht sind sie für ihn noch nicht sichtbar, aber sie sind im Haus, die mit ihm die neue Welt Gottes bewohnen. Nicht eine Einzimmerwohnung hat er betreten, sondern eine Wohngemeinschaft mit vielen Bewohnern, die meisten unbekannt und vielfach unsichtbar. Der Lebensstil eines Christenmenschen ist immer ein Kirchenstil in dem Sinne, daß der Ankommende sein Leben nicht isoliert, sondern gemeinschaftlich lebt. In Gottes neuer Welt lebt man kommun. Ich sage »Kirchenstil« und sehe vor mir die Schwierigkeit, daß die Kirchen aufgehört haben, Ankommende zu sein. Sie haben sich in rund anderthalb Jahrtausenden nur allzugut eingerichtet, sind aus Fremdlingen zu Einheimischen der Gesellschaft geworden. Daran hat die Reformation wenig geändert, auch die Freikirchen leben angepaßt, soweit ich sehe. Man ist so oder so etabliert oder möchte es sein. Ich bräuchte die Frage nach dem Lebensstil nicht zu stellen, wenn die etablierte Kirche mich nicht allein ließe, und viele Christenmenschen verkümmern in ihrem Glauben, weil sie nicht aus ihrer Isolierung herausfinden. Der Isolierung des einzelnen entspricht in den Großkirchen eine Reduzierung der Verbindlichkeit, indem das Genügen der Steuerpflicht praktisch schon für die Aufrechterhaltung der Mitgliedschaft genügt. Damit wird die Kirche unsichtbar – nicht in ihrer Eigenschaft als in Gott lebende, vielmehr in ihrer Eigenschaft als eine Institution ohne deutliches Profil, was ihre Mitglieder betrifft, so daß dem Auftreten ihrer Repräsentanten jeweils ein Hauch von Fiktion anhaftet. Der Mangel an Verbindlichkeit wirkt sich somit aus als Mangel an Stil. Ich begreife unter »Kirchenstil« den Stil des neuen Gottesvolkes, den Stil nicht dessen, was ist, sondern dessen, was wird.
Die Frage nach dem Lebensstil steht aber noch in anderer Hinsicht vor uns: In Zeiten geschichtlichen Wandels, in denen Traditionen ihre Macht verloren haben, bleibt das Suchen nach dem

Lebensstil keine spezifisch christliche Aufgabe; der Lebensstil wird dann zum allgemein-gesellschaftlichen Problem, das sich heute jedem wachen Menschen stellt, auch dort, wo man sich nicht in einer neuen Welt, sondern in einer alten Hölle vorfindet. Werden Zustände unhaltbar und Verhältnisse unerträglich, ergibt sich die Notwendigkeit einer Lebensänderung. Wo man sich unfähig sieht, das Leben zu gestalten, weil die tradierten Ordnungen suspekt geworden sind und die Zukunft bedrohen, da bricht die Frage nach dem Lebensstil auf:

Die Wortverbindung ist offensichtlich jung. Sie fehlt im Wörterbuch der *Gebrüder Grimm*, was bedeutet, daß man 1885 – dem Jahr, in dem der betreffende Band des Wörterbuches erschien – den Ausdruck »Lebensstil« noch nicht kannte.

Drei Momente rufen nach einer Umstellung: »die Sünde, reich zu sein in einer armen Welt« (so formuliert der Metropolit der syrisch-orthodoxen Kirche *G. Mar Osthatios,* The sin of being rich in a poor world, 1983) – die Sünde der Zerstörung der Umwelt – und die der Rüstung. Was uns Christen nach einem neuen Lebensstil fragen läßt, sind nicht zuletzt die politischen Verhältnisse und die offenkundige Unfähigkeit der Politiker, die anstehenden Probleme zu lösen. Die Sünde, reich zu sein, zieht alles andere nach sich, was die Menschen heute ängstet, die Zerstörung der Natur und den militärischen Griff nach den Sternen. Sünde ist das, was die Ankommenden nicht brauchen können und mit sich schleppen; das Stilwidrige vielleicht, das vorgibt, Stil erst zu ermöglichen, und eine Welt der Kulissen schafft. Jesus spricht im Gleichnis vom Sämann vom »Betrug des Reichtums« (Mt 13,22). Dieser verheißt Leben und bringt Tod: Die Trias Reichtum – Umweltkrise – Rüstung macht deutlich, was gemäß dem Gleichnis das Wort erstickt. Das Gespräch wird schwierig, Lähmung breitet sich aus oder deren Kehrseite, die Hektik. Und das heißt beidemal: Man vermag nicht anzukommen, man existiert im Hin und Her, aber man ist nicht da. Man ist nicht ganz, sondern nur halb. Man lebt isoliert. Wo das Wort erstickt wird, nimmt die Seele Schaden. Die sündige Dreifaltigkeit unserer Zeit schlägt dem einzelnen, ob er nun um die Zusammenhänge weiß oder nicht, aufs Gemüt, produziert psychische Krankheiten. Eine andere Art zu leben drängt sich auf, das ist eine Forderung praktischer Vernunft so gut wie eine Nötigung des Glaubens, ein Leben im Miteinander – neu! Und da ist zu sehen:

Entgegen der beinahe allgemein herrschenden Resignation bekommt gerade in einer Zeit des Umbruchs der einzelne eine besondere Bedeutung, gleicht doch die Gesellschaft der Europäer dem Süchtigen, der weiß, daß ihn seine Sucht zugrunde richtet, der aber nicht die Kraft hat, seine Lebensweise zu ändern. Die Frage nach der Zukunft des Menschengeschlechts wird praktisch auch in der Frage, wie der einzelne sich verhält. Wichtig ist heute der einzelne, der nicht in der Vereinzelung bleibt, sondern sich mit anderen einzelnen verbindet und verbündet. Ich denke, es ist ein hoffnungsvolles Zeichen in unserer Gesellschaft, daß Einzelne Initiativen ergreifen, die in der Öffentlichkeit wirksam werden: Das reicht von Bürgerinitiativen bis zu »Amnesty International«, »Green Peace« und der Friedensbewegung. Die Gefährdung unserer Erde und ihrer Menschen wird als Provokation verstanden, die zu gemeinsamem Handeln von Christen und Nichtchristen ruft.

Die beiden Hinsichten, in denen die Kunst des Ankommens zu üben ist, die in der noch unsichtbaren Welt und die im gesellschaftlichen Wandel, sind wohl zu unterscheiden, aber nicht zu trennen. Das wechselseitige Verhältnis kann vorerst nur allgemein bestimmt werden: Die Frage stellt sich, inwiefern die Christenheit die Vorhut einer neuen Erde darstellt, inwiefern sie Leitbilder zu vermitteln und also den gesellschaftlichen Wandel zu überholen und eine Gegengesellschaft zu bilden, und weiter, inwiefern sie Gottes Ankommen zu beeinflussen vermag. In die neue Welt Gottes reist keiner und keine ohne Gepäck. Und das ist die Aufgabe einer Christenheit: einhäusig werden in dem, was vom kommenden Gott schon da ist, so sich einrichten, daß man gastfreundlich wohnen kann. Wer in Gottes neuer Welt ankommt, ist nicht für sich allein gereist, er erfährt das Ende seiner Privatheit, denn die neue Welt Gottes kommt auch für die, die noch in alten Höllen leben. Die neue Welt Gottes wäre Illusion, wenn die Ankunft in ihr für die Gesellschaft der Menschen irrelevant bliebe. Und ein Glaube, der stillos bliebe, erwiese sich als fiktiv, er wäre nicht wirklich. In dieser Hinsicht markiert der Lebensstil die Kraft des Glaubens, die im Hiesigen Himmlisches entdeckt – und für das noch Ausstehende lebt.

Ich spreche von Christenheit, um anzudeuten, daß die Frage des Lebensstils heute ein weltweites Problem darstellt. Das Ende meiner Privatheit aber erfahre ich vor Ort, da, wo ich existiere. Markiert Lebensstil die Kraft des Glaubens, wird diese im Aufbau der Gemeinde wirksam. Die Frage nach dem Lebensstil ist die nach der Art und Weise unseres Kircheseins – eine ekklesiologische Frage also, die nach dem Aufbau der Gemeinde. Angesichts dieser Frage aber sind die Bischöfe und wir Universitätstheologen kaum weniger hilflos als die Politiker vis-à-vis der bedrängenden Weltprobleme.

Da aber unsere Kirchen und Gemeinden kaum mehr Ankommende sind in Gottes neuer Welt, sondern zu lange schon in der alten Welt Etablierte, empfiehlt es sich, nicht von Gemeindeaufbau, sondern von Lebensstil zu reden. Allzu leicht stabilisiert die Rede von der Gemeinde deren Ghettosituation.

Zwischen Sitte und Mode: Stil

Im Augenblick der Irritation, den man nach langer Reise erfährt, packt einen ein Moment von Unfreiheit, indessen die Ankunft in der neuen Welt Gottes als Ankunft im Reich der Freiheit angesagt bleibt. Die Kunst des Ankommens besteht in der Bewährung der Freiheit, wie denn das Moment der Freiheit den Lebensstil der Christen kennzeichnet. »Für die Freiheit hat uns Christus frei gemacht« (Gal 5,1). Lebensstil wäre zu verstehen als Praxis der Freiheit, was nicht zu verwechseln ist mit Freiheit der Praxis.

Das Wesen der Freiheit wird deutlich darin, daß wir von »Stil« sprechen, nicht von »Sitte« und nicht von »Mode«. Damit machen wir eine Abgrenzung, die nicht ohne weiteres einsichtig ist:

»Sitte« bedeutet im Hebräischen »Eingeprägtes«, im Griechischen »Gepflogenheit«, »Manier« oder »Handlungsnorm«. Im alten Israel wird nicht unterschieden zwischen Brauchtum und Religion, wohl aber zwischen der Sitte als Folge von Gottes Gebot oder als Folge heidnischen Götzendienstes (vgl. Jer 10,3). Es gibt Sitte als Folge des Abfalls von Gott und als Folge des Gehorsams. So heißt es, kein Fett und kein Blut zu essen »sei eine ewige Sitte bei euren Nachkommen in allen euren Wohnungen« (3Mose 3,17).
Im Neuen Testament kann Paulus, gegen die Auferstehungsleugner sich wendend, einen Athenischen Dichter zitieren: »Böse Gesellschaft verdirbt gute Sitten« (1Kor 15,33), während nach der Apostelgeschichte sowohl Jesus als auch Paulus der Rebellion gegen die von den Vätern tradierte Sitte angeklagt werden (6,14; 21,21; 28,17. Vgl. B. Reicke, BHW III, 1811).
Versucht man, die biblischen Aussagen über »Sitte« theologisch auf den Begriff zu bringen, eröffnet sich eine Spannung: Die »guten Sitten« der Christen sind einerseits nicht schlechthin von denen der Heiden unterschie-

den, andererseits werden die Sitten nach ihrer Herkunft befragt, wobei das von den Vätern überkommene Brauchtum nicht kritiklos übernommen wird.
Die »*Mode*« kommt aus Frankreich. Zunächst verstanden als »zeitgemäße Kleidertracht«, wird sie im 17. Jahrhundert zur »Zeitsitte« allgemein (vgl. *Kluge/Götze,* Etymologisches Wörterbuch der deutschen Sprache [12-13]1943, 395). Mode wäre demnach das von der jeweiligen Zeit »Eingeprägte«, die Gepflogenheit des Zeitgeistes. Obwohl das Wort in der Bibel nicht vorkommt, wird – wir werden es noch sehen – gerade dem Kleid große Bedeutung zugemessen, so daß man sich wundern muß, wie wenig Interesse das Phänomen der Mode in der Theologie gefunden hat.
»*Stil*« bezeichnet ursprünglich »den römischen schreibgriffel, mit dessen spitze man in wachstäfelchen schrieb und mit dessen breitem ende man das geschriebene wieder verstreichen konnte« (*Grimm,* WB X,II,2, 2907). »seit dem frühen 18. jh. wird *stil* auf verhältnisse des *menschlichen lebens* im weitesten sinne angewandt«, so daß das Wort als »gewohnheit, brauch, herkommen, sitte, ›mode‹« zu verstehen ist (2928). Die Heilige Schrift kennt freilich den Begriff »Stil« sowenig wie den des »Sakraments«, was beidemal aber nicht heißen kann, daß mit dem Zeichen das Bezeichnete fehlen muß.
Schon eine erste Übersicht läßt Berührungen, Übergänge und Verschränkungen zwischen Lebensstil und Sitte einerseits, zwischen Lebensstil und Mode andererseits in mannigfacher Weise vermuten. Die Sprache aber drückt mit der Wortverbindung »Lebensstil« aus, daß mit ihr etwas gemeint ist, was weder in der Sitte noch in der Mode aufgeht und weder die eine noch die andere ausschließen muß. In der Differenz zu beiden mag das Wesen des Stils als Freiheit sichtbar und als Kreativität wirksam werden.
»Stil« ist der umfassendere Begriff. Auch Sitte und Mode mögen Stil haben, beide machen aber noch nicht den Stil aus. »Stil« meint mehr und anderes als »Sitte« und »Mode«, aber eindeutig festlegen, definieren läßt sich der angesprochene Sachverhalt kaum.

Variieren wir die metaphorische Rede vom Ankommen, bilden die Verkehrsregeln der langen Fahrt die *Sitte;* man fährt auf vorgezeichneten Bahnen. Die Vergangenheit bildet das Gesetz der Gegenwart. So gibt sich die Sitte zeitwiderständig; sie konserviert, hegt und pflegt Gewordenes. Sie hat aus Erfahrung gelernt; sie ist mit Vorliebe »gute alte Sitte«, wobei gerade ihre Güte nicht über jeden Zweifel erhaben ist. Sie kann Segen wie Fluch in sich bergen.
Freilich kann die Sitte eine Lebenshilfe bedeuten. Indem durch sie Segen überliefert wird, wirkt sie innovativ, stiftet sie neues Leben. Man weiß, was man zu tun hat. Man lebt nicht geschichtslos, man versucht, aus den Erfahrungen der Älteren zu lernen. Aber nun ist das Verhältnis zu der früheren Generation ein gestörtes, und in dieser Hinsicht wird es auch darum gehen,

im Zerbrechen alter Normen neue Lebensregeln, neue Sitte zu finden.

Man muß nur im »Kompendium der theologischen Ethik« von *Chr. E. Luthardt* nachlesen, wie problemlos zu Ende des 19. Jahrhunderts etwa die »Familiensitte« als Garant der Zukunft gesehen wurde (^{3}1921, 323 f), um einerseits zu erkennen, wie unkritisch man gegenüber dem tradiert Christlichen sich verhielt, und um andererseits einzusehen, wie sehr wir heute daran leiden, daß die Sitte verfallen und das Leben stillos geworden ist.

Wenn ich »Kirchenstil« abgrenze gegen das, was ich in der Kirche vorfinde, grenze ich auch »Stil« gegen »Sitte« ab. Ich spreche nicht von der Kirche, die ich leidend erfahre, sondern von der werdenden Kirche, die ich erhoffe.
Versteht man Sitte als ein Zwangssystem, bei dem keine Fragen erlaubt sind und der alte Schlendrian wie das alte Unrecht damit gerechtfertigt werden, daß man sagt: »Es ist bei uns so Sitte«, dann wird die Sitte zum Todesengel, der mit der Freiheit die Kreativität tötet. Die Sitte – auch die christliche – wird dann zum Fluch.
Befindet sich die Sitte auf langer Fahrt, packt die *Mode* ihre Koffer aus. Ob sie eine Fahrt hinter sich hat, interessiert sie nicht. Ihr Interesse konzentriert sich allein auf das, was im Koffer ist. Sie interessiert das Buch, das Kleidungsstück. Ihr Gesetz ist die Gegenwart, die Jahreszeit, das Heute: »Altmodisch« steht zur »guten alten Zeit« in einem eher feindseligen Verhältnis. Sie rechtfertigt sich an der Zeitgemäßheit. Sie ist darum in weit höherem Maße der Zeit und ihrem Wandel unterworfen als die Sitte. Offensichtlich folgt sie auch einer anderen Wertskala. Möglicherweise eignet der Sitte eine Stufe der Bewußtheit, die der Mode abgeht. In guten Sitten wird man durch Vorbild und Belehrung unterwiesen, während der Modephotograph uns das Mannequin als Ikone verbindlicher Vergänglichkeit vor Augen stellt. Auf der anderen Seite weiß die Sitte materielle Interessen und Herrschaftssysteme zu verschleiern, während die Mode sich hier in schöner Offenheit zeigt. Sie manipuliert und verspricht dem, der sich von ihr manipulieren läßt, Erfolg. Sie offenbart sich durchaus als Segensmacht.
Stil ist nicht Mode, auch wenn sich beide auf den ersten Blick nicht unterscheiden lassen, auch wenn es fließende Übergänge gibt. Eine Mode kann durchaus Stil haben, ein Stil kann Mode werden. Das erste ist gut für die Mode, das zweite kann schlecht sein für den Stil. Mode trifft je nur einen Teilaspekt des Lebens:

Hüte, Strümpfe, Frisuren, Ferienorte, Redensarten und einiges mehr. In der Mode macht der Mensch etwas nach. Eine Mode macht man mit. Man richtet sich nach der Mode, stellt sich auf die Mode ein. Sie erläßt – was die Kleider betrifft – im Frühjahr, Sommer, Herbst und Winter ihre Gesetze. Die Mode schreibt vor, was man tragen und nicht tragen kann. Wenn auch nicht auf dem Sinai, so doch auf dem Laufsteg wird das jeweilige Gesetz der Mode durch »Engel« vermittelt: Mannequins als Boten des Mode-Schöpfers. Der Name deutet auf einen religiösen Bezug der Mode, deren Gesetz eine Reklame predigt, die in der Erfüllung dieses Gesetzes Heil verheißt. Ihr Gesetz fordert den Menschen um so mehr, als es keine Dauer hat. Schon die Bindung der Mode an die Jahreszeiten, ihre zyklische Struktur, könnte auf einen mythischen Charakter der Mode schließen lassen, wie denn auch das Gesicht des Mannequins zur Maske stilisiert wird.

Im *Stil* aber drückt sich aus, was ein Mensch ist als einzelner, als Glied der Gesellschaft, als Vertreter einer Epoche: »der Styl ist der Mensch selbst ganz und gar« (*J. G. Hamann,* SW IV, 424, Edition Nadler). Hier macht man nicht nach wie in der Mode, man läßt etwas an sich machen, macht selber etwas mit seiner Zeit und seiner Welt. Im Stil meistert der Mensch die Zeit, gestaltet seine Welt. Im Nachmachen der Mode erweist sich der Mensch eher als Sklave, im Stil eher als Herr. In der Mode drückt der Mensch aus, was ihm irgendein »Engel« oder »Prediger« des Gesetzes befiehlt. Im Stil demonstriert der Mensch Freiheit, und sei es die Freiheit – eine Mode mitzumachen.

Kehren wir zur Situation zurück, von der wir ausgingen: Die Metapher von der Ankunft hat zur Voraussetzung einmal, daß Ferien oder Urlaubsreise Sitte – oder Mode? – geworden sind, zum andern, daß das Reisen sehr schnell geht. In der Art und Weise des Reisens und vor allem im Ziel einer Reise drückt sich der Lebensstil des Reisenden aus. Hieraus kann man vorerst schließen: Lebensstil ist etwas Besonderes, nicht jenseits von Sitte und Mode, aber beide persönlich prägend; man ist weder der Sitte hörig noch der Mode unterworfen:

Wenn der oder die Angekommene ein Kleidungsstück in der Hand hält, ist dies nach einer gewissen Mode geschneidert. Etwas vom Lebensstil hingegen drückt sich in der Anzahl der Kleidungsstücke aus, die auszupacken sind, an der Qualität ihrer Stoffe, an ihrer Machart – Modellkleid oder Konfektion –, am

Zustand – abgetragen oder wie neu. Die Kleider zeigen, wie sich ein Mensch darstellt, zeigen etwas von seinem Sozialverhalten, lassen aber in der Regel verschiedene Deutungen zu. Nur wer eine Diakonissentracht oder ein Ordenshabit in der Hand hält, zeigt ein eindeutiges Zeichen seines Lebensstils: Ein Mensch hat einen Entschluß gefaßt, nach einer bestimmten Regel zu leben. Im Idealfall war es seine freie Entscheidung, wie auch die Regel, nach der er lebt, für ihn eine Gewähr seiner Freiheit bedeutet.

Sitten finden wir vor, Moden werden gemacht. Lebensstil aber erscheint in einer Zeit des Übergangs und des Wandels als etwas, was erst gefunden werden muß. Lebensstil ist nicht das, was wir vorfinden, auch nicht das, was uns die Reklame anbietet, sondern das, was uns fehlt, um uns im Leben zurechtzufinden im Umgang mit dem eigenen Selbst und im Umgang mit den anderen. Ein inneres und äußeres Maß, ein Regelsystem, vom Evangelium geprägt, in dessen Rahmen sich Leben frei und schöpferisch entfalten kann, kurz gesagt: eine Spielregel für das äußere und innere, für das individuelle und gesellschaftliche Leben. Was stilbildend wirkt, muß die äußeren und inneren Verhältnisse steuern. Der Stil hat zum Künftigen seltsame Lust. Er will etwas – Zukunft. Ist die Sitte an die Tradition gebunden und Mode dem Heute verpflichtet, bleibt der Lebensstil auf das Futurum ausgerichtet. Es ist kein Stil ein für allemal, sondern ein Stil im Wandel, in dem es gilt, sich vor der Vergangenheit zu verantworten und sich im Heute zu bewähren, um die Zukunft zu gewinnen. Man könnte auch sagen: um dazusein, denn Dasein wird unmöglich, wo Zukunft fehlt. Gegenüber der Sitte ist Stil nicht nur ein Normatives, nicht nur Spielregel, sondern selbst Spiel, Charis, Anmut, Gnade: Der Stil, den ich meine, kommt aus dem Gelobten Land und ist unterwegs zum kommenden Jerusalem. Der Geist nimmt Menschen in den Griff, und sie werden Wachs sein und Griffel zugleich. So schafft der Schöpfer-Geist aus den Ankommenden einen Schattenriß des Künftigen. Lebensstil wird dann sein, was vom Geist im Heute schon sichtbar wird. Er hat seinen Boden in Israel und atmet die Luft des kommenden Himmelreichs.

Wie aber soll man ankommen können in der neuen Welt Gottes, wenn unsere Geschöpflichkeit bedroht ist? Verrät nicht meine metaphorische Sprache, daß ich von etwas rede, von dem ich eher Ahnung habe als Erfahrung? Man kann diese Fragen achselzuckend stellen und zur sogenannten Tagesordnung übergehen. Aber geht man auf diese Weise nicht am Leben und seiner Bestimmung vorbei? Für viele Christen besteht heute die ernsthafte Versuchung, als Vogel Strauß den Kopf in apokalyptischen Sand zu stecken. Alles sei vorgesehen; Christus selbst habe doch von »Kriegen und Kriegsgerüchten« gesprochen, die kommen werden als Anfang endzeitlicher Wehen (Mt 24,6f). Nicht Jesu Wort ist hier zu widersprechen, sondern dem Gebrauch, den viele Christen davon machen, indem sie es zum Vorwand nehmen, ihr Leben nicht zu ändern. Heute – das ist der Tag der Zeitungen, der Nachrichten, ein bedrohter Tag der inneren Erosion und möglicherweise der Tag einer verborgenen Stimme und eines fremden Wortes: »O daß ihr heute auf seine Stimme hörtet« (Ps 95,7).

»Mode« und »Stil«, aber auch »Sitten« erwähnt *K. Barth* in einer Meditation der Bitte »Dein Reich komme« (Das christliche Leben, KD IV/4: Fragmente aus dem Nachlaß 1959 – 1961, 1976, 347ff). Das bis jetzt Verhandelte müßte im ganzen und im einzelnen mit diesem großen Schlußgesang Barths konfrontiert werden. Daß er den Kopf in apokalyptischen Sand steckt, wird man ihm nicht vorwerfen können. Ihm liegt daran, das Kommen des Reiches allein als Gottes Sache und Tat durchzuhalten.
Barth sieht die Christen im »Aufstand gegen die Unordnung«. Sein Interesse zielt nicht auf das, »was faktisch dabei mehr oder weniger schön herauskommt, wenn Christen sich in ihrer nach wie vor allzu menschlichen Menschlichkeit aufmachen, dem Gebote Gottes gehorsam zu sein«. Er fragt »nach dem ihnen gegebenen unveränderlichen *Gebot* und nach der Gestalt des von ihm verlangten *Gehorsams*« (356).
Im »Abfall« und in der »Entfremdung von Gott« wird der Mensch sich selbst ein Fremder und gerät unter die »herrenlosen Gewalten« (363ff). Dadurch kommen die uns hier beschäftigenden Größen unter ein negatives Vorzeichen: Mode und Stil schreibt Barth den »Erdgeistern« zu (391), während »Sitten« neben »großen und kleinen menschlichen Selbstverständlichkeiten, Gewohnheiten..., Traditionen und Institutionen« als Marionetten der Mächte und Gewalten zu gelten haben (368).
Implizit hat Barth in seinem Schlußteil die Frage nach dem Lebensstil aufgenommen, sie aber nicht explizit bedacht, es vielmehr unterlassen, sein »Fiat iustitia!« auf Sitte, Stil und – horribile dictu – Mode hin auch nur fragmentarisch aufzunehmen.

Die Magie des Kleides

Will ich im Hause meines Großvaters Ferien machen, bin ich in der Regel erst richtig angekommen, wenn ich mich umgezogen habe, am liebsten alte Klamotten oder eine Wanderhose, um

entweder im Baum- oder Gemüsegarten nach dem rechten zu sehen oder um einen ersten Gang zu machen. Nie kleide ich mich lieber um als im Augenblick des Ankommens: Die neue Kluft vermittelt ein Wohlgefühl ohnegleichen, ein Gefühl der Freiheit. Nun erst bin ich richtig da, um Wiese, Apfelbaum, Beerenstrauch und Gemüsegarten zu begrüßen – um aufzuschauen auch zu den Bergen, vom Wetterhorn bis zum Tschuggen.
Das Ankommen in der neuen Welt Gottes hat eine Konsequenz für unsere Kleidung. Was wir auf der Reise trugen, paßt möglicherweise nicht mehr in die neue Lage und die neue Umgebung. Bitten wir um das Kommen des Himmelreichs und richten wir unser Leben auf das Kommende ein, wird sich der Lebensstil auch im Gewand ausdrücken. Dies zu denken macht zunächst Schwierigkeiten, was uns aber nicht am Denken hindern soll. Wo wir mit unserer Weisheit am Ende sind, dürfen wir uns nicht scheuen, Fragen zu stellen, die zunächst unsinnig oder ein wenig verrückt anmuten. Wir sprechen hier im wörtlichen wie im übertragenen Sinn vom Kleid und fragen erneut nach der Mode: Wie verhält sich die Mode zum Kommen des Himmelreichs, und was bedeutet ein tapferes Beten für das Kleid? Die anstößige Rede aber von der Magie des Kleides soll hier ein Mehr an Erkenntnis vermitteln.
Karl Barth hat sicher recht, wenn er im Blick auf die Kleidung das Moment der Freiheit betont. Die Beter sind der Macht der Erdgeister entnommen, und die Christen »glauben *nicht* daran, daß *Kleider* Leute machen« (466). Sie lassen sich nicht von »Gewandungen und Masken« blenden, denn der Mensch »selbst will – er mag lange so tun, als ob er das wollte! – eigentlich *nicht* auf seine Gewandung und Maske angesprochen, bei ihr behaftet, nach ihr beurteilt und behandelt sein« (467).
Man würde einer fatalen Gesetzlichkeit verfallen, wollte man nun ausgerechnet in der Kleiderfrage die Freiheit vergessen und aus ihr eine neue Art sublimer Beschneidung machen. Aber nun hat sich auch Barth wie ein Bürger gekleidet, und wenn man auch die etwas verrutschte Krawatte als Zeichen der Freiheit ansehen darf, so wird mit dem grundsätzlichen Unglauben, daß Kleider Leute machen, einiges Grundsätzliche übersehen, das den Glauben, »Kleider machen Leute«, in ein neues Licht stellen wird:
Nach dem Fall wird das Kleid »zunächst auf spontanen Selbst-

schutz des Menschen zurückgeführt«: Die ersten Menschen schneidern Schurze aus Feigenblättern (1Mose 3,7), dann aber greift Gott selbst ein und macht als Kürschner dem Menschen Kleider (3,21): »Gott selbst hat die Scham der Menschen verhüllt, er hat ihrem Miteinander durch diese Verhüllung eine neue Möglichkeit gegeben und damit selbst ein Grundelement der menschlichen Kultur gesetzt« (*G. von Rad*, Theologie des Alten Testaments I, 1957, 163). Das menschliche Werk einer Bekleidung mit pflanzlichem Stoff wird ergänzt durch göttliches Werk mit tierischem Material. Gott selbst rechtfertigt die spontane menschliche Reaktion des Verhüllens. Das Kleid wird zu einer Art Gnadenmittel. Das Kleid ist in der Optik der Schrift von Anfang an alles andere als eine quantité négligeable. Das Kleid gehört nach dem Fall zum Menschsein des Menschen als eine gute Gabe Gottes.

Schon die Urgeschichte zeigt: Kleider sind Nachrichten, Botschaften. Die Schurze aus Feigenblättern und aus Fellen besagen je etwas anderes: einmal Ausdruck des Erschreckens, dann Ausdruck des Erbarmens. Überhaupt: Kleider sind Texte. Texte wollen gelesen, ausgelegt werden.

Wie es zum Wesen literarischer Texte gehört, daß sie nicht nur geschrieben, sondern auch gelesen werden, so gehört es zum textualen Wesen von Textilien, daß sie nicht nur geschrieben, sondern angezogen und getragen werden: Wer ein Kleid trägt, trägt einen Text vor. Karl Barth hat zu diesem Text exegetische Fragen gestellt: »Wie kommt es, daß der Wandel der Mode in der *Frauenwelt* so viel rascher und interessanter, die Beschäftigung mit ihm auch so viel andächtiger und intensiver ist als in der Männerwelt? Warum scheint es doch auch den gescheitesten Frauen ... unmöglich zu sein, ›altmodisch‹ daherzukommen? ... Wie kommt es wiederum, daß die *Männerkleidung* seit dem Ausgang des 18. Jahrhunderts so monoton und langweilig geworden?« (391). Man müßte Barths Fragenkatalog heute dahin erweitern, was es denn bedeutet, wenn das Altmodische Mode wird und unsere Töchter neben Blue Jeans die langen Röcke ihrer Großmütter tragen? Aber nun haben wir hier nicht die theologische Exegese der Mode zu leisten, sondern grundsätzlich nach ihrer Sprache zu fragen.

Hier muß man sehen: Das Kleid verhüllt den Körper, bedeckt die Scham. Die Urgeschichte vermeidet es, auf die Differenzierung der Geschlechter einzugehen; das kommt später. Nur –

wenn zum Kleid als Text das Tragen gehört, dann wird die verhüllte Scham die Botschaft mitbestimmen. Zur Sprache des Kleides gehört der Körper. Und wenn heute die Kleidung von Mann und Frau sich einander angenähert hat, mag man wohl fragen, ob sich darin nicht eine Sehnsucht artikuliert nach dem Urstand, die aber den Fall nicht rückgängig zu machen vermag.

Umberto Eco hat in einem Essay dargestellt, wie durch das Tragen von Jeans sich sein Bewußtsein veränderte, und er wunderte sich, »daß es ausgerechnet das traditionell zwangloseste und antikonformistischste Kleidungsstück war, das mir eine Förmlichkeit aufzwang« (Das Lendendenken, in: Über Gott und die Welt, 1985, 221). Eco kommt dann auf die Entdeckung, daß die Jeans, »die den Frauen heute von der Mode aufgedrängt werden, scheinbar Symbol der Befreiung und der Gleichstellung mit den Männern, in Wirklichkeit eine weitere Falle der Herrschaft sind . . .« (224). Eine Falle bilden die enganliegenden Hosen für die Frauen, weil sie Scham und Hinterteil betonen. Eco erklärt sie als eine Art Rüstung, eine Kleidermaschine, die seit jeher die Frau psychologisch zwang, »für die Äußerlichkeit zu leben« (223). Was Eco als Männerherrschaft bezeichnet, rechnet Barth den Erdgeistern zu.

Es fällt auf, daß Barth in seinen exegetischen Fragen zur Mode die nach der Egalisierung von Mann und Frau vermeidet. 1959 – 61 hielt er seine Vorlesung, während die Blue Jeans ihren Siegeszug schon 1952 begannen. – Warum scheue ich mich, in diesem Zusammenhang auf das Verbot der Travestie im Alten Testament zu verweisen? Was Barth als Frage an die Adresse der Frauen richtet, gilt erst recht – nun nicht so sehr im Blick auf die Kleidung, sondern im Blick auf das Bewußtsein – in der Weise, daß unsereiner sich nur ungern dem Verdacht aussetzt, im Geistigen »›altmodisch‹ daherzukommen« und als Dunkelmann zu gelten, wenn er das Deuteronomium zitiert: »Ein Weib soll nicht Männertracht tragen, und ein Mann soll nicht Frauenkleider anziehen; denn ein Greuel ist dem Herrn, deinem Gott, ein jeder, der solches tut« (5Mose 22,5). Gehört eine solche Weisung nicht zum Gesetz, von dem Christus uns frei gemacht hat? Oder betrifft sie am Ende unser Sein vor Gott?

Ist es denn gleichgültig, wie ich mich als Mann oder als Frau kleide? Das Gericht der Propheten schließt die Mode nicht aus: Jesaja – oder dessen Redaktor – bringt »eine vollständige Liste von Modeartikeln, in denen sich der Stolz der Frauen kundtut« (*H. Wildberger,* Jesaja, Kap. 1-12, Bibl. Kommentar X/1, [2]1980, 140 zu Jes 3, 18-23), während Zephania das Gericht über die ansagt, »die sich kleiden in fremdländische Kleider« (1,8).

Der Prophet aus Nazareth erzählt, wie es dem reichen Mann erging, der sich »in Purpur und kostbare Leinwand« kleidete (Lk 16,19), indessen der Erste Petrusbrief die Frauen gegenüber dem äußeren Gehabe von Toilette, Schmuck und Kleidung auf die innere Schönheit verweist (3,3ff). – Es ist leicht verständlich, daß im Gefolge neuplatonischer Leibfeindlichkeit in der Christenheit zu verschiedenen Zeiten die Freude am Kleid verblaßte. Wir verstehen nicht, was wir tun, wenn wir uns morgens anziehen, ohne zu bedenken, was das Kleid für Gott selbst und für den Menschen bedeutet.

Beachten wir zunächst, daß der Gott, der sich Israel offenbart, nicht nackt erscheint: »O Herr, mein Gott, wie bist du so groß! / Pracht und Hoheit ist dein Gewand, / der du in Licht dich hüllst wie in ein Kleid ...« (Ps 104,1b-2a). So gewandet und eingehüllt ist er – der Schöpfer. Zum Gottsein Gottes gehört, so anstößig das klingt, das Kleid.
Der 104. Psalm besingt die Herrlichkeit der Natur: »Diese Anschauung von Gottes Lichtkleid ist, wie es scheint, ursprünglich vom Himmel genommen, der als ein wundervolles Gewand der Gottheit gedacht worden ist« (H. Gunkel) – aber eben Gewand! Das gehört zu seinem Geheimnis. Mit dem Verbot, sich von ihm ein Bild zu machen, korrespondiert, daß er nach dem Zeugnis der Heiligen Schrift nie nackt erscheint. Und wir, seine Geschöpfe, die wir nach seinem Bild erschaffen sind, leben in Kleidern. Nachdenkenswert scheint auch dies: Die Metaphorik gebraucht ein Element der Kultur, um Gottes Größe auszusagen.
Der Psalter kann den Gott Israels oder sein Wort auch mit dem Licht identifizieren: »Dein Wort ist ein Licht auf meinem Wege« (119,105). »Der Herr ist mein Licht und mein Heil« (27,1). Nach dem Ersten Johannesbrief ist Gott Licht, und keine Finsternis ist in ihm (1,5). Gehört das Licht zum Erscheinen Gottes, so ist das Licht gleichzeitig die Essenz seiner selbst. Das Äußere ist wie das Innere. In der Erscheinung kommt das Wesen zum Vorschein. Vielleicht ist damit das Geheimnis des Kleides, das, was wir, nicht unmißverständlich, als Magie bezeichneten, schon angedeutet. In der Verklärung bricht das Wesen Jesu durch die Kleider. Sie wurden weiß »wie das Licht« (Mt 17,2).
Das Weiß seiner Kleider wird zum Vorschein seiner Zukunft. Der Name ist nicht Schall und Rauch. Er bekommt ein leuchtendes Gewand. Damit wird dieses Element der Kultur gewissermaßen gerechtfertigt: Jeder Kleiderfetzen eines jeden Menschen weist auf den, der sich in ein Kleid hüllt. Im Hinweischarakter liegt die Würde aller Kleidung. Gott ist sich nicht zu gut, ein Kleid zu haben, und der Mensch ist ihm nicht zu schlecht für ein Kleid. – Auch sind noch Kleider zu tragen jenseits der Menschen.

Die Geschichte des Sündenfalls steht mit ihrem Hinweis auf Gott als Macher und Geber menschlicher Kleidung nicht allein: In der Kleiderordnung für Aaron wird das Gewand als Ehrenzeichen, als Schmuck gesehen, aber auch als Schutz vor Jahwe. Hat nach dem Sündenfall Jahwe selbst Kleider gefertigt, ist es jetzt sein Geist, der die Kunst der Schneiderei ermöglicht: »Und du sollst für deinen Bruder Aaron heilige Kleider machen zur Ehre und zur Zierde. Rede du mit allen, die kunstverständig sind, die ich mit dem Geist der Kunstfertigkeit erfüllt habe, daß sie die Kleider Aarons machen, damit man ihn weihe und er mein Priester sei« (2Mose 28,2f). »Kleider machen Leute«, in diesem Fall den Priester. Die Anweisungen zur priesterlichen Kleidung gehen denn auch ins Detail, da wird nichts ausgelassen. Dann aber wird der letzte Sinn der Kleidung deutlich – sie ist letzten Endes ein Schutzanzug. Aaron und seine Söhne sollen ihn tragen, »damit sie nicht Schuld auf sich laden und sterben müssen« (2Mose 28,43).

In späterer Zeit wird das Kleid zum Bildwort für einen spirituellen Sachverhalt: In der vierten Vision des Sacharja steht der Hohepriester Josua in schmutzigen Kleidern vor dem Engel, während der Satan ihn verklagt. Auf angelischen Befehl aber wird er neu eingekleidet: »Tut die schmutzigen Kleider von ihm – und zu ihm sprach er: Siehe, ich habe deine Schuld von dir genommen – und ziehet ihm Feierkleider an und setzt ihm einen reinen Kopfbund aufs Haupt! Und sie setzten ihm den reinen Kopfbund aufs Haupt und zogen ihm Kleider an« (3,4b-5). – Im 132. Psalm wird verheißen: »Ihre Priester will ich mit Heil bekleiden« (16a), während vorher von »Gerechtigkeit« die Rede war, in die sich die Priester kleiden sollen (9a). – Der Unbekannte im letzten Teil des Jesajabuches aber ruft sich zum Jubel auf: »Laut will ich mich freuen des Herrn, meine Seele frohlocke ob meinem Gott; denn er kleidet mich mit Gewändern des Heils und umhüllt mich mit dem Mantel der Gerechtigkeit, gleich dem Bräutigam, der sich den Kopfschmuck aufsetzt, und wie die Braut, die ihr Geschmeide anlegt« (61,10). Die Kleidermetaphorik betont das Geheimnis des Gebers. War in der Urgeschichte das Kleid, das Gott dem Menschen machte, Ausdruck der Gnade, so wird jetzt das Kleid Bildwort für die Gnade. Gott schenkt dem Propheten, was er selbst ist und hat – als Gewand und Mantel, als eine Form seiner Gegenwart. Der Prophet wie der Priester geht in den Kleidern Gottes. Er ist nicht mehr mit sich selbst allein. Seiner Haut ist Gott nah. Wenn das Kleid das Intime des Menschen verhüllt und schützt, wenn es zugleich den Menschen schmückt, dann muß das Sprichwort, wonach Klei-

der Leute machen, ergänzt werden. Indem das Kleid getragen wird, wird es *mein* Kleid. Der Rang der Person, die ein Kleid trägt, und die Art und Weise, wie das Kleid getragen wird, machen aus dem Kleid eine Hieroglyphe seines Besitzers – eben einen Text. Das Kleid macht etwas aus mir, einen Priester, einen Gerechten, eine Art Heiland, und ich mache etwas aus dem Kleid. Dies wird zu einem Teil meiner selbst, indem ich es trage. Es gehört zu mir und ich zu ihm. Darum also wird der Kleidertausch zwischen Mann und Frau, die Travestie, verboten. Wo ich aber mein Kleid verschenke, verschenke ich mich selbst:
Da Jonathan den David liebgewinnt »wie sein eigenes Leben« (1Sam 18,1) und mit ihm einen Freundschaftsbund schließt, schenkt er ihm Mantel, Rüstung, Schwert, Bogen und Gürtel (18,4). Er, der sogar Königssohn, schenkt sich dem jungen Hirtenknaben, und der wird nun der heimliche Kronprinz: »Und wenn David auszog, so hatte er Glück in allem, wozu Saul ihn sandte, so daß ihn Saul über die Kriegsleute setzte; und er war beliebt beim ganzen Volke, auch bei den Dienern Sauls« (18,5). Elia aber wirft seinen Mantel auf den Pflüger Elisa. So wird Elisa zum Diener des Propheten (1Kön 19,19-21). Wenn der Schüler den Meister gen Himmel fahren sieht, zerreißt er seine Kleider in zwei Stücke. Er ist nur noch ein halber Mensch: »Da faßte er seine Kleider und zerriß sie in zwei Stücke. Danach hob er den Mantel auf, der Elia entfallen war, kehrte um und trat an das Gestade des Jordan. Und er nahm den Mantel, der Elia entfallen war, schlug damit auf das Wasser und sprach: Wo ist denn nun der Herr, der Gott des Elia? Wie Elisa so auf das Wasser schlug, teilte es sich nach beiden Seiten, so daß er hindurchgehen konnte« (2Kön 2,12b-14). Im Kleid des Propheten wohnt dessen Kraft.
Den gleichen Sachverhalt notiert auch Lukas: Die Kraft Jesu überträgt sich auf die Quaste seines Kleides, so daß deren Berührung die blutflüssige Frau zu heilen vermag (Lk 8,42b-48; vgl. Mk 5,25-34; Mt 9,19-22). Die Schweiß- und Lendentücher des Apostels werden zu Kranken gebracht; da weichen die Krankheiten und die Dämonen (Apg 19,12). Im Kleidungsstück wirkt der Geist, der im Apostel wirksam ist. Im Kleidungsstück kommt der Apostel selbst ins Haus mitsamt seiner heilenden Kraft. Im neuen Gottesvolk gibt es keine heiligen Kleider wie zur Zeit Aarons, wohl aber Kleider der Heiligen. Der Heilige Geist geht durch Personen, auch wenn er Stoffe durchdringt.

Der verlorene Sohn bekommt nach seiner Heimkehr etwas vom Vater, das »erste Kleid«, das Zeichen seiner Sohnschaft neben Siegel und Schuhen, Insignien des Rechts und der Macht (Lk 15,21), während im Gleichnis vom königlichen Hochzeitsmahl einer hinausgeworfen wird, dem ein gewisses Etwas fehlt, möglicherweise etwas vom König selbst; aber darüber streiten sich die Gelehrten (Mt 22,11ff). Zum Fest gehört das besondere Kleid.

Der Mensch und sein Kleid, ein dialektischer Bezug. Das Kleid ist Hülle, ein Äußeres, das auf das Innere des Menschen wirkt – wie anders herum der Geist des Menschen sein Kleid durchdringt. Es verändert den Menschen, erweitert seine Existenz, und wer ein Kleid trägt, gibt etwas von sich selbst an sein Gewand ab. Mein Kleid prägt in gewisser Weise mein Verhalten, wie ich nach dem, was ich tue, mein Kleid wähle: Im Abendkleid mache ich nicht Waldlauf, und im Trainingsanzug gehe ich nicht zu einem Empfang. Nimmt man das Kleid als Text, bezeichnet der weiße Kittel den Arzt, der schwarze den Prediger oder Richter, das Brautkleid die Braut, das Totenhemd den Toten. Eine besondere Sorte von Kleidern bezeichnet den Stand, während die Blue Jeans Anonymität signalisieren.

Der Mensch und sein Kleid existiert nicht ohne den gnädigen Macher, der Adam und Eva Kleider schenkt, der selber – nicht nackt – sich verschenkt wie ein Kleid. Darum darf die Mode nicht den Erdgeistern als Domäne überlassen bleiben. Sie ist sowenig wie die Sexualität – ohne die Mode ja nicht Mode ist – unter ein nur negatives Vorzeichen zu setzen. Wird aber der Mode das Gericht angesagt (Jes 3,16ff), ist es bezeichnenderweise primär der Stolz, der ins Gericht kommt, wie denn auch der deutsche Ausdruck »Hoffart« den Pomp und Aufwand in Schmuck und Kleidung meint so gut wie die Überheblichkeit.

Wenn Karl Barth »Mode« und »Stil« unter die »herrscherlichen, weil herrenlos gewordenen Erdgeister« subsumiert, beachtet er nicht, daß der Heilige Geist auch in den »Erdgeistern« geisten kann, die in unserer Kultur ihr Wesen haben: Sicher werden in der Mode in den aus irdischem Stoff immer wieder gemachten Kleidern die Geister dieser Erde sich regen. Die Aussage aber, wonach die Christen »nicht daran« glauben, »daß *Kleider* Leute machen«, muß dialektisch ergänzt werden durch die Aussage, wonach die Christen sich selbst erkennen und glauben als solche Leute, die spirituell durch Kleider gemacht werden, was auch für die gemachten Kleider bedeutsam sein mag. Die Dämonisierung der Mode, scheint mir, vereinfacht allzusehr die Probleme, um die es hier geht.

So hat *Calvin* die als »zu streng« getadelt, die den Gebrauch leiblicher Güter auf das zur Notdurft Erforderliche reduzieren wollten. Sie dienen auch unserer »Ergötzlichkeit« *(ablectamentum)* und »Heiterkeit« *(hilaritas):* »Wenn wir nun also bedenken, zu welchem Zweck er die Nahrungsmittel geschaffen hat, so werden wir finden, daß er damit nicht bloß für unsere Notdurft sorgen wollte, sondern auch für unser Ergötzen und unsere Freude! So hatte er bei unseren Kleidern außer der Notdurft auch anmutiges Aussehen und Anständigkeit als Zweck im Auge« (Institutio III, 10,1f).

Warum sollte nicht auch in einer Mode einmal so etwas wie ein kleines Licht und im Diesseits unseres Erdenkleides ein Jenseits aufscheinen? – Verhalten sich aber die Dinge so, fangen die Probleme erst recht an; dann muß die Mode auf ihren Geist hin geprüft und beurteilt werden. Solche Prüfung aber kann ein Theologe nicht am Schreibtisch vollziehen. Sie erfordert das Gespräch der Christen, die sich mit der Kleiderfrage befassen! – Was dem Theologen auffällt, der sich diesem Fragenkomplex auch nur von ferne zuwendet: Wie sehr wir unseren Alltag praktisch atheistisch gestalten, wir ziehen uns in der Regel an und aus, ohne an den zu denken, der schon den ersten Menschen Kleider darreichte und der noch ganz andere Kleider für uns bereithält!

Das vergessene Gewand

Im »Grünen Heinrich« lese ich den Satz: »Gott strahlt von Weltlichkeit.« Ich verstehe ihn anders als der merkwürdige Heilige aus Zürich, wenn ich ihn in den Zusammenhang der metaphorischen Rede vom Kleid stelle und insbesondere den Bezug zur Taufe unterstreiche: In der metaphorischen Rede der Bibel wie in Taufe und Abendmahl strahlt Gott von Weltlichkeit.
Aber nun haben wir kein Taufbewußtsein: Ich erinnere mich nicht an meine Taufe. Ich habe meine Taufe nicht erfahren. Als Säugling getauft, wurde ich um eine der wichtigsten Erfahrungen betrogen, die ein Mensch machen kann, daß er sein Sterben und Auferstehen erfährt. Er wird untergetaucht in das Wasser als in den Tod Christi und steigt aus dem Wasser als einer, der

fortan für die neue Welt Gottes lebt, wie denn – nach der Aussage des Paulus, der es ja wissen muß – die Getauften »mit aufgedecktem Angesicht die Herrlichkeit des Herrn« widerspiegeln (2Kor 3,18). »Die Gewänder des Heils« bekommen nun einen Namen: Das Neue Testament identifiziert Jesus Christus mit einem Anzug so wörtlich, daß der Auferstandene zum Taufgewand wird. Der Getaufte ist nicht mehr mit sich allein. Wie das Kleid das erste Gnadenzeichen nach dem Fall war, so wird jetzt Christus in der Metapher vom Kleid ausgesagt: »Denn ihr alle, die ihr auf Christus getauft worden seid, habt Christus angezogen« (Gal 3,27). »Kleider machen Leute.« Der Getaufte ist nun ein Mensch, den Auferstehungsstoff umgibt, der ihn – in kalten Zeiten – wärmt, aber auch vor Hitze und anderem Unbill schützt, ihn schmückt. Der Getaufte trägt einen Stoff, der eine neue Menschheit schafft. Viele Christen aber leben bewußtlos, mit gleichsam nackter und verschämter Seele. Sie haben ihre eigene Taufe nie zur Kenntnis genommen und wissen nicht, was das heißt, daß Christus ihnen auf den Leib gemessen wurde, daß sie ein Kleid umgibt wie eine Haut, aus der sie nie fahren können, wie unbewußt und wüst sie auch leben. Die Bewußtlosigkeit der Christen weist darauf hin, daß es am Wort fehlt, das ins Leben ruft. So bleibt die Taufe ungepredigt und die Christenheit dummes Salz.
Gottfried Benn hat uns die Strophe hinterlassen:

»Ausdruckskrisen und Anfälle von Erotik:
das ist der Mensch von heute,
das Innere ein Vakuum,
Die Kontinuität der Persönlichkeit
wird gewahrt von den Anzügen,
die bei gutem Stoff zehn Jahre halten« (Ges. Werke III, 246).

»Das Innere ein Vakuum« mag nicht zuletzt damit zusammenhängen, daß die Taufe für die europäische Christenheit keine Erfahrung darstellt, keine Erinnerung. Ich erinnere mich, daß ich meine Kinder taufen ließ, aber nicht, daß ich getauft wurde. – Auch Benn weiß um die Magie des Kleides: »die Kontinuität der Persönlichkeit / wird gewahrt von den Anzügen«. Im Kontext unserer Überlegungen bekommen die beiden Verszeilen eine besondere theologische Aussagekraft: Die Taufe als Anfang christlichen Lebens intendiert das Kontinuum. Die Christus angezogen haben, sollen und können ihr Kleid nicht ablegen!

Was einerseits als Geschichte beschrieben, also als ein passives Widerfahrnis dargestellt wird, kann andererseits imperativisch ausgedrückt werden. Die Taufe als Zeichen neuen Lebens will bewährt werden: »Ziehet den Herrn Jesus Christus an« (Röm 13,14). Die Gabe wird zur Aufgabe. Der sich nur schenkt, will getragen werden. Christen sind Christopherusse, nicht in dem Sinn der Legende, daß sie ein Kind auf den Achseln tragen, sondern in dem Sinne, daß sie einen Lebendigen in besonderer Nähe um sich haben. Wenn der Epheserbrief den Übergang von Heiden zu Christen als ein Ausziehen des alten Menschen und als eine Erneuerung des innern Wesens durch den Geist kennzeichnet, dann benennt er als Kehrseite einer inneren Neuheit das Anziehen des neuen Menschen, »der nach Gott geschaffen ist in wahrhafter Gerechtigkeit und Heiligkeit« (4,22-24). Gleichzeitig wird das Anziehen des neuen Menschen in den Kontext sozialen Verhaltens gestellt. Christus, der neue Mensch, wird zum Kleid, in dem einer dem andern begegnet, denn alle sind unterwegs zu endzeitlicher Umkleidung: »Dieses Verwesliche muß anziehen Unverweslichkeit, und dieses Sterbliche muß anziehen Unsterblichkeit« (1Kor 15,53). »Die Kontinuität der Persönlichkeit / wird gewahrt von den Anzügen.« Der Auferstehungsstoff, der uns umgibt, soll und wird uns durchdringen, und dieser Stoff wird Licht sein von dem Licht, das der Schöpfer trug, als er den Himmel ausspannte wie ein Zeltdach und seinen Söller zimmerte über den Wassern. Am Ende wird die Welt von Göttlichkeit strahlen.

Wenn die Heilige Schrift die Endzeit oft als Wiederkehr des Paradieses schildert, so stellt sich die Nacktheit nicht wieder her. Striptease wäre demnach zu verstehen als ein Versprechen von Paradies ohne Zukunft. – Im Zusammenhang allerdings mit anderen Vorstellungen umschreibt der Apostel seine Hoffnung als Sehnsucht nach dem Überkleidetwerden, als Wunsch, »nicht entkleidet, sondern überkleidet zu werden« (2Kor 5,4). Da wird erst recht gelten: »Kleider machen Leute«.

Erik Peterson hat in einem genialischen Essay »Theologie der menschlichen Erscheinung« (Hochland 41, 1948/49) eine »Theologie des Kleides« skizziert, meinend, »daß die Theologie sich in erster Linie nicht für den menschlichen Leib interessiert, sondern für das Kleid, das den Leib bedeckt«. Peterson konfrontiert Paulus mit den Griechen: »Für sie ist der Leib das Kleid der Seele, und ihre Philosophen erwarten fast mit Ungeduld den Augenblick, in dem die Seele dieses Kleid ablegt und sich in ihrer Nacktheit zeigen

wird« (149). Diesem griechischen Ideal steht nun 2Kor, 5,4 gegenüber: »Das Kleid ist demnach für Paulus Garant des Lebens, Verschlingung des Sterblichen durch das Leben, während Entkleidung soviel wie: Orientierung auf den Tod hin bedeutet. In den gymnischen Agonen der Griechen, die uns das erregendste Ereignis des Lebens zu sein scheinen, orientiert sich der Grieche gemäß diesem Begriff in Wirklichkeit auf den Tod hin, wenn er sich für diese Spiele entkleidet, die in der Tat einmal zu Ehren der Toten begangen wurden. Man denke auch daran, daß der (verstorbene) Heros von den Griechen nackt dargestellt worden ist. Aber Paulus sucht nun nicht den Tod, er will das Leben; er sucht nicht eine Seele, die an einen sterblichen Leib gebunden ist, sondern wünscht etwas, was höher als die Seele ist, zu besitzen, und das ist für ihn der Geist, das Pneuma. Darum hat er Angst vor dem Entkleidetwerden, und darum wünscht er das Kleid, das wie ein Mantel seine körperliche Existenz einhüllen soll. In diesem Sinne ist das Gewand bei Paulus eine Überwindung des primitiven Dualismus von Leib und Seele, von Bedeckung und Nacktheit; es wird so Ausdruck für das Übernatürliche, für die Offenbarung einer göttlichen Realität, die die Gegebenheiten und Erfahrungen des Lebens, darunter auch die des Dualismus von Leib und Seele transzendiert. Wegen dieses Faktums, daß das Obergewand (super vestiri) Ausdruck für das Übernatürliche ist, darf man mit gutem Recht von einer *Theologie* des Kleides sprechen« (ebd.).
Die Unterscheidung von Natur und Übernatur scheint mir nicht sehr glücklich zu sein, wie vollends die spekulative Auswertung Petersons mich fatal an die Beuroner Kunstschule erinnert, die in der Luzerner Kunstausstellung zu sehen war (vgl. den Essay von *H. Siebenmorgen* im Katalog »Ich male für fromme Gemüter«, 1985, 217ff).
»Die Theologie des Kleides ist die Theologie des weißen Kleides. Es gibt daher keine Physiognomie der Leiber der Auferstandenen. Das weiße Kleid, das Körper und Leib der Seele verdeckt, hebt jede Möglichkeit einer Interpretation auf, es sei denn eine solche, die aus der Theologie stammt. Dieses Kleid vermag keinen Ausdruck wiederzugeben und keine Individualität. Die orientalischen Väter haben das so ausgedrückt: Die Auferstandenen sind einander ähnlich wie die Bienen« (*Peterson,* 150). Peterson scheint vergessen zu haben, daß die Schrift keineswegs eine eschatologische Gleichmacherei lehrt. »*Dieses* Verwesliche«, das Unsterblichkeit anziehen muß (1Kor 15,53), ist ein Individuelles, und die Auferweckung von den Toten verwandelt das Individuelle, hebt es aber nicht auf. Das Himmelreich ist kein Bienenkorb, vielmehr ein Reich der Schönheit, eine Wiederkehr des Paradieses, und da wird jede Biene ein Individuum – wer weiß!

Ich zitiere hier einen heute zu Unrecht weithin Vergessenen, weil ich meine, daß seine Gegenüberstellung von biblischem Kleid und griechischer Nacktheit auf einen wichtigen Sachverhalt hinweise: Auch die Metaphorik, die unsere künftige Existenz ansagt, nimmt ein Produkt der Kultur auf. Wenn es Gott gefällt, nicht nackt zu sein, will er auch die Seinen in der Ewigkeit nicht nackt. Hierin scheint auch das Recht der an Jahreszeit und Augenblick gebundenen Mode zu liegen, daß sie in ihrer

Wechselhaftigkeit auf ein Ewiges hinweist, über das Menschengefällige hinaus zum Gottgefälligen. In dieser Hinsicht wird die Mode zum Zeichen des Nochnicht und ist als Ausdruck einer Sehnsucht zu verstehen, ohne die der Kommerz mit der Mode und ihre Manipulation durch die Modemacher sinnlos wären. Das Wesensmerkmal der Christen ist – wiederum metaphorisch gesprochen – der *Kleiderwechsel:* Der alte Mensch wird aus-, der neue angezogen. Nun kann er singen: »Christi Blut und Gerechtigkeit, das ist mein Schmuck und Ehrenkleid« (EKG 273,1). Dieses Schmuck- und Ehrenkleid macht aus dem Christen ein neues Wesen, das nicht mehr auf Eigenruhm angewiesen ist, nicht mehr auf Selbstlob und auch nicht auf soziale Anerkennung. Das Kleid, das es trägt, gibt ihm ein neues Bewußtsein, und dieses neue Bewußtsein steuert sein Handeln. Aber noch ist das neue Kleid nicht sichtbar und der Imperativ jeden Tag notwendig: »Ziehet an den Herrn Jesus Christus.« Zum Lebensstil des Christen gehört ein vom ständig notwendigen Kleiderwechsel und vom neuen Kleid geprägtes Leben, genauer: das neue, das ausgewechselte Kleid, ein Kleid, in dem man sich neu fühlt. Die Reisekleider wurden abgelegt, ein Bad hat erfrischt, man hat die Hauskleider angezogen und ist erst jetzt richtig daheim.

Zum Stilwillen kommt ein Stilgefühl, ein Gefühl und ein Bewußtsein. Kleider machen Leute. Du bist umgeben, umhüllt. Wer da den Psalm Israels nachspricht »Pracht und Hoheit ist dein Gewand, / der du in Licht dich hüllst wie in ein Kleid«, wird jetzt von der gleichen Pracht und Hoheit umgeben, vom Licht umhüllt. Der hat nicht mehr das letzte an, was er anziehen kann, sondern das erste (vgl. Lk 15,22). Er lebt von dem, der ihn umgibt. Glauben heißt nun, diese unsichtbare Gegenwart real nehmen, die spirituelle Gegenwart als Stoff ansehen.

Was das Gesangbuch im Singular als Glaubensaussage ausdrückt – »Christi Blut und Gerechtigkeit, das ist mein Schmuck und Ehrenkleid« –, mahnt der Apostel als plurale Zumutung an: »*Ziehet* an den Herrn Jesus Christus«. In das neue Kleid kommt keiner ohne Hilfe hinein. So wie die großen Herren und Damen in ihre Staatsgewänder nicht hineinkamen ohne Kammerdiener und Kammerzofe, so kommen wir nicht allein in das neue Kleid. Da braucht der einzelne die Hilfe der andern.

Der umkleidet ist mit einem Gewebe, dessen Faden von Ewigkeit zu Ewigkeit läuft, bekommt ein neues Wertgefühl: Was ich

anhabe, bestimmt mein Sein, meine Vergangenheit, Gegenwart und Zukunft. Ich bin nicht der, den ich morgens im Spiegel sehe. Ich bin anders, als ich mich erfahre. Ich bin mehr wert als mein Selbstwertgefühl. Wir müssen auch hier vom Sichtbaren ausgehen, um das noch Verborgene wahrzunehmen:
Ein Kleid vermittelt Schutz gegen Kälte und Hitze und stechende Insekten. Es schützt gegen Sonnenstich und Erfrierungen. Die Dünnhäutigkeit eines Nackten ist jeder Unbill ausgeliefert. Ein Kleid hält Bedrohliches ab. Das Kleid Aarons schützt diesen vor dem Verderben durch Jahwe. Das ist das erste und letzte, was vom neuen Kleid ausgesagt werden kann: Es schützt vor Gott selbst. Es bewahrt vor dem, der »Seele und Leib verderben kann in der Hölle« (Mt 10,28).
Ein Kleid vermittelt – Kraft. Ich entsinne mich noch, welches Hochgefühl mich als Junge überkam, als ich die ersten Knickerbocker bekam; damals die Kluft der Bergsteiger und Bergführer. Da war ich schon einer von ihnen. Nun habe ich die richtigen Hosen an zum Klettern. Ein ähnliches Hochgefühl kam mit den ersten Keilhosen: Nun bist du ein viel schnellerer Skiläufer als vorher. – Eben fliegt mir ein Prospekt ins Haus: Ein Paar lächelt in Lederjacken. Oben grüßt ein Kästchen »Echtes Leder« und unten ein weißes Band, quer über den Schoß des Mannes: »Leder – unsere Stärke«. – Ein Kleid, das einen Leib umhüllt, ist ein Kraftfeld und immer – ein Gleichnis!
Hier wird nochmals deutlich, warum Paulus den Plural gebraucht: »Ziehet an den Herrn Jesus Christus«, zieht den an, der für uns alle Macht hat. Das Regelsystem des neuen Lebens ist zuerst eines der Kraft. Kraft fließt durch verschiedene Kanäle: durch die Stille der Einsamkeit so gut wie durch das Gespräch, in dem Charis, Gnade, zum Austausch kommt und also Charisma empfangen wird.
Das Kleid richtet sich nach der Tages- und Jahreszeit, nach dem Wechsel von Arbeit und Feier, von Werktag und Sonntag. Das Gleichnis vom Hochzeitsmahl macht deutlich, daß zum Fest unabdingbar das Kleid gehört, das erst den Menschen festlich macht. – Wie man in der modernen Industriegesellschaft den Sonntag verlor, hat sich auch die Differenz zwischen dem Werktags- und Sonntagsgewand nivelliert. Mit dem Verlust des Sonntags ging auch der »Sonntagsstaat« verloren. Wer werktags einen Stehkragen trägt, wird das auch sonntags tun, wenn er nicht ein Freizeithemd vorzieht. Sicherlich gehört dies zum

Stil unserer Stillosigkeit, daß der Wechsel zwischen Werktags- und Feiertagskleid kaum noch bemerkbar ist. Beim Kirchgang kann Herr Müller den gleichen Anzug tragen wie beim Gang ins Büro. Im Dialekt meines Dorfes sagt man: »är hed si gsunntiget«. Das meint: »Er hat sich sonntäglich angezogen« und sagt mehr: »Er hat den Sonntag angezogen«. Am Abendmahlssonntag, viermal im Jahr, aber zog mein Vater nicht das Sonntagsgewand an, sondern seinen Hochzeitsanzug. Zum Tisch des Herrn ging er hochzeitlich gewandet: »Siehe, jetzt ist die hochwillkommene Zeit; siehe, jetzt ist der Tag des Heils« (2Kor 6,2).
– Paul Philippi erzählt mir aus Siebenbürgen von der Sonntagstracht der Siebenbürger Sachsen, die am Abendmahlssonntag bereichert wird durch einen weißen Überwurf – möglicherweise ein Hinweis auf die, die nach Offb 7,14 »ihre Kleider gewaschen und sie weiß gemacht haben im Blut des Lammes«. Beidemal verweist kirchliche Sitte auf Gottes und unsere Zukunft – und die Gegenwart wird im guten und wörtlichen Sinne feierlich.

Beidemal verweist das Sichtbare auf ein Unsichtbares, auch wenn die kirchliche Sitte an Altersvergeßlichkeit leiden mag: Aufgabe der Predigt wird dann sein, anzüglich zu werden, eine stillos gewordene Gemeinde in ein Gewebe eines Textes zu hüllen, die Stil hat; dann wird sich die Frage stellen, die in einer Zeit der Stillosigkeit als verrückt erscheinen mag: Welche Art von irdischem Kleid wohl dem himmlischen am besten entspreche? Dazu werden auch in der Kleiderbranche Jünglinge benötigt, die Gesichte sehen, und Greise, die Träume träumen.

Aber nun stehen wir vor einem eigenartigen Dilemma: Einerseits ist klar, es fehlt uns Christen an Erkenntnis. Wir haben vergessen, was wir durch Christus sind. Wir brauchen Belehrung. Andererseits genügt weder eine intellektuelle Einsicht noch eine starke Einbildungskraft, um den Kleiderwechsel zu realisieren. Wir brauchen sehende Augen und eine Inspiration zu lebenspraktischer Veränderung.

Das Leben wahrnehmen

Es gibt keine Erlösung durch Erkenntnis, nur durch Glauben, der aus dem Hören kommt und der freilich aufhört, Glaube zu sein, wenn er nicht mehr unterwegs ist zum Schauen, der aus ist auf die Wirklichkeit Gottes. Andersens Märchen vom Kaiser und den neuen Kleidern muß umgedichtet werden. Wer glaubt, ist Kaiser im Ornat, vielleicht hält er sich für nackt und darf sich nicht zeigen. Die Christenheit gleicht heute einem verschüchterten Kaiser, der sein Bewußtsein verloren hat. Er realisiert nicht, wer ihn umgibt, umhüllt, schützt und schmückt. Darum braucht er das Kind, das schon sieht, was Erwachsene noch nicht sehen oder aber sehen und nicht wahrhaben wollen. Keiner kann für sich allein Kaiser sein, und der Prediger des Evangeliums muß darum ein Kind werden und als Kind auf die Kanzel gehen, um dem Kaiser zu sagen, wie schön er gewandet ist. Aber es reicht nun nicht aus, auf das Institut der Kanzelrede zu verweisen. Für jeden Christen kommt die Stunde, da er sich zwar nicht als Kanzelredner, aber – wenn ich so sagen darf – als Prediger zu bewähren hat, indem er seinem Zeitgenossen, der an den Minderwertigkeitsgefühlen einer stillosen Zeit leidet, sagen muß, wer er im Unverborgenen, in der Wahrheit vor Gott ist.

Leben kann nur wahrgenommen werden, wenn es gelebt wird, im Teilen und Teilnehmen. Man braucht sich hier nur einige Leitsätze des Neuen Testaments vor Augen zu führen, um zu erkennen, daß Leben dem Plural zugeordnet ist: »Wir sind also« – der Apostel erinnert an ein Katechismuswissen der Christen – »durch die Taufe auf seinen Tod mit ihm begraben worden, damit, wie Christus durch die Herrlichkeit des Vaters von den Toten auferweckt worden ist, so auch wir in einem neuen Leben wandeln« (Röm 6,4). Nicht ich für mich, *wir* sind getauft und leben der Herrlichkeit des Vaters entgegen. Die Taufe hat ein Ziel, eben ein stilvolles Leben. Dieses Leben bekommt seinen Stil, indem es auf den Gekreuzigten ausgerichtet ist, der lebt. »Er ist für alle gestorben, damit die, welche leben, nicht mehr sich selbst leben, sondern dem, der für sie gestorben und auferweckt worden ist« (2Kor 5,15). Man beachte: Die Zielrichtung des neuen Lebens ist auf einen ausgerichtet, den wir nicht sehen. Dieses Leben sucht nicht »Public Relation«, sondern viel eher die Verborgenheit. Nur wenn Leben sich in Verborgenheit entfaltet, wird es stilbildende Kräfte entwickeln. Hier sei schon auf die frühen Mönche Ägyptens verwiesen, die aus der Öffentlichkeit flohen und weltweite Wirkung hatten.

»Damit die, welche leben, nicht mehr sich selbst leben, sondern dem, der für sie gestorben und auferweckt worden ist.« Da beachte man ferner, daß hier nicht eine Gruppe, nicht eine Elite, nicht ein Orden angesprochen wird, sondern die ganze Menschheit. »Für alle« ist er gestorben, und alle sollen ihm leben. Die Christen sind nur ein Anfang; aber gerade als Anfang haben die Christen universelle Bedeutung.

»Seid ihr nun mit Christus auferweckt worden, so suchet, was droben ist, wo Christus ist, sitzend zur Rechten Gottes; richtet euren Sinn auf das, was droben ist, nicht auf das, was auf Erden ist! Denn ihr seid gestorben, und euer Leben ist mit Christus in Gott verborgen. Wenn Christus, unser Leben, offenbar werden wird, dann werdet auch ihr mit ihm offenbar werden in Herrlichkeit« (Kol 3,1-4). Die apostolische Weisung entspricht dem Gebot des Bergpredigers, der das Almosengeben, das Beten und Fasten der Verborgenheit zuordnet und damit in Gottes Zukunft weist: »Dein Vater, der ins Verborgene sieht, wird es dir vergelten« (Mt 6,4.6.18).

Was hier sichtbar wird, ist ein Lebensstil, der der Zukunft lebt als einer Zeit, da Gott wirkt, ein Lebensstil, der daraufhin lebt, daß Gott sich als lebendig erweise und aus seiner Unsichtbarkeit heraustrete ins Hiesige. »Suchet, was droben ist« erscheint als Aufforderung zur Weltflucht, die den Sinn von der Erde abzieht und sich dem Himmel zuwendet. Ausdrücklich wird betont, es gelte »nicht auf das, was auf Erden ist« zu sinnen. Man muß sich schon fragen, ob die sogenannten »Aussteiger«, die sich unserer Gesellschaft versagen, an die Stelle der Christen getreten sind, die mithelfen an der Zerstörung unseres Planeten, indem sie eben vergessen und verdrängen, »was droben ist«. Es könnte sehr wohl die im Schwange gehende Polemik gegen die Weltflucht der Christen ein Zeichen der Korruption sein. Man verzichtet auf das endzeitliche Offenbarwerden Christi und setzt sich selbst absolut.

Auf die Ermahnung zum himmlischen Sinn folgt die zur Entkleidung des alten und zur Bekleidung des neuen Menschen, die nun in sozialen Kategorien ausgesagt und ausgelegt wird (Kol 3,5ff). Die suchen, was droben ist, gehen miteinander und bilden eine neue Gesellschaft.

Es ist vielleicht nützlich, sich einmal vor Augen zu führen, welche Wirkung christlicher Lebensstil in nichtchristlicher Umgebung zeitigt. Ich zitiere hier einen unverdächtigen Zeugen: *Khushwant Singh.* Er rühmt den Einfluß des Protestantismus auf den Hinduismus. Protestanten waren aktiv beteiligt an der Unterdrückung der Witwenverbrennung, an der Beendigung der Tötung neugeborener Mädchen und der Unterdrückung der Thugs, an der

Veränderung der Lebensbedingungen der Hindu-Witwen und der Tempelprostitution. Dann aber bedauert er: Indien hat keinen christlichen Heiligen aus sich hervorgebracht. Was die Christenheit aber im indischen Kontext brauchte, wäre ein Mahatma, eine große Seele. Alles, was das Christentum hervorbrachte, waren Männer und Frauen, gute Pfadfinder, Mädchenführerinnen, Leiter von YMCA wie YWCA (View of India, 1974, 85f).

Was ich an Predigten in Indien hörte, waren haargenau Predigten, die den Typ des christlichen Aktivisten hervorbrachten, den Khushwant Singh ironisierte. Wenn er den Heiligen vermißt und den Mahatma, so kommentiert er auf seine Weise die apostolische Weisung, dem zu leben, der für alle Völker am Kreuz hing und von den Toten auferstand. In diesem Horizont gilt: Wer dem Unsichtbaren lebt, legt keinen Wert auf seine Erscheinung, auf den Eindruck, den er macht, auf das, was man von ihm sieht, und auf diese Weise macht er die neue Welt Gottes sichtbar. Ein Heiliger, ein Mahatma, lebt sein Leben quer zu einem optischen Zeitalter und sieht mehr als seine Zeitgenossen. Wer seine Seele erweitert und groß werden läßt, indem er sucht, was droben ist, erscheint weltflüchtig. Er ist unterwegs zu dem Ort, »wo Christus ist, sitzend zur Rechten Gottes«. Und das ist der Ort der Weltregierung!

Ein Heiliger aber ist nicht möglich ohne die Gemeinschaft der Heiligen, und eine große Seele bedarf der Freundschaft. Wir erinnern uns: Die apostolischen Leitsätze, die wir zitierten, gebrauchen den Plural, nicht den Singular. Was wir brauchen, sind Lebensgemeinschaften. Wer das Leben leben will, kann nicht im Singular bleiben, er muß als einzelner zum »wir« kommen. Khushwant Singh macht die politische Wirkung eines Lebensstils deutlich. Was die Christen in Indien nicht vermochten, war die Überwindung des Kastenwesens; offenbar waren die Christen in Indien noch allzu sehr einzelne; offenbar war die Gemeinschaft der Christen bis jetzt zu schwach, um ein Modell einer neuen Gesellschaft bieten zu können. Der einzelne ist dem Kastenwesen gegenüber machtlos, wie überhaupt die Fragen unserer Zeit die Antwort eines Plurals erfordern. Darüber hinaus: Meine Sinne reichen nicht aus, um das neue Leben wahrzunehmen; ich brauche das Zeigen und Hinweisen der anderen. Ich kann nicht allein glauben. Darum kann ich auch nicht allein mein Leben gestalten.

Versuchen wir, aus der christlichen Stillosigkeit auszubrechen, müssen wir uns klar machen, welchem Lebensstil wir den Abschied geben und wo wir in der Geschichte der Kirche Vorbilder finden, die uns weiterhelfen gerade dadurch, daß wir ihnen kritisch begegnen. Zu reden wird sein über die bürgerliche Religion und das frühe Mönchtum.

Bürgerliche Religion

Bibelstunde in der ehrenwerten Stadt Bern beim unvergessenen *Albert Schädelin*. Ein angesehener Patrizier meldet sich zu Wort: »Der Spruch ›Spare in der Zeit, so hast du in der Not‹ ist viel wichtiger als die zehn Gebote.« Albert Schädelin gab zu bedenken, was alles in den zehn Geboten stünde, das durch den Slogan vom Sparen nicht abgedeckt wäre, was offenbar zu einem leisen Erschrecken des Votanten führte. – Interessant ist für uns zunächst der Sprecher, der war vom Herkommen her pietistisch-orthodox, dem alles reformerische und liberale Kirchenwesen ein Greuel sein mußte und der kirchenpolitisch sicherlich für Rechtgläubigkeit eintrat. Ein frommer Mann hatte gesagt, was er dachte und wie er sein Leben einrichtete.

Ich erzähle diese kleine Episode, weil sich an ihr das Wesen bürgerlicher Religion zeigt, und nicht nur dies. Sie macht deutlich, wie die bürgerliche Religion auch da prägend wirkt, wo man nach Name und Herkommen aristokratisch dachte und denkt. Der Protestant ist im allgemeinen durch die bürgerliche Religion viel stärker beeinflußt als durch die reformatorische Tradition. Unser Lebensstil, insofern er sich dem Christentum verpflichtet weiß, ist – unbeschadet seiner konfessionellen Richtung – ein Lebensstil bürgerlicher Religion, d. h. diese Religion besitzt die Fähigkeit, verschiedene Kirchentümer und Theologien zu durchdringen. Wie in Israel die Fruchtbarkeitskulte immer wieder in die Jahwereligion einzudringen vermochten, so stellt die bürgerliche Religion ein Gemisch von biblischer Religion dar, die der Bürger seinen Zwecken dienstbar macht. Dieser Mischcharakter macht die theologische Analyse schwierig, weil es hier um Phänomene geht, die doppeldeutig sind. Ich muß darum mit dem Widerspruch des Lesers rechnen, der den wackeren Berner verteidigt.

Mag sein, daß die Sparsamkeitsreligiosität in Deutschland weniger glühend war als in der Schweiz, daß die Glaubenskraft diesbezüglich von Generation zu Generation abgenommen hat. Sparsam ist unsereiner immer noch und warum eigentlich nicht? Gibt es doch auch eine theologische Begründung der Sparsamkeit, vor allem dann, wenn man sie gegen die Verschwendungssucht übt, die sich in den Wegwerfgewohnheiten unserer Gesell-

schaft zeigt. *G. Mar Osthathios* kommt im ersten Kapitel seiner Schrift auf die »Kriminalität der Verschwendung und des Luxus« zu sprechen und erinnert an Jesu Befehl nach der Speisung der Fünftausend: »Sammelt die übriggebliebenen Brocken, damit nichts verloren geht« (Joh 6,12; vgl. *Osthathios,* 7f). – Seit Albert Schädelins Bibelstunde hat sich unsere Gesellschaft rapide zur Wegwerfgesellschaft entwickelt, und da kann Sparsamkeit zur Tugend werden.
Betrachten wir die Struktur der Aussage des angesehenen Patriziers:
Der Sprecher ist tolerant: Er möchte nicht gegen die zehn Gebote sprechen. Die zehn Gebote müssen selbstverständlich bleiben, die werden nicht angetastet; der Bürger kennt aber ein vornehmeres Gebot. Und nun wird der Bürger zum Bergprediger im flachen Land: »Ihr habt gehört, daß zu den Alten gesagt ist . . . Ich aber sage euch.« Und was der Flachprediger sagt, liegt im Interesse einer Wohlstandsgesellschaft, die das kommende Gottesreich auf den Sankt Nimmerleinstag verschieben möchte. In der Weise unseres frommen Berners verfährt die bürgerliche Religion allzumal. Sie kämpft in der Regel nicht frontal gegen die biblische Botschaft, aber sie weiß es besser. Ihre Toleranz, gesteuert vom Besitz einer besseren Erkenntnis, erweist sich als scheinbar. Sie könnte eine List sein, eine Tarnung, die dazu dient, das Tolerierte zu überwinden.
An die Stelle des Wortes Gottes Heiliger Schrift tritt der Gemeinplatz: Der Gemeinplatz erweist sich als das Wort Gottes bürgerlicher Religion. *Léon Bloy* hat eine »Exegese der Gemeinplätze« geliefert: »Der richtige Bürger . . ., der es grundsätzlich ablehnt zu denken . . ., spricht eine Sprache, die sich notwendig auf eine sehr geringe Anzahl von Formeln beschränkt« (1940, 7f). Bloy deckt auf, was diese Formeln besagen: »Welcher Schrecken für den Gastwirt oder den Kurzwarenhändler, welches Entsetzen für den Apotheker und den Inspektor, wenn sie plötzlich entdecken, daß sie ahnungslos Ungeheures aussprechen; daß das Wort, das sie soeben ungezählten Millionen Hirnloser nachgeplappert haben, in Wahrheit Raub ist an der schöpferischen Allmacht, daß es zur gegebenen Stunde eine Welt zu erwecken vermag!« (8).
Der Gemeinplatz besteht in unserem Fall aus einem Gesetz und einem Evangelium bzw. einer Verheißung, wobei beide das isolierte Ich ansprechen und damit bürgerliche Religion als Privat-

religion bestimmen. Wird »Spare in der Zeit, so hast du in der Not« zur Maxime des Lebens, so dient der Gemeinplatz dazu, Gottes Gebot faktisch aus den Angeln zu heben. Anstelle der Heiligen Schrift regiert der Gemeinplatz den Lebensstil.

Bürgerliche Religion orientiert sich an der Praxis: Das Wohl des Menschen, weniger sein Heil, steht im Vordergrund des Interesses. ». . . so hast du in der Not« ist ihre Verheißung, mit der sie in unserem Falle die Tugend lockt. Sie predigt ein Evangelium des Notvorrats. Sie führt das Selbstgespräch des reichen Kornbauern: »Und er sagte: Das will ich tun: Ich will meine Scheunen abbrechen und größere bauen und dorthin all mein Getreide und meine Güter sammeln und will zu meiner Seele sagen: Seele, du hast viele Güter auf viele Jahre daliegen; ruhe aus, iß, trink, sei fröhlich!« (Lk 12,18f). Man lebt von seiner eigenen Leistung. Diese bestimmt Gegenwart und Zukunft des Bürgers. Die Frage Karl Barths, wie es komme, »daß die Männerkleidung seit dem Ausgang des 18. Jahrhunderts so monoton und langweilig geworden ist« (KD IV/4, 391), zielt m. E. auf eine Männergesellschaft, die den Mann als Versorger seiner Familie ganz auf eigene Leistung stellt. Den aristokratischen Pomp, mit dem das Rokoko sich kleidete, kann sich einer, der an seine eigene Leistung glaubt und sparen muß, nicht leisten.

Bürgerliche Religion ist besorgt und bewegt vom möglichen Mangel: Sie rechnet mit dem Mangel. Die ganze westliche Ökonomie beruht auf dem Fundament des Mangels (Meeks). Unser Gemeinplatz bekommt im Nord-Süd-Konflikt, in der Spannung zwischen arm und reich eine eminente politische Bedeutung, indem sie die Selbstversorgung zur lebenspraktischen Maxime erhebt. Die Armut wird damit als schuldhaft qualifiziert. Indem der Slogan vom Sparen wegweisend wird, tritt der Vorrat an die Stelle der Gabe, der Mensch wird Selbstversorger.

Die Religion des Selbstversorgers erweist sich als nützlich gegen die Angst an der Furcht Gottes vorbei: Damit kommen wir zum entscheidenden Punkt. In der bürgerlichen Religion macht sich der Mensch selbst zu seinem Gott, indem er sich einen Gott nach seinem Bilde macht. Die fremden Züge alttestamentlicher Gottesoffenbarung lassen sich schwer verbürgerlichen; darum tut sich – wie man an Schleiermacher, aber auch an Bultmann studieren kann – ein Theologe der bürgerlichen Religion schwer mit dem Alten Testament. Gott muß verfügbar sein wie ein Erspartes.

Wer die Predigtliteratur der Gegenwart nur einigermaßen kennt, der trifft da auf einen verfügbaren Gott, dessen Metier das Annehmen des Menschen ist. Seiner Allmacht wird eine Absage erteilt; zornig darf er ebensowenig werden wie ein bürgerlicher Hausvater. Im übrigen ist er alt und schwächlich; da auf ihn wenig Verlaß ist, wird der Gang zur Sparkasse wichtig. Bürgerliche Religion trägt einen Selbstwiderspruch in sich: Sie erweist sich als lebenspraktischer Atheismus bei theoretischer Verehrung Gottes. Jesus hat diese Möglichkeit offensichtlich vorausgesehen: »Ihr könnt nicht Gott dienen und dem Mammon« (Mt 6,24b). In dieser Hinsicht übt die bürgerliche Religion die Kunst des Unmöglichen. Sie hebt die Alternative Jesu in ihrem Lebensstil auf; damit aber bleibt Gott faktisch nicht mehr Gott und spielt im Alltagsleben keine Rolle. Dieser praktische Atheismus ist in der Literatur schon oft apostrophiert worden, was ihn aber in keiner Weise stört.

Weil wir Protestanten – und vielleicht auch die Katholiken – von der bürgerlichen Religion herkommen, tun wir gut, einen Blick auf ihre Geschichte zu werfen. *G. Mar Osthathios* setzt die Entwicklung sehr früh an: »Die Tragödie der Kirche seit dem Edikt von Mailand ist die Identifikation des Christentums mit der Mittel- und Oberklasse und die Ersetzung des Kreuzes durch die Krone. Aber das Wesen des Christentums ist die Freude des Kreuztragens« (33).

Reimarus und die Kindertaufe

Bevor sich der europäische Bürger in Frankreich gegen das absolute Königtum erhob, kam es beinahe lautlos zu einem Aufstand einzelner gegen die Kirche als System des Absoluten, einem Aufstand ohne jegliche Gewalttätigkeit. Ich nenne als exemplarischen Vertreter *Hermann Samuel Reimarus* und sein Hauptwerk, an dem er bis zu seinem Tode am 1. März 1768 arbeitete und das erst 1972 vollständig ediert wurde: »Apologie oder Schutzschrift für die vernünftigen Verehrer Gottes«. Reimarus gehört sicherlich nicht zu der Sorte »Bürger«, dem Léon Bloy testiert, daß er »es grundsätzlich ablehnt zu denken«. Man kann die Konfessionen, mit denen Reimarus seine Schutzschrift beginnt, wohl kaum lesen, ohne angerührt zu werden vom Pathos dieses Suchers nach Wahrheit und vom großen Ernst seines

Fragens. Wollte man ihm gerecht werden, müßte man nach der Gemeinde fragen, in der er aufwuchs, und inwiefern seine Zweifel an der Kirche auf der Erfahrung von Scheinkirche beruhten.
Reimarus verteidigt »eine vernünftige praktische Religion«, die nach seiner Meinung Christus »gelehrt hat«, gegen das System kirchlicher Lehre, in der »so viele unerträgliche Glaubens-Punkte« aufgekommen sind (64). – Es würde zu weit führen, wollte man die Vernunftreligion der Aufklärung mit der bürgerlichen Religion vergleichen, wie denn auch ein Berner sich schlecht mit einem Hanseaten vergleichen läßt. Ich möchte an Reimarus jetzt nur ein Moment aufzeigen, eben das des Aufstandes.
Betrachtet man den Titel als solchen, käme man nicht auf den Gedanken, hier eine revolutionäre Schrift vor sich zu haben, die schon mit der Veröffentlichung einiger Fragmente durch Lessing einen Sturm entfesselte. Nicht Aufstand, sondern Verteidigung steht auf dem Programm, doch der Schein trügt, denn Angriff bleibt die beste Verteidigung, und der richtet sich zunächst mit genialem Scharfblick gegen die Kindertaufe. Sie ist das vornehmste Instrument zur Unterdrückung der vernünftigen Religion, und hier nun bekommt die Argumentation des Reimarus auf einmal Gewicht für unsere Fragestellung nach dem Lebensstil. Die Willkür der Taufpraxis wird verglichen einem Gärtner, der in einem Jahr Kohl sät und pflanzt; »er hat es in seiner Macht, er thut es, und es kommt Kohl auf«. Je nach dem, was ihm einfällt, pflanzt er »das Solanum oder Schierling«, hat er »eine Baum-Schule von Kern-Obst«, vermag er nach seinem Belieben Pflaumen, Kirschen, Aprikosen darauf zu pfropfen. »Sagt mir aufrichtig: verfährt man nicht gerade eben so mit der Religion und ihren Secten?« Exemplifiziert wird das Elend an einer Mischehe, in der nach »Ehecontrakt ... die Bübchen ... Catholisch, die Mädchen Lutherisch« werden sollen (75f). Mit Sarkasmus wird die Kindertaufpraxis gegeißelt: »Der kleyne Schreyer wird also auf den Armen dahin getragen, und, wie nun der Gebrauch ist, auf dem Kopfe drey mal mit etwas Wasser, im Namen Gottes des Vaters, des Sohns und des heiligen Geistes, begossen. Dann wird er dadurch ein Christ, und nun hat er den Glauben und die Hoffnung zur Seligkeit; dagegen die Kinder, welche nicht getaufft sind, zumal wenn sie von unchristlichen Eltern erzeugt worden, ihre Erbsünde tragen und verdammt

werden. Diese Überredung macht denn die Handlung auch für die Eltern so ängstlich und gezwungen, daß sie ihr Kind, im Nohtfall, lieber durch ein alt Weib geschwinde tauffen lassen, damit es ja nicht ungetaufft sterbe, und als ein Heyden-Kind zur Höllen fahre« (77). Und dann ruft er aus: »Mein Gott! wie geht man doch im Christenthum, ohne alle Schaam und Scheu, mit der Religion um! wie behandelt man die Menschen, in ihrer Unmündigkeit und Schwachheit, mit Gewalt und Lügen, um ihnen eine Verbindlichkeit zu einem gewissen Glauben auf ihr Lebtage anzutichten! Das arme Kind muß mit sich machen lassen, was den Eltern gefällt: es wird zu dem Bade hingebracht, und weis von nichts was ihm wiederfährt oder wiederfahren soll« (78). Reimarus hat klar erkannt, »daß die Kindertaufe eine ungereimte und in sich nichtige Abweichung von der ersten Stiftung der Tauffe sey« (81). Er sieht in der Kindertaufpraxis »allen Gebrauch der Vernunft, alle Freyheit der Menschen, alle natürlichen Rechte derselben« unterdrückt und hat damit leider Recht: »Man will sie, als ob sie geborne Sklaven wären, schon in der Wiege, zu Soldaten unter einem gewissen Fähnlein enrolliren, und wenn sie sich dereinst dieser Knechtschaft entziehen wollen, als Desertörs traktiren und bestrafen. Ist denn wohl die Kinder-Tauffe etwas anderes, als eine Erfindung der Hierarchie, zur unrechtfertigen Herrschaft über die Gewissen, und zur Entkräftung aller von Gott und der Natur dem Menschen verliehenen Vorzüge?« (82).

Man könnte nun weiter gehen und auch seine historisch-kritische Behandlung biblischer Texte unter dem Gesichtspunkt des bürgerlichen Aufstandes gegen die Kirche sehen. Im Zusammenhang unseres Fragens aber scheint mir wichtig, daß der Hanseat seine Schrift nicht veröffentlicht, »weil die Zeit noch nicht scheint gekommen zu seyn, da solches ohne des Pöbels Ungestühm, und ohne Verwirrung in dem Staat und der Kirche abgehen könnte« (56). Ruhe ist des Bürgers erste Pflicht, darum distanziert er sich »von des Pöbels Ungestühm«. Der Bürger steht also nicht nur gegen die Geistlichkeit auf. Er distanziert sich vom »gemeinen Haufen«, dem er so wenig über den Weg traut wie der Geistlichkeit. Indem der Bürger Ruhe will, unterzieht er sich eher den kirchlichen Zeremonien, als daß er es auf einen Konflikt mit der Geistlichkeit ankommen läßt. Jegliches Märtyrertum ist ihm fremd.

Im Horizont unserer Fragestellung bringt der Aufstand des Bürgers Reimarus einige Überraschung, insofern er sich als hellsichtiger Kirchenkritiker erweist. Reimarus ist ein hervorragender Vertreter einer inneren Emigration aus der Kirche. Er tat noch, was andere später unterließen, er fügte sich der kirchlichen Sitte beispielsweise beim Abendmahlsgang.

Erst Karl Barths Tauflehre wird Reimarus gewachsen sein, wie denn auch von Barths Tauflehre her deutlich wird, wie sehr Reimarus gegenüber der Kirche im Recht ist. Die allgemeine Stillosigkeit christlicher Existenz mag einen Grund in der Stillosigkeit der Taufpraxis haben. Obwohl Reimarus und Barth als theologische Antipoden einander gegenüberstehen, so machen doch beide deutlich, daß die Taufe kein mechanisches Tun sein darf, sondern auf freier Entscheidung beruht. Reimarus schaltet die vernünftige Religion vor die Offenbarung. Erst wer in ihr gebildet ist, wird fähig sein, über die Offenbarung urteilen zu können (75), und wäre demnach wohl reif zur Taufe. Barth dagegen setzt Geisttaufe und Wassertaufe miteinander in Beziehung. Geisttaufe ist für ihn der »Inbegriff der alles christliche Leben begründenden *göttlichen* Wendung« (IV/4,34), der die »menschliche Entscheidung« antwortet. In der Geisttaufe geht es ganz »um das Handeln des dem Menschen zugewendeten Gottes«. In der Wassertaufe, »durch jenes ermöglicht und hervorgerufen, ganz um das des Gott zugewendeten Menschen« (45). Die mit Geist und Wasser Getauften werden anders existieren als die bewußtlos Getauften. In diesem Betracht ist das Fehlen eines Taufbewußtseins die Voraussetzung christlicher Stillosigkeit. Indem Christen im Blick auf ihre empfangene Taufe bewußtlos leben, kommt nicht ans Licht, daß man Christus angezogen hat. Die Religion der Taufbewußtlosen bildet einen Synkretismus eines an die Dogmen unseres Wirtschaftssystems assimilierten Christentums. Die Kindertaufpraxis, die bewußtlose Christen hervorbringt, wird sozusagen das Warenzeichen bürgerlicher Religion. Diese wird diktiert von der Furcht vor dem Mangel und bestimmt durch die Zwänge der Gesellschaft. Die Wirkung der Bibel darf nicht über die gesellschaftlichen Schranken hinausgehen, sie soll der Stabilisierung des Systems dienen. Die Domestizierung des Wortes Gottes unter die Bedürfnisse des Bürgers kennzeichnet diese Religion.

Bürgerlich-christliche Stilmischung – das evangelische Pfarrhaus

Ein verbürgerlichtes Kloster, in dem man es sich familiär gemütlich macht oder in strenger Observanz zusammenlebt: Das evangelische Pfarrhaus hat einen Lebensstil hervorgebracht, der unsere Aufmerksamkeit verdient. Es war – und ist – ein Beispiel für alle Häuser, in denen Christen wohnen. Die Krise, in die es heute geraten ist, deutet auf eine Krise allgemeiner Art. Martin Luther, Symbolgestalt des protestantischen Pfarrhauses, machte aus dem Kloster einen Familienbetrieb, und die Pfarrfamilie lebte in ihrer Exemplarität immer ein wenig klösterlich, in einem »claustrum«, abgeschlossenes Haus und offenes Hospiz in einem, wie es sich für ein Kloster gehört. – Unauslöschlich gehört zu meinen Jugenderinnerungen der Türklopfer am Pfarrhaus, herrenhäuslich schwer: Er ließ sich nur mit Mühe heben und gab einen dumpfen Schlag, der mir jedesmal durch die Glieder fuhr. Vor diese Türe ging man nicht, wenn man nicht einen Auftrag hatte, wie denn auch der Pfarrer neben dem Arzt im Dorf der einzige »Herr« war. Ich war mit dessen Sohn ein wenig befreundet, aber man ging zu ihm nicht wie zu anderen Kindern. Auch das gehörte zu diesem Haus, daß ich von der Frau Pfarrer immer eine Handvoll Gebäck, »Gutzli«, bekam, wenn ich als Bub ins Pfarrhaus mußte. Die Pfarrfrau übte eine schenkende Tugend, die ihrem Manne – wie es schien – grundsätzlich fremd blieb.

Ins Pfarrhaus wurde ich geschickt – so meine Erinnerung –, wenn ich ein Buch zurückbringen mußte, das sich die Mutter vom Pfarrer ausgeliehen hatte. Der Abbas des verbürgerlichten Klosters war ein gelehrter Mann, der in einer besonderen Zelle hauste, in der es zwar nicht nach Weihrauch, aber um so penetranter nach Zigarrenrauch roch. Neben Büchern gab es dort Briefmarken, Versteinerungen, Käfer oder Schmetterlinge oder Notenblätter, wenn der Pfarrer gerade mit dem Kirchenchor eine Passion einübte. Damit habe ich ein neues stilbildendes Element des Pfarrhauses angedeutet. Das familiäre Kloster hat einen Hauch mehr oder weniger von Gelehrsamkeit, von der ein Dorfjunge nicht so recht weiß, worauf sie sich bezieht: »Durch die Reformation ist der Pfarrer zum gelehrten Bürger gemacht worden...«, schreibt *Chr. Homrichhausen* (Evangelische Pfarrer in Deutschland, in: Bildungsbürgertum im 19. Jahrhundert I, hg. von W. Conze und J. Kocka, 1984, 277).

Neben meine Erinnerung stelle ich ein Bild von *K.-J. Milde* aus der Kunsthalle Hamburg »Pastor Rautenberg und die Seinen« (vgl. *M. Greiffenhagen*, Hg., Das evangelische Pfarrhaus. Eine Kultur- und Sozialgeschichte, 1984, 119): Auf der linken Bildhälfte unter dem Fenster wendet der Pfarrer uns sein Profil zu, gelehrter Bürger, schwarzgewandet im langen Rock des Gelehrten, er liest offenbar aus einem Manuskript vor; durch eine gedeckte Kaffee- oder Teetafel von ihm getrennt der kleine Sohn, noch unaufmerksam, daneben auf einem Sofa sitzend die Mutter, neben ihr stehend eine junge Frau, vielleicht das Dienstmädchen, an der Stirnseite des Tisches dann zwei Mädchen, ergeben zuhörend.

Sehe ich recht, hat Milde die Pfarrfamilie als Hauskirche gemalt. Andächtig wie die Gemeinde lauschen auch die Seinen auf das Wort des Predigers. Das Bild weist eine ähnliche Struktur auf wie meine Erinnerung an Türklopfer und Gebäck, eine Mischung von Distanz und Strenge einerseits sowie Behaglichkeit andererseits. Die Distanz: Zwischen dem Vorlesenden und seinen Zuhörerinnen steht der Tisch; die Strenge wird sichtbar in den Gesichtszügen des Pfarrers und denen der Seinen. Der Samowar zu Füßen des Pastors, das Gedeck auf dem Tisch, das Kanapee, auf dem seine Frau sitzt, zeigen, daß offenbar auch für das leibliche Wohl gesorgt ist – das Bild aus dem vorigen Jahrhundert bietet ein behagliches Interieur. In der Idyllik des Pfarrhauses lebt man sonntäglich und hat vor allem – wie *W. Steck* bemerkt – »unendliche Zeit« (Das Pfarrhaus darf nicht sterben, PTh 72, 1983, 395).

Ich vermag nicht zu sagen, ob *W. Marhold* recht hat mit der Vermutung: »Die Mitte des 19. Jahrhunderts ist wahrscheinlich die Zeit, in der der Pfarrer – zumindest auf dem Lande, wo 80 Prozent der Bevölkerung lebten – den größten Einfluß in seiner Berufsgeschichte hatte« (*Greiffenhagen*, 185).

Sicherlich aber hat die bürgerlich-christliche Stilmischung im Pfarrhaus des 19. Jahrhunderts eine sozusagen klassische Ausprägung gefunden: das Pfarrhaus als Hort bürgerlicher Religion, die man unter dem Vorzeichen des Christlichen verstand. – Die dialektische Theologie, angetreten als Protest gegen die bürgerlich-christliche Stilmischung, vermochte nicht stilbildend zu wirken. Sie stabilisierte die tradierte Pfarrhauskultur, indem sie die Frage des Lebensstils weithin ausblendete. So hat das Pfarrhaus die beiden Weltkriege überlebt, und erst in der Gegenwart proklamieren die Experten dessen Ende.

Man hat im Pfarrhaus in einer Art und Weise gelebt, die für christliche Familien die Stilrichtung bestimmte. So durfte meine

Frau als Tochter eines Basler Bürgerhauses die Tanzstunde besuchen, weil die Töchter von Pfarrer Thurneysen dies auch durften! Auch wenn uns heute ein solches Beispiel fast komisch anmuten mag, die lebenspraktische Hilfe eines exemplarischen Hauses sollte nicht unterschätzt werden. Der das Wort der Heiligen Schrift auf der Kanzel auslegt, weist da, wo Verhaltensunsicherheit entsteht, mit seiner Familie den Weg in den Problemen der Alltäglichkeit. Allein die Predigt ist nicht schon dadurch schriftgemäß, daß der Prediger die Schrift auslegt, und die Pfarrfamilie ist nicht von Haus aus – eben weil sie in einem Pfarrhaus wohnt – schon heilige Familie. Die Frage nach der Wahrheit stellt auch das Pfarrhaus in Frage.

Wenn M. Greiffenhagen »die große Bedeutung des evangelischen Pfarrhauses für die Kulturgeschichte Deutschlands« verständlich machen will, gebraucht er »die beiden Begriffe *Verweltlichung* und *Vergeistlichung*«, die er von Luther her interpretiert (7), wobei er die beiden Begriffe in einer Weise formalisiert, die zwar sehr wohl das Phänomen Pfarrhaus zu charakterisieren weiß, die aber nicht nach dem Geist der »Vergeistlichung« fragt: War und ist der Geist, der das Pfarrhausleben vergeistlicht, der Heilige, der Geist vom Vater und vom Sohn her, oder ist es ein anderer Geist? Diese Frage ist deshalb schwierig, weil der Heilige Geist sich mit dem Menschengeist und also auch mit dem Zeitgeist vermischt. »Verweltlichung« und erst recht »Vergeistlichung« kann je aus heiligem oder unheiligem Geist heraus entstehen.

Greiffenhagen zitiert Luther: »Möchte darum die ganze Welt voll Gottesdienstes sein. Nicht allein in der Kirche, sondern auch im Haus, in der Küche, im Keller, in der Werkstatt, auf dem Feld, bei Bürgern und Bauern« (7). Mit solcher Zitierung verdeckt er, daß Luther sehr wohl um die Alternative »falscher und wahrer Gottesdienst« wußte, daß also das Stichwort »Vergeistlichung« so gut den Lügengeist wie den Heiligen Geist umschreiben kann. Und das eben ist die Frage, an der die Existenz aller Beteiligten und die Modellhaftigkeit des Pfarrhauses hängt, welcher Geist dem Haus die Atmosphäre gibt.

Das Bild von »Pastor Rautenberg und den Seinen« zeigt ein Moment, das auf Heiligen Geist hindeuten kann. Die Familie hört in Harmonie auf das, was der Pfarrer aus seinem Manuskript vorliest, aber der Geist der Idyllik ist noch lange nicht der Heilige Geist, und was da vorgelesen wird, wissen wir nicht.

Liest man den ebenfalls von *M. Greiffenhagen* herausgegebenen Sammelband »Pfarrerskinder« (1982) aufmerksam durch, zeigt sich die Kritik der Kinder an ihrem Elternhaus vielfach als Kritik an einem gesetzlichen Geist, der vermutlich einer herrschenden Gesetzlichkeit in der Predigt entsprechen mochte. Die Kritik der Kinder richtet sich dann nicht »gegen das Christliche, sondern gegen dessen Pervertierung«. Wenn Pfarrerskinder gegen den Geist ihres Pfarrhauses opponieren, so wenden sie sich damit nicht schon gegen den Heiligen Geist.

Fragen wir nach dem Lebensstil als einer Gestaltung des Geistes und fragen wir kritisch, welcher Geist denn in der bürgerlich-christlichen Stilmischung des Pfarrhauses Leben gestalte, kommt man ins Wundern. Wie konnte aus dem Wanderradikalismus der ersten Jünger eine Pfarrhauskultur herauswachsen? Die Solidität der Pfarrhäuser meiner Heimat läßt vermuten, daß sie gegen die Wiederkunft des Christus gebaut wurden. Das Dogma von der Jungfrauengeburt bildet einen Skandal für alle Familienseligkeit. Darum weiß eine bürgerliche Theologie denn auch mit diesem Dogma nichts anzufangen, und Pastor Rautenberg wird Mühe haben, über Jesu Wort vom Hassen der Seinen (Lk 14,26) zu predigen. Gräbt der Zölibat der katholischen Kirche einen unmenschlichen Zug ein, so wird der eschatologische Vorbehalt gegen die Ehe (Mt 19,26; 1Kor 7,32ff) im Protestantismus nur allzuleicht übersehen. Man vergißt damit, daß das Schema dieser Welt vergeht (1Kor 7,31). Die Umwertung aller Werte durch die kommende Gottesherrschaft findet dann nicht statt.

Singt man im Gottesdienst »Ein jeder sei der Kleinste / doch auch wohl gern der Reinste / auf unserer Liebesbahn«, bleibt der Pfarrer der Größte in der Gemeinde, angeblich aller Diener, bleibt er der *Herr* Pfarrer und lebt in meiner Heimat in einem herrschaftlichen Haus, das auf die Hilfe von zwei Dienstmädchen hin entworfen sein mag, die es nicht mehr gibt. Kein Wunder, daß heute die Pfarrfrauen revoltieren und einen Beruf nach eigenem Gusto ergreifen. So lebt man im Pfarrhaus, wenn es gutgeht, mit der aufgeschlagenen Bibel, ist aber durch die Institution von vornherein in einen Widerspruch gegen das Evangelium verwickelt, der einen Teil der Bibel ungepredigt läßt und dem bürgerlich-christlichen Lebensstil den Stempel der Widersprüchlichkeit aufprägt: Gibt es einen protestantischen Selbsthaß, so mag er in der Widersprüchlichkeit der Institution gegen das Evangelium, der das Selbst nicht gewachsen ist, seine Wurzel haben.

»Es ist eine Lust, Pfarrer zu sein. Ein Pfarrer hat ein – zumeist sehr gediegenes – Dach über dem Kopf und ein gutes Einkommen, mit dem es sich leben läßt«, schreiben *F.* und *Chr. A. Schwarz* in »Theologie des Gemeindeaufbaus« unter der Überschrift »Die Krise des Pfarramtes«, um dann fortzufahren: »Darauf darf auch einmal hingewiesen werden, weil sich das für einen Diener des Herrn, der nichts hatte, wo er sein Haupt hinlegte, keineswegs von selbst versteht. Vor allen Dingen hat ein Pfarrer die beste Botschaft der Welt . . .« (1984, 228). Die Brüche, die durch diesen Text gehen, scheinen mir typisch zu sein für den Konflikt zwischen dem Hauseigentümer auf Zeit und dem Botschafter Jesu, ein Konflikt, den man auf verschiedene Ursprünge zurückführen könnte: auf Stoa und Epikureismus, auf Askese und Lebenslust, auf Gesetz und Evangelium, auf »Vergeistlichung« und »Verweltlichung«. Die Gegensatzpaare ließen sich vermehren. Sie deuten auf einen vielschichtigen Sachverhalt, dessen theologische Dimension keineswegs eindeutig zu sein scheint. Eindeutig ist nur dies: Das Haus bestimmt den Stil, er ist häuslich, seßhaft, nicht nomadisch. Man nimmt Haus und Gemeinde in Besitz; man greift eigenmächtig nach der Gegenwart und verliert damit die Zukunft. So bilden sich Fehlformen eines Lebensstils. An ihnen mag deutlich werden, auf welchen Wegen man versucht hat und versucht, den Widerspruch zwischen der Institution Pfarrhaus und der Botschaft Jesu zu lösen. Gerade auch in seinen Fehlformen hat das Pfarrhaus stilbildend gewirkt.

Wichtig scheint mir, daß wir die Genese dieser Fehlformen erfassen, da sie sich je und je fortpflanzen, weil sie als Versuchung mit der christlichen Existenz selbst gegeben sind. Wir deuteten schon an, daß die Kritik der Pfarrerskinder am Elternhaus der Sache nach eine Kritik an der dort herrschenden Gesetzlichkeit war. Wir müssen zuerst fragen, woher diese Gesetzlichkeit kommt.

»Vor allem hat ein Pfarrer die beste Botschaft der Welt . . .«. Da muß er denn auch das Beste aus sich und den Seinen machen in einem der Botschaft entsprechenden, wortförmigen Leben. Als fehlsamer Mensch kann er das aber nicht aus sich heraus; darum wird er nur zu leicht gewalttätig sich selbst und den Seinen gegenüber; damit verliert der Lebensstil das Evangelium. Der

Christ lebt dann nicht im Werden, sondern im Machen, und darum hat er nichts zu danken. Die Vergesetzlichung bestimmt das Tun und Lassen.

»Als Kind habe ich Dich selten entspannt und fröhlich erlebt; selten warst Du in der Lage, Dir selber etwas zu gönnen, großzügig mit Dir umzugehen, ohne ein schlechtes Gewissen zu haben ...«. *H.-M. Lohmann* nennt seinen Vater »das Hauptopfer« von dessen »unbarmherziger protestantischer Werkmoral« (*Greiffenhagen*, Hg., Pfarrerskinder, 153). Was hilft es, daß der Sohn die »Werkmoral« selber praktiziert und damit recht unschön reflektiert, etwa im Vorwurf der vom Vater nicht gelesenen Bücher? Eine genaue Lektüre dieses Beitrages zeigt, wie sehr ein Sohn dem Vaterhaus verhaftet bleibt, gerade auch dann, wenn er dagegen lebt. Ein Stil geht über das einzelne Individuum und die einzelne Generation hinaus. Menschenopfer, Kinderopfer im besonderen, sind allerorten und zu allen Zeiten gemacht worden, einmal öffentlich, dann heimlich, ohne zu wissen, was man tat. Ein solches Opfer schreibt zum Schluß des genannten Buches »Pfarrerskinder« vom »Pfarrzuchthaus« (232). Wo das Pfarrhaus zum Zuchthaus wird, da lebt man offensichtlich nicht im Werden und im Empfangen, sondern im Machen und Fordern.

Die Lust, Pfarrer zu sein, schließt – etwa im Horizont des Heidelberger Katechismus »Von der Dankbarkeit« – die Freude am gediegenen Dach in sich. Im Horizont des Menschensohnes wird das Bett, in das man abendlich schlüpft, zu einem Wunder, unverdient. – Aber so wie der Mensch das, was geboten ist, vom guten Gebieter trennen kann, so kann er auch das ihm Geschenkte vom Schöpfer trennen. Es verliert damit seine Schönheit, und der Lebensstil wird *philiströs*.

Meine Mutter besaß ein Kochbuch einer Pfarrfrau, deren Konterfei eine Rundlichkeit ausstrahlte, die sich in meiner Erinnerung mit einem Zitat meiner Mutter verbindet: »Man nimmt 8 Eier und 500 Gramm Butter«. Ich weiß noch, wie meine Mutter lächelnd über das »man nimmt« von Eiern und Butter philosophierte. Irgendwie verband ich das Gesicht im Kochbuch mit den »Gutzli«, die ich als Bub von unserer Pfarrfrau bekam. Vielleicht hatte meine Mutter dem Kochbuch der Frau Pfarrer ein Rezept für einen Pudding entnommen, den ich in der Folge mit der Porträtierten assoziierte. Kurzum, dieses Porträt wurde für mich zum Sinnbild philiströser Existenz.

Nun habe ich das Dokument vor mir: »550 Kochrezepte von Frau Pfr. Gschwind, gew. Vorsteherin der Haushaltungsschule in Kaiseraugst. Fünfte Auflage, aus deren Nachlaß durch 50 Konserven-Rezepte vermehrt«, Bern und Basel 1905. Zur Linken des Titelblattes, durch Seidenpapier geschützt, in einem Jugendstil-Rahmen das Photo mit schwungvoller Signatur: Die Dame strahlt Selbstbewußtsein aus, ein energisches, offenes Gesicht. Meine Assoziation »Pudding« wird mir rätselhaft. – Im Vorwort zur 5. Auflage vom Mai 1905 gibt P. Gschwind, gew. Pfarrer von Starrkirch und Kaiseraugst, eine Exegese des Titelblattes: »... die Hingeschiedene hat ... nicht nur einige weitere Kochrezepte niedergeschrieben, sondern auch solche zu *Konserven* hinterlassen, was ihren Gatten nun in Stand setzt, das beliebte Büchlein ... um wichtige Nummern zu vermehren und der Frauenwelt noch besser dienstbar zu machen.«

Daß ein Pfarrer seiner rezeptfreudigen Pfarrfrau über den Tod hinaus ein Denkmal setzt, markiert einen Lebensstil mit gepflegter Küche unter solidem Dach. Der »Schluß« des Kochbuchs deutet auf den religiösen Hintergrund der Sammlung: »Daheim im stillen Hause, dem Weltgeräusche fern, erblüht des Himmels Segen, erstrahlt des Glückes Stern.«

So wohltätig sich der hier dokumentierte Lebensstil nicht nur auf die Frauenwelt auswirken mochte, so störend sind inzwischen die »Weltgeräusche« ins »stille Haus« eingedrungen, und ich bin geneigt, unter diesem Aspekt *M. Greiffenhagen* zuzustimmen: »Das alte evangelische Pfarrhaus ist dahin« (Pfarrerskinder, 16).

Meine historisch-kritischen Kochbuchforschungen haben für eine völlige Entmythologisierung der *Frau Pfarrer Gschwind* gesorgt. Ich habe ihr Unrecht getan in mancherlei Hinsicht: Das »man nimmt« aber entstammt sehr wahrscheinlich einem älteren »Berner Kochbuch oder Anleitung, die im gewöhnlichen Leben sowohl als bei Festanlässen üblichen Speisen auf die schmackhafteste Art zuzubereiten. Herausgegeben von L. Ritz, geb. Dick, aus dem Jahre 1834, in 16. Auflage neu bearbeitet und vermehrt durch ihre Enkelin H. Ritz, 1899«. Die historische Frau Pfarrer Gschwind aber war eine ziemlich andere als die Frau Pfarrer meiner Erinnerung. Im »Biographischen Lexikon des Aargaus 1803 – 1957« von 1958 erfahre ich, Maria Rosina Gschwind war »die erste christkatholische Pfarrfrau der Schweiz«, eine »Meisterin auf dem Gebiet der hauswirtschaftlichen gemeinnützigen Bestrebungen«, auf deren Initiative hin am 18.3.1888 der Schweizerische Gemeinnützige Frauenverein gegründet wurde (271). Der Biograph ihres Gatten nennt sie eine »geistvolle und praktisch tüchtige Frau«, deren Lebensbild der Gatte gezeichnet hat (272). Der historischen Frau Pfarrer Gschwind fehlte wahrscheinlich das Philiströse, das ich ihr andichtete. Aber die Erinnerung hat für mich mehr Realität als die Historie, und sie kommt der Wahrheit, um die es hier geht, möglicherweise näher als die Historie; darum lasse ich das Beispiel stehen, um so mehr, als es über die konfessionelle Grenze hinweg die lebenspraktische Bedeutung des Pfarrhauses veranschaulicht: Illustriert meine Erinnerung den Stil pfahlbürgerlicher Behaglichkeit, so verweist die Historie auf ein soziales Engagement im Horizont bürgerlicher Beschränkung; so oder so lebt man in Konkordanz mit der Gesellschaft, der man sich dienstverpflichtet weiß (*Homrichhausen*, 261).

Sowohl eine asketische wie eine das Leben genießende Stilrichtung der Pfarrhausexistenz scheinen heute weder dem Evangelium noch der Zeit gemäß zu sein. Stelle ich den nie entspannten, immer tätigen Pfarrer neben die in sich ruhende Wohlgenährtheit der Pfarrfrau meiner Erinnerung, so zeigt sich, daß offenbar das Verhältnis der vita activa des tätigen Lebens zur vita passiva des empfangenden, genießenden und erleidenden Lebens ein Grundproblem christlicher Existenz und damit ein stilbildendes Moment par excellence für das Christenleben darstellt. Vielleicht ist in unseren Tagen vordringlich die Frage: »Was muß ich *nicht* tun?« vor der Frage »Was muß ich tun?« Wie komme ich aus dem Machen ins Werden? Und welche Momente des pfarrhäuslichen Lebensstils der Vergangenheit weisen in die Zukunft?

Ich sehe in diesem Fragehorizont drei Momente als wichtig an.
Erstens: Das evangelische Pfarrhaus ist ein Haus auf Zeit, kein Erbbesitz, und darin macht es den eschatologischen Vorbehalt allen Wohnens sichtbar. »Ein Diensthaus ist schön für junge Leute, alt werden darf man dort nicht, man darf sich nicht zu sehr eingewöhnen (*G. Wohmann*, Pfarrerskinder, 223). Im Pfarrhaus wohnt man bürgerlich, und doch hat man etwas von der Mobilität der Pilger und Fremdlinge (1Petr 2,11) bewahrt. In diesem Sinn birgt das Pfarrhaus die Möglichkeit einer exemplarischen Existenz in sich.

Hatte Augustin die Christen gelehrt, den Untergang der Antike zu bestehen, tat er dies in der Reduktion auf Gott und die Seele. So hat er damit einen Frömmigkeitsstil geprägt, der auch das Pfarrhaus beeinflußte. Das 1. Pfarrhaus des Reformators war nicht zufällig und unverbindlich ein Kloster der Augustinereremiten!

Zweitens: Das Eschaton, die neue Welt Gottes, kommt mit dem Wort. *W. Steck* postuliert mit Recht, das Pfarrhaus solle ein »apartes, unverwechselbares Haus« sein (Pfarrhaus, 125) – auch in Zukunft. Das Aparte, das Unverwechselbare ist weder der Türklopfer noch die handvoll Gebäck für den Dorfbuben, sondern das Wort, ein Wort von früher her, das jetzt neu wird und Menschen wie Dinge bestimmt. Der Lebensstil gestaltet sich im Hören – und im Sehen des Gehörten, und das, was es zu hören gibt, kommt aus einem Buch. Das Verhältnis von aktivem und passivem Leben entscheidet sich am Umgang mit dem Wort der Heiligen Schrift. In ihm erscheint die Zukunft.

Drittens: Wenn das Pfarrhaus ein »apartes, unverwechselbares Haus« sein soll, dann bildet es damit und darin ein Modell für das Haus der Glaubenden überhaupt. Das »Aparte« hat bürgerlichen Rang. »Ihr aber seid das auserwählte Geschlecht, die königliche Priesterschaft« (1Petr 2,9). So schreibt *V. Hochgrebe:* »Solange ich zu Hause lebte, habe ich von frühester Kindheit an immer empfunden, daß es etwas ganz besonderes war, zur Pfarrersfamilie zu gehören. Das ging so weit, daß ich als Vierjähriger annahm, die vielen Hakenkreuzfahnen am 1. Mai wehten selbstverständlich vor den Häusern, weil ich Geburtstag hatte« (Pfarrerskinder, 77). Ich denke, daß das Moment des Exemplarischen konstitutiv sein wird, gerade da, wo man sich um eine Veränderung im Lebensstil müht, daß dieses Moment dem Haus und seinen Bewohnern den Charakter einer »königlichen Hoheit« gibt.

Man kann in diesem Betracht Thomas Manns gleichnamigen Roman als ein Gleichnis des Himmelsreichs lesen: Prinz Klaus-Heinrich ist ein Beschädigter, und sein Glück ist ein strenges Glück. Nur der wird zur Hoheit im Reiche Gottes, der seine Beschädigung bejaht und das Glück nicht ohne seine Strenge annimmt. Das »Aparte, Unverwechselbare« besteht darin, daß man in der Vergebung der Sünden zusammenlebt, daß das Passivum der Vergebung primär den Lebensstil gestaltet. Das Leiden vieler Pfarrerskinder an der geforderten Exemplarität mag daher kommen, daß sie nicht vom Evangelium den geschenkten hohen Rang königlicher Hoheit abgeleitet haben, sondern vom Gesetz des zu leistenden, daß damit aktive Tugenden vor den passiven kultiviert werden. Dazu Hochgrebe: »Doch ziemlich früh schon bedrückten mich auch die Schattenseiten dieses Andersseins: Schule, Ordnung, Pflicht und Gehorsam – Begriffe wie diese wurden bei uns sehr viel strenger als in den Familien der Nachbarskinder hochgehalten« (ebd.). Dies ist vielleicht die härteste Kritik, die die im Band »Pfarrerskinder« gesammelten Voten implizit enthalten, daß man hier Tugendkataloge, Bürgertugenden hochhält über die Vergebung hinaus. Nur indem ein Bürger neu eingekleidet wird in die Vergebung, wächst ihm

königlicher Rang zu. Ansonsten erwächst ein latenter Widerspruch zwischen königlicher Hoheit und Kleinbürgermief.
Viertens: In seinen besten Vertretern war das Pfarrhaus eine Stätte der Freiheit. »Wo aber der Geist des Herrn ist, da ist Freiheit« (2Kor 3,17). So zieht Gabriele Wohmann Bilanz: »In der Erinnerung an meine Kindheit ist dies ein Haus, in dem alles erlaubt und möglich war« (228). In diese Sicht mögen auch Reiner Kunzes Verse deuten:

> »Wer da bedrängt ist, findet
> mauern, ein
> dach und
> muß nicht beten«.

Beruht der Lebensstil auf einem Regelsystem, das zur Lebensgestaltung verhilft, darf dieses Regelsystem nicht ein Zwangssystem – ein »Pfarrzuchthaus« – darstellen, sondern muß als Ordnung Freiheit gewähren. Das Christliche eines christlichen Lebensstils besteht in der Freiheit, ansonsten verliert der Stil den Charakter einer Lebenshilfe und wird als tötendes Gesetz erfahren. Zwei Fehlformen mögen dies erläutern: So mag einmal die Stilmischung des Bürgerlich-Christlichen, der Widerspruch zwischen dem Königlichen vom Evangelium her und dem Kleinbürgerlichen von der Lebenspraxis her, zusätzlich für Spannungen sorgen, vor allem dann, wenn das stattfindet, was die Gemeindepsychiatrie »Verschmelzung« nennt (vgl. *J. Hochmann,* Thesen zu einer Gemeindepsychiatrie, 1973, 164ff). Die Eltern betrachten die Kinder als Teil ihrer selbst, und so werden die Kinder in ihrem Personsein geschädigt. Dies führt zum Leiden vieler Kinder, indem die Ängstlichkeit der Eltern wegleitend wird oder bürgerliche Vorurteile verbrämt werden. Ängstlichkeit aber führt in kein Paradies, und Vorurteile stellen sich gegen Gottes Kommen. – Wenn ich mich im Rückblick frage, was ich als Vater im Pfarrhaus falsch machte, dann war das erzieherisch falsch, was aus jener sublimsten Form des Unglaubens, aus Ängstlichkeit, kam. Und es war auch falsch, daß ich selbst nicht gelernt hatte, genügend zwischen »bürgerlich« und »christlich« zu unterscheiden, auch und gerade da, wo beides untrennbar miteinander verknüpft ist. Auf diese Weise konnten die Kinder dem Pfarrhaus anlasten, was schlicht Familientradition war.

Das Pfarrhaus als Exempel des christlichen Hauses hat zum andern den Nachteil, daß es zur Heuchelei verführt. Man lebt nicht als Sünder in der Gnade, sondern präsentiert sich als Heiliger oder als makelloser Bürger. In diesem Betracht scheint mir die Rede von den »gläsernen Wänden« in der Kultur- und Sozialgeschichte des Pfarrhauses nicht unproblematisch. Sie scheint eher einer gewissen Innenansicht als einer Außenansicht zu entsprechen. Diese Rede, glaube ich, deutet auf Verdrängung. Man lebt nicht als gerechtfertigter Sünder, der weiß: »Unsere unerkannte Sünde hebst du ins Licht vor deinem Angesicht« (Ps 90,8 nach Luther). Die holländischen Calvinisten reagieren hier gesünder; sie ziehen abends keine Vorhänge vor; aber das, denke ich, muß für sie kein Thema sein.

Das ägyptische Mönchtum

Vom Pastor Rautenberg, der sich malen läßt, wie er den Seinen vorliest, zum heiligen Antonius, wie wir ihn auf dem Isenheimer Altar wahrnehmen, ist ein weiter Weg. Da gibt es keine Biedermeiermöbel, wohl aber auf dem rechten Flügel eine brennende Hütte und einen Greis, auf den die Dämonen einhauen, ohne daß sie ihm etwas anhaben können, während der linke Flügel ihn zeigt bei seinem Besuch beim heiligen Paulus. Versuchung und Belehrung im Zweiergespräch. Die Bilder deuten auf eine Gegenwelt zum Bürgertum – nochmals in weiter Entfernung von Ort und Zeit des Matthias Grünewald.
In einer Zeit, da die Kirche beginnt, zur Großkirche zu werden, indem durch die Lehre von der Verdammnis der Ungetauften sich die Praxis der Kindertaufe einbürgert, so daß man der Tauferfahrung verlustig geht und der Kleiderwechsel unanschaulich wird, in einer Zeit, da die Verfolgungen aufhören und keine neuen Märtyrer als Samen der Kirche in die Erde gesenkt werden, da vielmehr die Kirche erbfähig wird (321) und Besitztümer sammelt, in dieser Epoche beginnt in Ägypten ein Versuch, christliche Existenz nach dem Evangelium zu gestalten, der bis heute seine Faszination nicht verloren hat. Hier prägte die Nachfolge Christi ein Menschenleben, hier wurde – etwa in der Gestalt des Antonius – ein Lebensstil entwickelt konträr dem der bürgerlichen Religion: Die Lesung des Evangeliums vom Reichen Jüngling trifft ihn dermaßen, daß er seinen Besitz verkauft, seine Schwester einem Jungfrauenheim anvertraut und ein asketisches Leben beginnt, das ihn in die Wüste führt und

zum Eremiten macht und zu einem Seelsorger ohnegleichen, ein Antipode von Albert Schädelins Bibelstundenbesucher. Kein Geringerer als Athanasius hat uns sein Leben erzählt.

R. Staats Argumentation vermag mich nicht zu überzeugen, wenn er meint: »Die frühere Erklärung, daß das Mönchstum im Zuge einer Reaktion auf die Vermassung und Verweltlichung des Christentums seit der konstantinischen Wende entstanden sei, ist nicht zutreffend. Das wäre zu sehr aus der späteren Geschichte geurteilt, als tatsächlich immer wieder Mönche als Anwälte urchristlicher Haltung der Kaiser- und Klerikerkirche reformatorisch entgegentraten. Offensichtlich war da am Anfang nur eine längst vorhandene asketische Grundströmung, die allmählich im christlichen Ägypten eine sehr starke Gewalt auf die primitive, dämonenfürchtige Landbevölkerung gewann« (Gestalten der Kirchengeschichte, hg. von M. Greschat, Bd. 1/I, 1984, 244).
Mit dem Hinweis auf »eine vorhandene asketische Grundströmung« und die Begünstigung solcher Askese durch das Wüstenklima (245) wird das Phänomen m. E. nicht erklärt. Die Parallele von »Vermassung und Verweltlichung des Christentums« einerseits und Radikalismus der Nachfolge andererseits bleibt.

Ich gestehe, daß mich in den letzten zwei Jahren kein theologisches Buch dermaßen in Atem gehalten hat wie die »Weisung der Väter. Apophthegmata Patrum, auch Gerontikon oder Alphabeticum genannt« (Einleitung von W. Nyssen, Übersetzung von B. Miller, ²1980; vgl. neben der von Staats angeführten Literatur *F. von Lilienfeld*, Spiritualität des frühen Wüstenmönchtums, 1983). Bei diesen Altvätern begegne ich einer Unbedingtheit der Nachfolge als einer Art Gegengift gegen das Sowohl-Als-auch der bürgerlichen Religion, und ein Wind aus afrikanischen Wüsten weht einem ins Gesicht, ein Geist aus einer anderen Welt, fern unserem merkantilen Nützlichkeitsdenken, geistert durch die Apophthegmen und berührt einen fremdartig. Man erklärt es als Sünde, »reich zu sein in einer armen Welt«, und wo Sparwille auftaucht, wird dessen Qualität heraus- und bloßgestellt. Wenn ein Gärtner auf den Gedanken kommt, sich einen Notpfennig für kranke Tage beiseitezulegen, so wird bündig erklärt: »Der Satan gab ihm den Gedanken ein« (Nr. 957). Wenn ein Mönch stirbt und hinterläßt 100 Goldstücke, die er durch seine Handweberei verdient hat, berät eine Mönchsversammlung, was mit dem Geld zu machen sei: den Armen geben, der Kirche stiften, an die Verwandten schicken? Die Altväter befanden, »das Geld solle mit seinem Eigentümer begraben werden, indem sie sprachen: Dein Geld fahre mit dir ins Verderben! (Apg 8,20)«.

»Spare in der Zeit, so hast du in der Not«, und die Altväter lassen das Geld mit dem Sparer beerdigen. Der Berichterstatter weiß offenbar, wie befremdlich solche Haltung und Handlung einem weltläufigen Denken erscheinen muß, denn er kommentiert: »Jedoch, daß niemand dieses Verfahren etwa für zu grausam halte: Alle Mönche in ganz Ägypten ergriff Furcht und Schrecken; denn sie hielten es für ein großes Verbrechen, auch nur eine Goldmünze zu hinterlassen« (Nr. 952). Wie Christus gehen sie den Weg der Entäußerung. Nicht reden und raten sie, was zu tun sei. Ihr Glaube wird Tat wie bei einem gewissen Serapion, der nichts besitzt als ein Evangelienbuch, das er zugunsten der Armen verkauft, wobei er sich selbst kommentiert: »Ich habe das Wort selbst verkauft, das immer mir zurief: ›Verkaufe, was du hast, und gib es den Armen‹ (Mk 10,21par.)« (Nr. 950). Nicht Alteingesessene, sondern Ankommende sind diese ersten Mönche, die Schrecksekunde mag eine kleine Ewigkeit dauern, etwa beim Altvater Ammoes, zu dem ein Bruder kommt, um von ihm einen Spruch zu erbitten: »Er blieb bei ihm sieben Tage, aber der Greis gab ihm keine Antwort. Als er ihn fortschickte, sagte er zu ihm: ›Geh und habe selber auf dich Acht! Denn zur Zeit sind meine Sünden eine finstere Wand zwischen mir und Gott‹ (Is 59,2)« (Nr. 133). In der Seelsorge einer bürgerlichen Religion redet man vom Annehmen und weiß sehr wahrscheinlich nicht, was man tut: Die Altväter erweisen sich immer wieder als Abweisende, offensichtlich nicht zum Schaden des Abgewiesenen. »Er blieb bei ihm sieben Tage, aber der Greis gab ihm keine Antwort.« Der Altvater kann warten und läßt den Bruder warten. Beide nehmen sich, was wir Heutigen vor allem verlieren – Zeit. »Schweigen hat seine Zeit, und Reden hat seine Zeit« (Pred 3,7). Die Zeit hat hier offenbar eine andere Qualität als im verbürgerlichten Kloster des Pfarrhauses. Die ersten Mönche empfangen Zeit aus der Ewigkeit, der sie sich zugewandt haben. Sie haben nicht für alles Zeit. So wird – wiederum in einer Geschichte heilvoller Abweisung – vom Asketen Johannes Koinobites erzählt: »Die Brüder in der Sketis hörten von ihm und kamen, um ihn zu sehen. Als sie an den Ort kamen, wo er arbeitete, grüßte er sie, dann wandte er sich ab und begann zu arbeiten. Als die Brüder sahen, was er tat, sagten sie zu ihm: ›Johannes, wer hat dir das Mönchsgewand angelegt? Wer hat dich zum

Mönch gemacht? Und hat er dich nicht unterwiesen, daß du von den Brüdern den Chormantel bekommen sollst und zu ihnen sagen: ›Betet‹ oder: ›Setzt euch nieder!‹?‹ Er antwortete ihnen: ›Johannes der Sünder hat dafür keine Zeit.‹« (Nr. 356; vgl. unten »Kunst im Horizont der Sonntäglichkeit«).
Es blitzt ein – für uns heute ungemütlicher – Humor in diesen Geschichten auf, deren Pointe oftmals eine gewisse Ähnlichkeit mit einem Witz hat. Ein Kleiderwechsel mag ein Moment des Unerwarteten, ja sogar einen komischen Aspekt haben. Ich meine, der Humor der Apophthegmen berge in sich die Überraschung des Absoluten. Ihre Unbedingtheit im Glauben macht sie zur Überraschung. Ihr Glaube setzt neue Wertmaßstäbe. Das uns unmöglich Scheinende wird gelebt: Goldstücke werden beerdigt, das Evangelienbuch verkauft, und einer schweigt sieben Tage lang an der finsteren Wand, die ihn von seinem Gott trennt. Das klingt grimmig-grotesk und atmet eine große Ruhe. Wer auf Erden sucht, was droben ist, wirkt ein wenig verrückt. Wer sich der Ewigkeit zuwendet, übt Kritik an seiner Zeit. Er kehrt der Erde den Rücken zu und sieht das Irdische im Hohlspiegel des Himmels. Da verändern sich die Werte. »Die Trauer in jeder Form ist eine Unterweisung. Wo aber keine Trauer ist, da ist es nicht möglich, auf der Hut zu sein« (Nr. 783).
Der Humor der Altväter nährt sich durch Trauer, und das zeigt doch wohl, daß ihre Weltabgewandtheit das Leid der Welt mitnimmt. Dann aber muß in einer dem Wahnsinn verfallenen Welt der Verstehende für verrückt gelten. Eine Existenz, die absolut dem Absoluten zugewandt ist und völlig der neuen Welt Gottes lebt, setzt einen Humor frei, der provoziert. Er stellt ein Element der Freiheit dar, das sich augenzwinkernd da bewährt, wo der Altvater von Räubern überfallen wird und sich eifrig müht, diesen beim Abtransport der Beute zu helfen: Abbas Spyridon aber, schon als Schafhirt mit großer Heiligkeit begabt, findet eines Morgens Diebe, »durch eine unsichtbare Macht neben der Hürde in Fesseln geschlagen«, betet, löst die Diebe von ihren Fesseln, ermahnt sie zu rechter Arbeit und schenkt ihnen freiherrlich zum Abschied einen Bock: »Damit ihr nicht wie solche erscheinet, die die ganze Nacht umsonst durchwacht haben« (Nr. 881; vgl. 219, 471, 493).

Kritik am mönchischen Lebensstil

Das Mönchtum ist vielleicht der überzeugendste Versuch, das Evangelium mit seinem ganzen Leben zu verantworten, und immer wieder waren es später die Orden, die versucht haben, einen Lebensstil zu finden, der die biblische Botschaft in die jeweilige Zeit übersetzt. *Walter Dirks* hat diesen Sachverhalt beschrieben in seinem Buch »Die Antwort der Mönche« (1952). Die große Aufmerksamkeit, die von der Jugend Europas der Bruderschaft von Taizé entgegengebracht wird, könnte ein Zeichen sein, daß hier christliche Existenz Antwort gibt auf eine Sehnsucht der Zeit. Und wenn das nicht eben christentumsfreundliche Indien der Mutter Theresa eine Briefmarke widmet, könnte dies ein Zeichen sein dafür, was Indien von der Christenheit erwartet: den Heiligen, der sich für die Armen hingibt.

Daß das römisch-katholische Mönchtum an vielen Orten der Welt eine tiefe Krise durchmacht – der Roman von *Umberto Eco,* »Der Name der Rose«, ist auch unter diesem Vorzeichen bedeutsam –, könnte ein Zeichen sein für kommende Wiedergeburt. Tatsächlich wird in einer Zeit, da nicht nur Klostergelübde, sondern auch das Gelöbnis der Ehe gelöst oder gar nicht erst eingegangen werden, eine Kommunität von Ehelosen eine Bedeutung haben. Die Ehe braucht das Opfer der Ehelosen, um nicht da zu zerbrechen, wo sie selbst zur Opferstatt wird.

In Zeiten des Umbruchs und des Wandels kann der Rückgriff auf vergessene Vergangenheit zu neuer Kreativität führen, wie uns etwa die Zeit der Renaissance zeigt. Die Frage stellt sich, ob nicht das ägyptische Mönchtum ein Modell bietet für die Zukunft einer die Natur und den Nord-Süd-Konflikt versöhnenden Existenz?

Ein eingefleischter Protestant wird alsbald Bedenken anmelden. Er braucht nicht Umberto Ecos Roman gelesen zu haben, um zu wissen, daß ein Kloster noch nicht die neue Welt Gottes darstellt. Die Reformation Luthers war ja auch das: die Schaffung eines neuen Lebensstils im Kloster selbst. Luther hat das Kloster nie verlassen. Er hat es verwandelt. Trotzdem sehe ich von der reformatorischen Theologie her keinen Anlaß, eine klösterliche Kommunität grundsätzlich abzulehnen.

Vergleicht man im Kontext unserer Zeit den Lebensstil bürgerlicher Religion mit dem der ägyptischen Väter, wird auch der Protestant den Ägyptern seinen Respekt nicht versagen können.

Begreift man die bürgerliche Religion als einen Synkretismus u. a. von Christentum, Stoa und anderen Strömungen, so fällt einem auch die synkretistische Beimischung im Lebensstil der Altväter auf. Der Lebensstil der Altväter wird geprägt von spätantiker Leibfeindlichkeit ebensosehr wie vom Evangelium: Wenn ein entlaufener Mönch heiratet, sieht ihn der Altvater in Unehre und weint. Buße heißt dann für ihn: Ich verlasse meine Frau und folge dem Abbas. Was mit der Frau passiert, interessiert nicht (Nr. 789). – Frauen sind zu meiden, wie überhaupt gilt: »Man muß das Leibliche fliehen« (Nr. 633). Kennen die Altväter wohl das Fasten, nicht aber das Fest? Die Leibfeindlichkeit äußerte sich auch in mangelnder Sauberkeit. Ein Schüler des heiligen Antonius hat dekretiert: »›Der Mönch muß ein solches Gewand tragen, daß, wenn er es auch drei Tage vor sein Kellion würfe, es doch niemand anfassen möchte‹« (Nr. 383). »Die Mönche hatten ein reiches Innenleben und waren dreckig wie Schweine« (*Eco,* Über Gott und die Welt, 223).

Bei allem Respekt vor den Altvätern Ägyptens und vor der Antwort der Mönche insgemein: Man muß sich fragen, ob es nicht – auf das Ganze der Kirchengeschichte gesehen – ein Unglück war, daß in der Zeit, da die Verweltlichung der Kirche einen gewissen ersten Höhepunkt erreichte, indem sie sich die Masse durch das Instrument der Kindertaufe untertan machte und sich gleichzeitig mit der staatlichen Macht verband, das Volk Gottes gespalten wurde in Weltleute, Priester und Mönche, so daß die Vollkommenheit, die Jesus fordert (Mt 5,48), zum Reservat des Mönchs wird. In dieser Hinsicht hat die Vita Antonii des Athanasius möglicherweise eine katastrophale Wirkung gezeigt. Athanasius hat das Mönchtum mit der Großkirche verbunden, aber das Mönchtum bewirkte in der Folge eine fatale Trennung zwischen »Geistlichen« und »Laien«. Hier erfolgte eine Kirchenspaltung, die vielleicht tiefgreifender war als die der Reformation. Zunächst bildete sich das Mönchtum als ein dritter Stand in der Kirche aus: »Der Mönch ist an sich kein Kleriker, obwohl er es durch die Weihen werden kann. Seine Stellung ist nicht zu bestimmen von einem Amt oder einer Aufgabe her, sondern als ein Stand oder eine Lebensform. . . Der Name ›Klerus‹ bezeichnet eine Funktion, der Name ›Mönch‹ einen Stand oder eine Lebensform« (*Y. Congar,* Der Laie, ²1957, 25f). Indem im Westen einerseits die mönchischen Tugenden für den Lebensstil des Priesters wegleitend wurden und andererseits das

Ordensleben eine liturgische Richtung bekam, bildete sich eine permanente Kirchenspaltung in »Kultdiener und Weltleute« heraus (*Congar*, 30). Daß diese Spaltung von beiden Seiten in der Regel akzeptiert wurde, ging Hand in Hand mit dem Wachstum der Priesterherrschaft einerseits und mit dem der ungepredigten Bibel andererseits. Jesu Forderung der Vollkommenheit (Mt 5,48) beispielsweise wird eingegrenzt auf das Ghetto des Klosters bzw. der Einsiedelei. Es ist wohl kein Zufall, daß ein Vertreter bürgerlicher Religion wie *A. von Harnack* das Mönchtum der katholischen Kirche pointiert auf die Formel bringt: »Das Mönchtum ... ist das christliche Leben« (Reden und Aufsätze I, 1904, 84).

Mit diesen Bemerkungen bin ich über das ägyptische Mönchtum weit hinausgegangen und bin den Altvätern gegenüber in ein Dilemma geraten: Ich sehe das Vorbildhafte in ihrer Freiheit, dem Evangelium zu leben. Sie sind mir voraus, sie haben Konsequenzen für ihren Lebensstil gezogen, die ich nicht zu ziehen vermochte. Indem sie die Armut wählten, werden sie für den Bürger einer reichen Gesellschaft zur Provokation. Auch lebten sie umweltfreundlich. Dennoch meine ich, die Lösung, die sie uns anbieten, wäre sozusagen zu simpel. Ihre Leibfeindlichkeit hat ja auch den Aspekt, daß der Schöpfer nicht genügend zu Ehren kommt.

Gerade in einer Zeit, da die Menschheit Frieden mit der Natur suchen und finden muß, wenn sie überleben will, kann eine Askese der Leibfeindlichkeit, gepaart mit einer Mißachtung der Frau, nicht wegleitend sein.

Ein Kellion, eine Zelle eines ägyptischen Mönchs, und das Pfarrhaus eines Pfarrers auf der schwäbischen Alb stehen für zwei Lebensstile in unterschiedlichen Kulturen und Zeiten: Was sagen sie uns für unseren Versuch das Leben zu gestalten? Freilich hat sich seit den Tagen des heiligen Antonius die Wüste ausgedehnt in die Asphaltfelder unserer Städte, die der Mensch – weitab vom himmlischen Jerusalem – auf der Fahrt zum Arbeitsplatz hin durchpflügt. Mit der Wüste ist die Isolierung des einzelnen gewachsen, aber nicht eine selbstgewählte, keine um Gottes willen, sondern eine auferlegte, eine Einsamkeit fernab der Heiligung. Gerade deshalb scheint der Lebensstil des Eremiten für unsere Gegenwart anziehender, vielversprechender als der des Pfarrhauses – als Faszinosum des für uns Unmöglichen.

Wenn wir die beiden Stile vergleichen, zeigt sich eines: Beide Stile haben in ihrer reinen Ausprägung ein und dasselbe stilbildende Element; das Regelsystem, nach dem man sein Leben einzurichten versucht, hat den gleichen Nenner: Es orientiert sich am Wort. Pastor Rautenberg und die Seinen und der korbflickende Mönch in der Sketis schreiben mit ihrer Lebensform einen Kommentar zur Heiligen Schrift. Im Lebensstil wird das, was ich in der Schrift höre, praktisch. Der Lebensstil zeigt, wie eine Generation von Menschen die Schrift versteht.

Lektüre – stilbildend

Wenn ich lese, will ich mich sammeln.

Johann Wolfgang von Goethe

Oh das Glück des Mannes,
der . . . Lust hat an SEINER Weisung,
über seine Weisung murmelt tages und nachts!
Der wird sein
wie ein Baum an Wassergräben verpflanzt . . .

Psalm 1 verdeutscht von Martin Buber

Der Text – eine neue Welt

Wer liest, kommt da an, wo ein anderer aufgehört hat. Nicht so sehr der andere als der Ort seines Aufhörens wird aufgesucht, ein Text. Ein Text besteht aus Buchstaben, gegliedert zu Worten, aus Interpunktionen und Abschnitten. Ich nehme das auf, was der Schreiber mir hinterließ. Seine Welt nehme ich in meine Welt auf. Jeder Text schafft eine Art Gegenwelt zu meiner Welt, und wenn er gar meine Welt bespräche, erst recht. Diese Gegenwelt kann eine Scheinwelt sein, ein Utopia, ein »Nirgendland«, das noch nicht ist. Im Lesen komme ich an einem anderen Ort an. Die Lektüre entrückt in eine neue Welt. In Frage steht also, ob ich durch den Text in eine wahre oder falsche Welt komme, ob sie des Teufels oder Gottes sei, und inwiefern ein Text einen Lesenden beeinflußt; zu fesseln braucht er nicht, aber kreative Kräfte sollte er freisetzen.

Die Metapher vom neuen Kleid als einer Voraussetzung zu einem neuen Leben blieb gerade in ihrer Anschaulichkeit unanschaulich. Vor allem ist die Frage noch weithin offengeblieben, wie man in das Kleid hineinkommt. Nun wird der Text einerseits zur Metapher und bleibt andererseits, was das Wort sagt: Text. Und damit soll die »Magie des Kleides« wirksam werden.

»Text heißt *Gewebe;* aber während man dieses Gewebe bisher immer als ein Produkt, einen fertigen Schleier aufgefaßt hat, hinter dem sich, mehr oder weniger verborgen, der Sinn (die Wahrheit) aufhält, betonen wir jetzt bei dem Gewebe die generative Vorstellung, daß der Text durch ein ständiges Flechten entsteht und sich selbst bearbeitet; in diesem Gewebe – dieser Textur – verloren, löst sich das Subjekt auf wie eine Spinne, die selbst in die konstruktiven Sekretionen ihres Netzes aufginge. Wenn wir Freude an Neologismen hätten, können wir die Texttheorie als eine *Hyphologie* definieren (*hyphos* ist das Gewebe und das Spinnetz)« (*R. Barthes,* Die Lust am Text, 1974, 94). Im Folgenden – wie auch in der Rede von der Wiedergeburt – ist zu bedenken, wie der Leser sich im Gewebe des Textes auflöst, so daß er im Gewebe des Textes nunmehr lebt und webt.

Robert Walser erzählt in einem seiner »Mikrogramme«, wie er »vor einer Buchhandlung beinah allabendlich verliebt stillstand«. Und dann kommt einer jener überraschenden Sprünge Walsers: »Was ich beifügen möchte, ist, daß Bäume auf mich immer wie Tänzer wirken, die in einer schönen Gebärde gebannt sind. Unbewegtheit enthält gebannte Bewegung. Jeden Augenblick kann sie sich bewegen, und aus diesem Grund ist etwas Hypnotisierendes an ihr« (Aus dem Bleistiftgebiet I, 1985, 46). Nach dieser Anmerkung geht Walser zurück zu den Buchdeckeln in der Auslage, die es ihm angetan hatten: Auch Bücher sind »Tänzer« in »einer schönen Gebärde gebannt«. Der Leser aber löst den Bann und kommt selbst ins Tanzen: Ein Geflecht aber ist ein Tanz.

Es ist wohl kein Zufall, daß Roland Barthes Nietzsche zitiert, nach dem der Baum »›in jedem Augenblicke etwas Neues‹« sei: »›... wir sind nicht fein genug, um den mutmaßlichen *absoluten Fluß* des *Geschehens* zu sehen: das *Bleibende* ist nur vermöge unserer groben Organe da, welche zusammenfassen und auf Flächen hinlegen, wo so gar nichts existiert. Der Baum ist in jedem Augenblicke etwas *Neues:* die *Form* wird von uns behauptet, weil wir die feinste absolute Bewegung nicht wahrnehmen können‹ (Nietzsche)« (89), um dann zu folgern: »Der Text wäre also auch jener Baum, dessen (provisorische) Benennung wir der Grobheit unserer Organe verdanken. Wir wären also wissenschaftlich aus Mangel an Feinheit« (ebd.). Offenbar besteht eine heimliche Affinität zwischen Buchdeckeln, Text und Baum. Und wenn *Kurt Marti* ein »Tagebuch mit Bäumen« führt (1985), ist es gleichzeitig ein Tagebuch mit Texten. Der Buchstabe mag – wie das Buch selbst – sein Material vom Baum haben. *Kluges* »Etymologisches Wörterbuch der deutschen Sprache« bemerkt unter »lesen«: »Wie unser *Buchstabe* Erbe aus germanischer Zeit ist, die Runenzeichen in kleine Buchenstäbe ritzte, so besagte das Auflesen der zur Weissagung ausgestreuten Stäbchen ursprünglich ›die Runen enträtseln‹«. Nicht nur das Kleid, auch das Buch hat offensichtlich mit Magie zu tun. Dem »Kluge« ist zu entnehmen, daß die germanischen Völker verhältnismäßig spät zur Kunst des Lesens kamen. Schon deshalb empfiehlt es sich, sich an andere Kulturkreise zu erinnern, die eine längere Leseerfahrung haben als wir – wie beispielsweise die Juden. Wenn uns Texte Welten eröffnen, dann erst recht die des Buches der Bücher. Aber die Bibel enträtselt uns die Welt der Bücher, und die Welt der Bücher hilft uns, dem Rätsel der Bibel näherzukommen. Wir verstehen Gott und damit auch die Welt nicht ohne die Heilige Schrift. Glaube, Frömmigkeit, Religion sind Einbildungen, wenn sie nicht ihren Grund in dem haben, der in der Bibel zu uns redet. Der Mensch macht sich zu allen Zeiten und an allen Orten einen Gott, es sei denn, Gott zeigt dem Menschen, wie er ist.

Rückblick auf die »Weisung der Väter« – der Chassidismus

In der späten Vorrede zu den »Apophthegmata Patrum« wird deutlich gemacht: Der Bericht vom Leben der Altväter wurde niedergeschrieben, um neues Leben zu initiieren: »Dieses Buch ... will dem Eifer, der Erziehung und der Nachahmung derer dienen, die bestrebt sind, nach der himmlischen Lebensweise zu leben und einen Weg zu beschreiten, der zum Königreich der Himmel führt.« Eine Stilfibel also für christliche Lebensgestaltung, schriftlich fixiert, »um damit die Späteren zur Nacheiferung anzuregen« (13). Es sind Lehreranekdoten, eine Art umgekehrter Katechismus: Der Schüler fragt und der Lehrer antwortet. – Die Frage des Humors der Apophthegmen ist auch von dieser Umkehrung her nochmals zu bedenken. Lehreranekdoten werden in der Regel mit Augenzwinkern erzählt! In einer gewissen Weise bilden die chassidischen Geschichten eine Parallele zu den Apophthegmen: Der Zaddik und der Altvater sind über die Zeiten und Länder hinweg darin einander ähnlich, daß sie ihre Existenz nach dem Worte Gottes zu gestalten versuchen. Die Parallelität setzt sich bis in die Form hinein fort: legendäre Anekdote und »Antwortsprüche«, wie Martin Buber ein besonderes Genus benannte (Die Erzählungen der Chassidim, 1949, 11).
Was Buber über die Bedeutung des Erzählens berichtet, könnte man auch von den Apophthegmen sagen: »Daß Chassidim sich von ihren ›Zaddikim‹, von den Führern ihrer Gemeinschaften, Geschichten erzählen, das gehört zum innersten Leben der chassidischen Bewegung. Man hat Großes gesehen, man hat es mitgemacht, man muß es berichten, es bezeugen. Das erzählende Wort ist mehr als Rede, es führt das, was geschehen ist, faktisch in die kommenden Geschlechter hinüber, ja das Erzählen ist selber Geschehen, es hat die Weihe einer heiligen Handlung. Der ›Seher‹ von Lublin soll einmal aus einer ›Klaus‹ einen Lichtglanz haben aufsteigen sehn; als er eintrat, saßen Chassidim drin und erzählten sich von ihren Zaddikim« (5). Im Lichtglanz nimmt der Seher die Geistesgegenwart wahr, die in den Erzählungen der Chassidim anwest.
Meine Leseerfahrung mit den Apophthegmen war die, daß ich immer und immer wieder das Apophthegma, das ich am Mor-

gen las, bei einer Begegnung tagsüber weitererzählte, doch wohl darum, weil ich im Gelesenen Erleuchtendes fand: Die Mündlichkeit ist das Element dieser Literatur. Die Apophthegmen bilden in vielen Fällen Verdichtungen von Gesprächen, eine Art von Gesprächsprotokollen, die ein Echo in weiteren Gesprächen hervorrufen, Worte eines Lehrers, die den Schüler begleiten, die er immer wieder zitiert. Thurneysen hat ein solches Wort bei Christoph Blumhardt gehört. Hier haben wir einen parallelen Vorgang wie in den Apophthegmen, eine Hinreise des Jungen zum Alten und einen »Antwortspruch« (vgl. mein Buch »Prophetie und Seelsorge«, 1982, 35f).

Was Buber von den Erzählungen der Chassidim schreibt, gilt auch für die Apophthegmen: ».. . die Erzählung ist mehr als eine Spiegelung: die heilige Essenz, die in ihr bezeugt wird, lebt in ihr fort. Wunder, das man erzählt, wird von neuem mächtig. Kraft, die einst wirkte, pflanzt im lebendigen Worte sich fort und wirkt noch nach Generationen« (5f). Man muß sich klarmachen, daß auch der Chassidismus einen bestimmten Lebensstil darstellt, der in gewisser Weise mit dem der Altväter korrespondiert. Ihm eignet ein festlicher Charakter, in dem die Welt des Wunderbaren zum Vorschein kommt: »Wenn die Chassidim versammelt waren, erzählten sie, wie der Rebbe die Tür öffnete, wie er bei Tische aß – einfache Handlungen, aber voller Wunder« (*A. J. Heschel,* Die Erde ist des Herrn, deutsch 1985, 74). Wir haben es hier mit einer Literaturgattung zu tun, in der sich vielfältige mündliche Überlieferung zu einem Buch verdichtet hat, ob nun der Sammler ein Anonymus ist oder Martin Buber heißt. Von der Heiligen Schrift herkommend sind diese Bücher ihr auch in der Struktur verwandt. In ihnen verdichtet sich eine mündliche Tradition, wird schriftlich fixiert und hilft dem Leser zu einem neuen Gespräch. Die schriftliche Fixierung hält Überlieferung fest, damit sie nicht verloren gehe. Sie soll nicht ins Schweigen absinken. So bewegt in dem Sammler und Bewahrer einer Tradition ein Glaube sich fort, der durch Erfahrung gestärkt wird: »Kraft, die einst wirkte, pflanzt im lebendigen Worte sich fort und wirkt noch nach Generationen.«

Bleibt noch anzumerken, daß wir nicht nur Worte von Altvätern haben, sondern auch solche von Vätern, Worte, die stilbildend wirken. Als ich als junger Pfarrer Karl Barth nach der Askese fragte, saugte er an seiner Pfeife: »Sehen Sie, Herr Pfarrer, Askese bedeutet für mich nicht, daß ich weniger rauche, sondern

daß ich weniger rede.« Mit einem solchen Antwortspruch schließt sich Barth an die Tradition der Altväter an.
»Spare in der Zeit, so hast du in der Not« – »Dein Geld fahre mit Dir ins Verderben«. Beide Sprüche weisen darauf hin, daß Leben durch Sprache Stil bekommt, wie denn Sprichwort und Zitat in ihrer Wirkung kaum überschätzt werden können. Was wir »Seelsorge« nennen, hat im günstigsten Fall den Effekt, daß der Seelsorger zitierbar wird. Ich möchte sagen: Ein Lebensstil bildet sich im Gespräch – evangelischer Lebensstil ist das Ergebnis eines Buchgesprächs. Darum komme ich in meinen Überlegungen vom Besonderen zum Allgemeinen.

Prägende Macht des Buches

Das berühmteste Beispiel ist Don Quijote. Die Lektüre der Ritterromane machte aus ihm den Ritter von der traurigen Gestalt. Er lebte in einer Welt von Fiktionen, die ihm die Romane eröffnet hatten. – Ihm gegenüber stelle ich mir eine handfeste Köchin vor, die ihr Kochbuch – auch ein Stück Literatur – studiert, um nach seiner Anleitung ein neues Menü zu kochen. Mit leichter Übertreibung läßt sich sagen: Ihre Existenz als Köchin wird geprägt von einem Buch; nimmt man es genau, ist die mündliche Überlieferung für die Ausübung der für die Menschheit grundlegenden Kunst des Kochens wohl wichtiger als das Buch.
Vielleicht wird unser Leben überhaupt mehr, als wir wissen, von Büchern geprägt und gesteuert, die wir nicht lesen: Gesetzessammlungen und Verfassungen regulieren unser Leben, auch wenn wir keine Kenntnisse von ihnen haben. Schon seit der Zeit der alten Babylonier prägt der Kodex das Leben eines Volkes. Eine Gesellschaft bekommt ihre Lebensform nicht zuletzt durch ihr Recht, was man sich etwa am Vergleich des schweizerischen mit dem iranischen Lebensstil klarmachen kann; die Verfassung der schweizerischen Eidgenossenschaft und der Koran regulieren das Leben des Volkes in einer je anderen Weise.
Die Ritterromane, das Kochbuch, ein Rechtskodex, sie haben Macht je verschiedener Art durch die Kraft ihrer Imagination, durch die Summierung von Erfahrung und – was das Rechtsbuch vom Kochbuch unterscheidet – durch die hinter ihnen stehende staatliche Gewalt.
Im Kontext der indischen Gesellschaft – mit ihrem sagenhaften

Reichtum einerseits und ihren Unberührbaren andererseits – wurde mir die Ausprägung einer Kultur aufgrund ihrer heiligen Bücher bewußt. Beim Abschied von Indien sah ich in der Nähe des Zentralbahnhofs von Bombay einen Mann auf der Straße liegen, und die Menge flutete an ihm vorüber; niemand schien zu beachten, daß die schmutzigen Lumpen das nackte Fleisch bloßlegten. – Lehren die Upanishaden, daß das Selbst das absolut Reale und gottgleich sei, wird der Sadhu Guru zum religiösen Ideal; er meditiert in der Einsamkeit und kümmert sich nicht darum, was dem Nachbarn zustößt (*Khushwant Singh,* 15). »Mann, du bist dein eigener Freund, warum suchst du einen Freund außer dir selbst?« fragt ein heiliger Text der Jain. Kein Wunder, daß diese Religionsgemeinschaft großen Einfluß in der indischen Industrie hat (55). Wo die heiligen Schriften zum Selbst führen, bildet das Kastenwesen kein Problem: »It is this organization that made Indian society stable, efficient and strong«, lese ich bei einem indischen Historiker (*B. C. Sinha,* Hinduism and Symbol Worship, 1983, 11). Dasselbe ließe sich wohl auch von anderen sklavenhaltenden Gesellschaftssystemen sagen. – In Indien ist mir anschaulich geworden, daß wir es letztendlich der Bibel zu verdanken haben, wenn hierzulande der Bettler eine Ausnahme bildet und niemand hungert, denn die Bibel verweist uns, von der Schöpfungsgeschichte angefangen, an den Mitmenschen. Man muß sich nur einmal klarmachen, wie sehr unsere westliche Kultur vom Buch der Bücher geprägt ist, um zu sehen, wie weit sie es nicht ist.
Während ich dies schreibe, verfolgen mich die hungrigen Augen der jungen Männer, die mir in Bombay beim Ausgang aus dem Flughafen ihre Dienste anboten, strecken sich mir schmutzige Kinderhände entgegen, sehe ich die Blechbüchse der Aussätzigen beim Verlassen der syrisch-orthodoxen Kirche. Wenn man es nicht schon vorher gewußt hätte, in Indien muß man zu der Einsicht kommen, daß etwas mit unserem herkömmlichen Christentum nicht stimmt, und damit steht die Stilmischung in Frage zwischen Christentum und bürgerlicher Religion, die uns eignet. Unsere Kultur nährt sich von Bibelreden, lebt von den abgegessenen Tischen früher Christen, ähnelt darin den vielleicht Ärmsten in Indien, den Kindern, die den Abfalleimern nachgehen und sie nach Speiseresten durchsuchen. Daß sie sich mit der Nahrung im Abfall auch Krankheiten holen, kann man sich vorstellen. So ließen sich unsere Kulturkrankheiten hin-

sichtlich der Bibel auf den gleichen Vorgang zurückführen: Die Ernährung aus Abfällen hat uns infiziert. Wir müssen die Bibel neu lesen als Horizont für ein neues Europa in einer neuen Welt. Aber ob das hilft? Ich kenne ja meine Bibel: »Willst du vollkommen sein ...«. Ja ich will, aber ich kann nicht. Darf ich mich damit beruhigen, daß Jesu Wort zu einem Jüngling und nicht zu einem alten Mann gesagt ist? Nein, ich darf nicht. Aber hoffen darf ich, daß junge Menschen mit mir die Bibel neu lesen, daß Christen werden, die die Welt wenigstens ein Stückweit verändern, weil sie sich durch die Heilige Schrift verändern lassen.
Dem jungen Antonius wurde die Bibel vorgelesen; die Geschichte vom reichen Jüngling prägte fortan seinen Lebensstil, und er begründete eine neue christliche Kultur, die mönchische. Die Reformatoren haben die Bibel neu gelesen und damit ihre Welt verändert: »Et ita nos in verbum suum, non autem verbum suum in nos mutat« – »Und so verwandelt er uns in sein Wort, nicht aber verwandelt er sein Wort in uns« (WA 56, 227). Luther hat die Bibel ins Deutsche übersetzt, aber er wußte, daß dies nicht genügt: Die Deutschen müssen nach vorwärts in die Bibel übersetzt werden. Das Erste kann ein theologischer Doktor, das Zweite ist nicht menschenmöglich. Beim ersteren braucht der Mensch den Geist, beim letzteren braucht der Geist den Menschen. Luther spricht nicht vom Buch, sondern vom verbum, vom Wort, also von dem, was aus dem Buch herausgehört, gepredigt wird.
Ritterromane, Kochbücher, Rechtskodizes, heilige Schriften, die Heilige Schrift, heilige und unheilige Bücher vermitteln den Geist, heiligen und unheiligen Geist, Geist, der Leben von verschiedener Güte in unterschiedlichem Maß prägt. Die Art und Weise, in der wir leben, hängt an der Beschaffenheit des Geistes, der uns beseelt: Geist der Lächerlichkeit, Geist der Kochkunst, Geist des Rechts, Geist des Hinduismus oder Geist des Christus, der einen einzigartigen Anspruch erhebt: »Die Worte, die ich zu euch geredet habe, sind Geist und sind Leben« (Joh 6,63).
Allemal wird Leben geprägt vom Geist. In der Kultur manifestiert sich Geist. Die Frage ist nun die, wie sich die verschiedenen Geister verschiedener Bücher zum Geist des einzelnen verhalten. Ich glaube, daß kein Buch außerhalb des Machtbereiches Jesu Christi geschrieben werden kann. Wenn ich den Satz aus den heiligen Texten der Jain lese: »Wer ein Feuer anzündet,

tötet lebendes Wesen, und wer es löscht, tötet das Feuer« (*Singh*, 55), sehe ich einen solchen Text nicht unweit der Passionsgeschichte, weil ich in ihm ein Stöhnen höre über die Schuldverfallenheit menschlicher Existenz, dem Jesus am Kreuz antwortet. – Geht es also darum, die Bücher dieser Welt im Horizont der Heiligen Schrift des Alten und Neuen Testaments zu lesen? In der Tat; dann aber kann auch das Buch der Bücher nicht anders als im Horizont aller anderen Bücher gelesen werden. Grund genug also, sich einmal Gedanken zu machen über das Lesen der Heiligen Schrift und das Lesen nun nicht von Kochbüchern, sondern schon eher von Ritterromanen, von sogenannter schöner Literatur also.

In der Zusammenschau des Ritters mit unserer handfesten Köchin wird sofort deutlich, warum wir zwar die Kochbücher in allen Ehren halten wollen, aber sie nicht länger bemühen: Die Köchin mag meinetwegen an Ritterromane denken, wenn sie ein Rezept nachliest, sie kann trotzdem gut kochen. Aber Don Quijote wird niemals ein Ritter, wenn er beim Lesen von Ritterromanen an Kochbücher denkt. Die Bibel hat mit den Ritterromanen etwas gemeinsam, was sie von Kochbüchern und Rechtskodizes unterscheidet: Sie stellt ein Luxusprodukt dar. Sie ist – von außen betrachtet – nicht im gleichen Sinn notwendig wie ein Rezeptbuch oder das Verkehrsrecht. Hinter ihr steht keine staatliche Macht. Ihre Macht liegt – wie beim Roman – in ihr selber. Und – anders als im Roman – in dem, von dem sie handelt. Sie ist ein Sonntagskind.

Ankommen und Anfangen

»Ein Bruder bat den Altvater Sisoes von Theben: ›Sag mir ein Wort!‹ Und er sagte: ›Was soll ich dir sagen? Ich lese das Neue Testament und wende mich zum Alten zurück‹« (Nr. 838).

Die Bibel ist ein anfängliches Buch: Dies ist etwas, das gerade für bibelfeste Christen sehr wichtig ist, daß man mit dem Lesen der Heiligen Schrift immer wieder neu anfangen muß. Martin Luther hat einmal gesagt: »So ist es um die Heilige Schrift bestellt: wenn man meinet, man habe sie ausgelernt, so muß man erst anfangen« (WA 49, 223). Dies gilt im Grunde nicht nur für die Bibel, sondern auch für alle große Literatur; sie ist anfänglich in dem Sinn, daß man immer neu mit ihr beginnen muß.

Ezra Pound, ein großer Dichter und schlechter Politiker, meint im »ABC des Lesens«, »der ideale Lehrer müßte jedes Meisterwerk, das er in der Klasse durchnimmt, beinahe angehen, als ob er es noch nie gelesen hätte« (1957, 110). Hier ist wieder das im Blick, daß Literatur – und die Bibel ist auch Literatur – immer wieder entdeckt werden will und daß man immer neu wieder anfangen muß. Das ist eine Verführung biblischer Unterweisung oder eines Studiums, wenn man nun meint, man kenne die Bibel und wisse, was drinsteht. Viele Christen lesen ihre Bibel nicht, weil sie meinen, sie wüßten, was drin steht. Demgegenüber betont Luther, er bleibe ein Leben lang ein Schüler des Katechismus und auch der Heiligen Schrift. Er komme nie über das Schülersein hinaus (WA 30,I, 125f). Die Kunst der Auslegung wird schlußendlich Lebenskunst. Wenn wir meinen, wir wären darüber hinaus, dann sind wir irgendwo auf dem Holzweg, und es wird Zeit, neu mit dem Lesen der Bibel anzufangen.

Für den *Prediger* freilich wird es gut sein, wenn er nicht bei einer Predigt neu anfangen muß mit dem Bibellesen: Hatte ich zu Beginn unseres Indien-Aufenthaltes an einem Samstag morgen den Wunsch geäußert, am Gottesdienst der syrisch-orthodoxen Kirche teilzunehmen, kam am Abend der Vater Joseph zu mir und fragte, ob ich am nächsten Morgen zehn Minuten lang predigen könne über den Text Joh 6, 35-46, ein Text, über den ich noch nie gepredigt hatte und der mir zusätzlich schwierig vorkam dadurch, daß die Rede vom Brot des Lebens nur allzu bekannt erscheint. Da ich mich aber in letzter Zeit mit 1Joh 1,1ff beschäftigt hatte, entdeckte ich plötzlich, daß dem Essen des Brotes das Sehen des Sohnes korrespondiert (6,40) und das Hören auf den Vater (6,45b). So konnte ich mit einer gewissen Entdeckerfreude predigen. Je intensiver ein Prediger die Bibel gelesen hat, um so leichter wird er predigen, weil die Schrift durch die Schrift erklärt sein will.

Ein von der Bibel geprägter Lebensstil wird anfänglich sein, unvollendet, aber beginnend: »All Morgen ist ganz frisch und neu des Herren Gnad und große Treu« und also ein Neuanfang. Die Bibel ist ein anfängliches Buch, weil sie nicht nur ein Lese-, sondern vorzüglicherweise ein Lebensbuch ist. Die Bibel will ins Leben hineingelesen werden. Dazu nochmals ein Satz von Luther: »Fürwahr, du kannst nicht zu viel in der Schrift lesen, und was du liesest, kannst du nicht zu gut lesen. Was du gut liesest, kannst du nicht zu gut verstehen. Was du gut verstehst, kannst du nicht zu gut lehren. Was du gut lehrst, kannst du nicht zu gut leben« (WA 53, 218).

Viel lesen, gut lesen, gut verstehen, gut lehren, gut leben. Das ist der Fortschritt in der Auslegungskunst. Unser Leben und das Leben in der Gemeinde bilden – von den Exegeten oft vergessen – den Kommentar zur Heiligen Schrift. Weil aber das Leben der Christenheit den Text der Schrift eher verfälscht und verdreht, als erklärt, müssen wir – gegen uns selbst – immer neu anfangen.

Ernährung

Das Lesen der Schrift ist so elementar wie das Essen: Die Bibel selbst sieht Essen und Buch nahe beieinander. Etwa Amos: »Siehe, es kommen Tage, spricht Gott der Herr, da sende ich einen Hunger ins Land, nicht Hunger nach Brot und nicht Durst nach Wasser, sondern das Wort des Herrn zu hören. Da schwanken sie von Meer zu Meer und schweifen von Nord nach Ost, das Wort des Herrn zu suchen, und finden es nicht« (8,11f). Der Prophet Ezechiel bekommt eine Schriftrolle mit Klage, Ach und Wehe zu essen (2,8ff); Johannes auf Patmos, der Apokalyptiker, soll gar ein Büchlein verschlingen, das süß im Munde schmeckt und bitter wird im Bauch, und soll dann weissagen über viele Völker, Sprachen und Nationen und Könige (Offb 10,10f). Von den Geboten singt der Psalmist, daß sie süßer seien als Honig und Wabenseim (Ps 19,11). Wenn Jesus versucht wird und aus Steinen Brot machen soll, setzt er dem Brot das Wort gegenüber: »Nicht vom Brot allein wird der Mensch leben, sondern von jedem Wort, das aus dem Munde Gottes hervorgeht« (Mt 4,4).
Wir haben in der Schrift eine ganze Metaphorik von Lesen, Essen und Hören. Wenn wir fragen, welche Sinne beim Lesen beteiligt sind, begegnen wir wiederum einem Ensemble: Wir lesen mit den Augen, entziffern Buchstaben, vielleicht hören wir die Stimme des Autors, vielleicht unsere eigene Stimme oder die eines Vorlesers von früher – so höre ich bei Hiob 38 heute noch die Stimme meines Vaters diesen Text vorlesen. Auf Wunsch der Mutter geschah es in seltenen Augenblicken, daß mein Vater umständlich die Familienbibel mit den Bildern des Schnorr von Carolsfeld hervorholte, die Brille putzte, aufsetzte und anfing: »Und Gott antwortete Hiob aus dem Wetter und sprach«. Des Vaters Stimme hatte dann etwas vom Wetter in sich, durch das Gott antwortete und sprach. – Das Gelesene appelliert an alle

Sinne, vermischt sich mit Sinneseindrücken, die wir hatten; es ist einverleibt, verdaut. Damit wird die Rede vom Lebensbuch noch einmal verdeutlicht. Essen und Lesen dokumentieren die physische und geistige Bedürftigkeit des Menschen. Der Satte braucht nicht zu essen, und wer sich selbst genug ist, braucht nicht zu lesen. Essen und Lesen sind Ausdruck eines Mangels, der behoben werden soll. Je ärmer der Mensch ist, um so wichtiger wird das Essen. Das gilt auch im spirituellen Sinn.

Wir haben wiederum *die prophetische Dimension der Predigt* vor uns. Wer ein Prophet sein will, muß das Büchlein im Bauch haben. Das macht den Propheten, daß er eine bestimmte Botschaft in sich hat. Dazu kommt nicht von ungefähr: Armut, Bedürftigkeit als Voraussetzung jeder Prophetie (vgl. Offb 10,10f).

Der prophetische Charakter des Gottesvolkes hängt an einer elementaren Aufnahme des Wortes und nicht zuletzt an seiner geistlichen Diät. Wenn Johannes sich von wildem Honig und Heuschrecken ernährt, werden die nicht von allen Tischen essen, die das Kommen des Gottessohnes vorbereiten. Es hat immer wieder radikale Christen gegeben, die Kulturaskese übten, wie zu allen Zeiten Apologeten nach einem Ausgleich suchten. »Ein Bruder fragte den Altvater Serapion: ›Sag mir ein Wort!‹ Der Greis sagte: ›Was hätte ich dir zu sagen? Du nahmst das Gut der Witwen und Waisen und legtest es in diese Tür (= in die Zelle).‹ Er sah nämlich, daß sie voll von Büchern war« (Nr. 876). »Was du gut liesest ... kannst du nicht zu gut leben.« Was gelesen wird, wird aufgehoben ins Leben. Das ist das Ziel und Ende der Schrift, daß sie eingeht in Fleisch und Blut und da Gestalt annimmt. Hier zeigt sich eine radikale Kulturkritik des frühen Mönchtums, das den Gehorsam dem Wort gegenüber über Gelehrsamkeit setzt. Darum wird auch der Name des Serapion überliefert, der sein Evangelienbuch verkauft, um dem Wort des Evangeliums zu folgen (Nr. 950). Hier hat ein Bibelleser seine äußerste Grenze erreicht. Der kein Buch mehr hat, verkörpert dieses. – Solange wir die Grenze, die Serapion markiert, nicht erreicht haben, werden wir uns an einige Leseregeln halten:
Wir müssen regelmäßig essen: Regelmäßigkeit gehört zur Gesundheitspflege. Wir essen nicht jeden Tag mit dem gleichen Appetit und mit dem gleichen Genuß; es schmeckt uns nicht jeden Tag gleich gut. Trotzdem ist es notwendig, daß man sich an geregelte Zeiten hält. Was dem Körper gut tut, ist für die Seele,

für das ganze Menschsein wichtig: daß es im Umgang mit der Schrift zu einer gewissen Regelmäßigkeit kommt. Das ist nicht eine Frage des Gesetzes, sondern eine Frage der Gesundheit, der Zweckmäßigkeit, der Lebenshilfe. Der Glaube, sagt Pascal, hat mit Gewohnheit zu tun. Wenn ich die Gewohnheit aufgebe, verliere ich sehr schnell den Glauben. Der Glaube hat deshalb mit Gewohnheit zu tun, weil ich ja das Wort »*pístis*« auch mit »Treue« übersetzen kann, weil sein Wesen im Anhangen an Gott besteht. Das Minimum der Regelmäßigkeit besteht ja in der oft geübten Lesung der Losungen.

Wiederholung: Ich darf zweimal aus der Schüssel schöpfen oder mehrfach. *Elias Canetti* schildert in seinen Jugenderinnerungen »Die gerettete Zunge«, wie er als Junge Charles Dickens las. War er mit einem Buch fertig, fing er gleich wieder von vorne an, las ein Buch drei-, viermal, »wahrscheinlich häufiger«, was die Mutter ärgerte. Sie versuchte ihm neue Bücher zuzuschieben (1977, 218). Das war nicht sehr weise von der Mutter, denn gerade im Wiederlesen liest man sich in einen Text ein, oder man führt den Text in sich hinein. Nicht nur die Abwechslung, auch die Wiederholung erfreut, ». . . je besser ich es kannte, um so lieber las ich es wieder« (ebd.). Wenn der Junge einige Male einen Roman von Charles Dickens liest, trägt er ihn in sich, wird seine Existenz bereichert. Bonhoeffer empfiehlt mit Recht, man soll etwa eine Woche lang den gleichen biblischen Text lesen und bedenken. Das ist dieses Wiederholen, dieses Meditieren eines Textes (Gemeinsames Leben, 1939, 54).

Wir haben das Urbild des Bibellesers im Mann des ersten Psalms: »Wohl dem Manne, . . . der seine Lust hat am Gesetz des Herrn und über sein Gesetz sinnt Tag und Nacht« (1,1f). Die Vulgata übersetzt »*jägäh*« mit »*meditari*«. Wir haben hier das Urbild christlicher Meditation (vgl. mein Buch »Predigtlehre«, [5]1986, § 21).

Vielleicht darf ich auf *Kierkegaard* verweisen, der »Meditation« als »Wiederholung« übersetzt und meint: »Wiederholung und Erinnerung sind dieselbe Bewegung, nur in entgegengesetzter Richtung; denn woran man sich erinnert, das ist gewesen, wird rückwärts wiederholt; wohingegen die eigentliche Wiederholung sich vorwärts erinnert. Deshalb macht die Wiederholung, wenn sie möglich ist, den Menschen glücklich, während die Erinnerung ihn unglücklich macht« (vgl. *L. Steiger*, Erzählter Glaube, 1978, 106).

Im Wiederholen des Textes reißen wir ihn in seine Zukunft und suchen in ihm unser Glück! Die Bibel gleicht einem System von Flüssen und Strömen, die in verschiedener Richtung fließen – dem gleichen weiten Meer entgegen. Die verschiedenen Texte haben je ihre eigene Bewegung, in die wir im Wiederholen hineinkommen.

Es gibt nicht nur das regelmäßige Essen, es gibt zum Glück auch einmal ein Festessen: Man sollte sich auch einmal ein Fest mit der Bibel gönnen. Für mich gehört zu den schönsten Erfahrungen mit der Bibel etwa eine Zeit, wo ich einmal in den Ferien jede Woche jeden Tag den Zweiten Korintherbrief gelesen und so versucht habe, mit diesem Brief zu leben.

Neben dem Festessen ist auch das Fasten zu loben, das Lesefasten, die Enthaltung von der Lektüre überflüssiger Literatur, das Nichtlesen als Zeitgewinn: Bonhoeffer spricht von einer Periode des Nichtlesens der Bibel, was nicht einfach als Gleichgültigkeit zu diffamieren, sondern als Zeit der Bewährung zu verstehen ist. Hier wäre überhaupt zu fragen, ob die Lektüre, die wir vom Essen her begriffen haben, nicht dialektisch auch vom Fasten her zu sehen wäre. Wer liest, verläßt seine Umwelt, begibt sich in eine neue Welt. Wer liest, macht keine Dummheiten, während er liest. Er verzichtet auf die Reizüberflutung durch das Fernsehen, während er liest.

Man braucht sich nicht unbedingt satt zu essen, um zu leben, aber es ist wichtig, lange zu kauen und endlich den Bissen zu schlucken: Die Bibel verstehen meint die Bibel lesen. Hier ergibt sich eine eigenartige Spannung. Die Bibel ist ein Ganzes und spricht in einem Einzelwort besonders zu uns. Dietrich Bonhoeffer fordert für das christliche Hauswesen »eine längere alt- und neutestamentliche Lektion«: »Die Heilige Schrift besteht nicht aus einzelnen Sprüchen, sondern sie ist ein Ganzes, das als solches zur Geltung kommen will. Als Ganzes ist die Schrift Gottes Offenbarungswort. Erst in der Unendlichkeit ihrer inneren Beziehungen, in dem Zusammenhang von Altem und Neuem Testament, von Verheißung und Erfüllung, von Opfer und Gesetz, von Gesetz und Evangelium, von Kreuz und Auferstehung, von Glauben und Gehorchen, von Haben und Hoffen wird das volle Zeugnis von Jesus Christus, dem Herrn, vernehmlich« (Gemeinsames Leben, 31). Die Schrift als ganze lesen, das ist ein »langes Weihnachtsmahl« – im Gegensatz zu Thornton Wilders Stück mit unverhofften Überraschungen.

Aber vielleicht ist es gesund, nicht allzu viel zu essen. Die Altväter in der ägyptischen Wüste haben möglicherweise nur einen Ausschnitt der Bibel erkannt, der aber wurde gelebt. Luther konnte den Rat geben, beim Einschlafen ein biblisches Wort im Herzen »wiederzukäuen«, »um es dann am Morgen als Hinterlassenschaft des Abends wieder aufzunehmen« (WA BR 1, Nr. 175). Auch hielt er es »für nützlich, einen einzigen Psalmvers einen Tag oder eine Woche lang zu meditieren« (WA 1, 90; zit. nach *Martin Nicol*, Meditation bei Luther, 1984, 58f). Was Luther vorschlägt, ist etwas sehr Einfaches, Naheliegendes. Nur eben: Man hat es noch nicht entdeckt. Wer Luthers Vorschlägen folgt, merkt, wie schwierig das Einfache sich gibt, wieviel Übung und auch Verzicht – Askese! – der Rat inkludiert. Auch wird er entdecken, wie eine kleine Festlichkeit die Nacht erleuchtet oder einen trüben Tag erhellt, wenn sich ein Wort einstellt, ein Wort von gestern nun im neuen Licht!

Eduard Thurneysen erzählte oft von einem deutschen Handwerker: »In der Zeit nach dem Ersten Weltkrieg hat ein seltsamer Seelsorger gewirkt. Er hieß Lorenz Keip und stand in der deutschen Gemeinschaftsbewegung. Er war Handwerker, also ein Laie. Und er hat sein ganzes Wirken unter das Wort 1.Joh. 3,8 gestellt: ›Wer die Sünde tut, der ist vom Teufel. Denn der Teufel sündigt von Anfang an. Dazu ist der Sohn Gottes erschienen, daß er die Werke des Teufels zerstöre.‹ Wie immer man dieses Wort auslege, soviel ist klar, daß es den Streit anzeigt, den Christus um uns führt gegen die Macht der Finsternis. Keip hat das jeweilen auf die Situation bezogen, in der seine bei ihm Ratsuchenden sich befanden. Er übte also seine Seelsorge durchgängig als Exorzismus aus. (Vgl. meine ›Lehre von der Seelsorge‹, § 15.) Er befragte jeden, der zu ihm kam, nach der gerade ihm anhaftenden Sünde, und zwar so, daß er sozusagen Testfragen stellte: Bist du geizig? Bist du herrschsüchtig? Bist du durch eine Leidenschaft gebunden usw? Und dann sagte er ihm auf den Kopf zu, daß die bestimmte Sünde, deren sich der so gefragte als schuldig bekannte, nichts anderes sei als eine ›Schlinge des Satans‹, in der er geraten sei. Daraufhin rief er ihn zur Buße auf, betete mit ihm und stellte ihn in die Vergebung und in die Hoffnung auf den Heiland, der sein Erretter sei. Keip hat mit dieser massiven und primitiven Seelsorge manchem zum Glauben und zur Befreiung geholfen« (Seelsorge im Vollzug, 1968, 63; vgl. mein Buch »Prophetie und Seelsorge«, 219). Da hat ein Bibelleser nur einen Satz der Bibel begriffen: »Wer die Sünde tut, stammt vom Teufel; denn der Teufel sündigt von Anfang an. Dazu ist der Sohn Gottes erschienen, die Werke des Teufels zu zerstören« (1 Joh 3,8). Mit diesem Satz heilte er Kranke.

Was Dietrich Bonhoeffer zur Predigtmeditation sagt, gilt für das Bibellesen überhaupt: »Die Meditation ist nicht bereits ein Sammeln von Gedanken, sondern sie besteht in der Aneignung des Textes, Wort für Wort. Das vollzieht sich, ohne daß bereits ein Ziel feststeht. (In der römischen Kirche heißt die ungebundene Meditation die solipsianische im Unterschied zur gebundenen, der Ignatianischen, welche auf ein Ziel hin meditiert.) Es geht um das Behalten der Worte, wie Maria sie im Herzen bewegte Luk 2,19. Die Worte möchten gelesen werden, wie wenn sie völlig neu zu uns kommen. Sie gehen uns an, nicht in objektiver Distanz, sondern als Worte, die von der Person Jesu zu uns kommen und deshalb brennend werden (Kierkegaard: Lesen wie einen Liebesbrief). Bei einer rechten Meditation kommen die meditierten Worte im Lauf des Tages von selbst immer wieder, sie gehen uns ohne logisch bewußte Gedankenarbeit nach« (Wie entsteht eine Predigt?, in: GesSchr 4, 258).

Wiederkäuen

Friedrich Nietzsche hat gemeint, beim »Lesen als *Kunst*« tue »eins vor allem not, was heutzutage gerade am besten verlernt worden ist . . ., zu dem man beinahe Kuh und jedenfalls *nicht* moderner Mensch sein muß: *das Wiederkäuen* . . .« (Werke, hg. von Karl Schlechta, 1959, IV, 770). Damit greift Nietzsche – wohl ohne es zu wissen – auf die mittelalterliche Meditationspraxis des Ignatius und auf Luther zurück (vgl. *Paul Rabbow*, Seelenführung, 1954, 325f; *Nicol*, 55ff).
Der Mensch ist in gewisser Weise, was er ißt. Mittelalterliche Theologen haben die Erlaubnis der Thora in 3Mose 11,3 und 5Mose 14,6, alle Wiederkäuer mit gespaltenen Klauen zu essen, auf den geistigen Vorgang der Meditation übertragen. Sie haben gewußt, daß Lesekunst das Beinahe-Kuh-Sein voraussetzt, indem sie die sinnlich wahrnehmbaren Vorgänge des tierischen Wiederkäuens in allen Einzelheiten auf das geistige Tun der Meditation übertrugen.
Wiederkäuen heißt: Ich habe das Wort zu mir genommen, ins Gedächtnis genommen, nun rufe ich es nochmals hervor, zerkleinere es, drehe und wende es hin und her. Es wird mehr und mehr mein eigen, indem ich mich ihm zu eigen gebe, indem ich es wiederkäue.
Luther hat das Wiederkäuen (ruminatio/ruminare) zur Charakteristik des Meditierens gebraucht, wie er denn auch Meditation als ein »Lesen und Wiederlesen« (vgl. WA 50, 659) be-

griff: »meditari porprie est ruminare in corde (WA 55 II, 1,11ff; vgl. *Nicol*, 46f.55ff; hier 57, Anm. 94). »Meditieren heißt eigentlich, im Herzen wiederkäuen.« Eine kühne Metaphorik; das Herz wird als Magen des Menschengeistes angesehen. Intellekt und Affekt werden hier zusammengesehen: Rationalität und Emotionalität sind gleicherweise am Vorgang der Meditation beteiligt. Wenn Luther einerseits das Wiederkäuen als ein Aufnehmen mit dem Gefühl (cum affectu) bezeichnet und dem Meditieren mit größter Achtsamkeit zuordnet (WA 14, 650), so soll andererseits die Meditation den Affekt erregen: »affectus fovetur meditatione« (WA 4, 471). Im Wiederholen, im Wiederkäuen des Wortes wird das Gefühl für Gott erweckt. Weil die Heilige Schrift das Porträt und die Wirkungsgeschichte einer Person darstellt, braucht letztlich nicht unterschieden zu werden zwischen der Schriftmeditation und der Meditation des Lebens und Sterbens Jesu Christi selbst. So soll – nach Luthers Weisung – das ganze Leben und Leiden Christi Tag für Tag stückweise zu Herzen genommen und gekaut werden, damit es ihn »erwarmme und krafft und sussikeit dem menschen eyngebe« (WA 9, 146; zit. nach *Nicol*, 132). Was zu Herzen genommen, was dort wiedergekaut wird, das lebt, das wirkt.

Lesen als Verwicklung in ein Geflecht, als ein Aufgehen in einem Gewebe wie die Spinne im Netz und Lesen als ein Kauvorgang, damit werden zwei Seiten einer Sache benannt: Wir kommen in den Text hinein und der Text kommt in uns hinein. Leser und Texte werden zu Ankommenden. Robert Walser aber blickt von den Büchern auf die Bäume, die wie Tänzer wirken: »Unbewegtheit enthält gebannte Bewegung.«

Erweiterung der Schrift

Lesen ist ein kreativer Akt, Lesen ist ein Tun, eine Handlung. Wolfgang Iser zitiert einen englischen Schriftsteller, der meint, man habe von Jacob Böhme gesagt, seine Bücher seien wie ein Picknick, zu dem der Autor die Worte und der Leser den Sinn mitbringen müßte. Das war boshaft gegenüber Jacob Böhme, aber der englische Autor meint, genau das wäre das Wesen des Lesens. Wir bekommen vom Autor Worte, und wir bringen den Sinn mit (Der Akt des Lesens, 1976, 50).

Dies aber ist gerade die Schwierigkeit beim Lesen der Bibel, daß wir den rechten Sinn mitbringen. Die Worte sind da, der Sinn noch nicht. Die Buchstaben bleiben tot, bilden tote Worte, die erst im Lesen zum Leben aufstehen. Dann erhebt sich die Frage, ob wir einen aufweckenden Sinn mitbringen. Vielleicht bekommt es aber der Bibel nicht sonderlich, wenn wir unseren Sinn den Worten der Bibel hinzufügen. – Bei Jesus ist es anders als bei dem zitierten Picknick, da werden aus Worten Brote. Und die Fünftausend »alle aßen und wurden satt. Und sie hoben auf, was an Brocken übrigblieb, zwölf Körbe voll« (Mt 14,20). Worte geben Sinn! Worte, die ich lese, wecken meinen toten Sinn auf, erquicken! Das lehrt die Metapher vom Lesen als einem Essen. Wenn wir die Charakteristik von Jacob Böhme und die Speisung der Fünftausend als zwei Gleichnisse für das Lesen nehmen, die in einer dialektischen Spannung einander gegenüberstehen, so ist dieses relevanter als jenes: »Et ita nos in verbum suum, non autem verbum suum in nos mutat.« – »Und so verwandelt er uns in sein Wort, nicht aber verwandelt er sein Wort in uns.« Das Picknick-Gleichnis aber zielt auf *unseren* Beitrag, auf unser Werk beim Lesen: Was tun wir hinzu? Hier wird der Begriff der Erfahrung wesentlich. Ohne Erfahrung sind die Arme gleichsam noch zu kurz, um den Text zu umfassen; er wird dann auch nicht begriffen. Luther hat auf dem Zettel, den er vor seinem Tode schrieb, gesagt: »Die Schrift versteht keiner, er habe denn hundert Jahre lang mit den Aposteln und Propheten die Kirche regiert.« Erfahrung im Umgang mit der Kirche, im Umgang mit der Christenheit lehrt die Schrift verstehen oder, genauer gesagt, gibt uns den Sinn, die Worte zu verstehen. Bei Pound lese ich: »Der Mensch begreift Bücher erst, wenn ihm ein gewisses Maß an Leben zuteil wurde« (78).

Hier kann ich mir nicht einen *Seitenblick auf die exegetischen Kollegen* ersparen: Ich halte dies für den großen Schaden der zeitgenössischen Exegese, daß sie sozusagen die Erfahrung ausblendet und von der Fiktion ausgeht, man könne den Text verstehen, wenn man sein Werden versteht. Wenn wir das so sehen etwa im Licht von Luthers letztem Zettel, muß uns angst und bange werden, daß uns die rechte Erfahrung fehlt, um die Schrift zu verstehen, und damit der rechte Sinn. Von daher kommt die Nötigung zu der Bitte um den Heiligen Geist; das ist die Bitte um das rechte Verständnis, die Bitte, daß Gott unseren Mangel an Erfahrung hier aufhebt. Dazu noch einmal Luther: »Weil die Heilige Schrift mit Furcht und Demut gehandhabt sein und mehr mit andächtigem Gebet als mit scharfer Vernunft ergründet werden will, ist es unmöglich, daß es ohne Schaden geschieht, sei es für sich selbst, sei es für die, welche sie darin unterweisen, wenn sie mit halber Vernunft, mit unreinen Füßen in diese, nämlich die Schrift, eindringen, als wäre es irgendeine menschliche Kunst, und wüten darin ohne allen Unterschied und ohne Ehrerbietung« (WA 1, 507). Ein wunderbares Bild, daß er gewissen Exegeten vorwirft, sie watscheln mit ungewaschenen Füßen in die Bibel hinein und wüten darin herum. Er sagt, sie will vor allem mit andächtigem Gebet verstanden werden, weil eben Lesen ein kreativer Akt ist, weil – wie Novalis sagt – der Leser ein erweiterter Autor ist, auch und gerade wenn er die Bibel liest.

Erweiterte Existenz

Auch das Lesen profaner Literatur dient der Existenzerweiterung: Der reiche Kornbauer hat an seiner vollen Scheune genug, er kennt keinen Hunger und keine Sehnsucht und braucht in seiner Sattheit keine Existenzerweiterung, darum bedarf er keiner Poesie. Nur der Mensch, der sich selbst genug ist und an seinem Besitz Genüge findet, braucht keine Poesie. Wer aber arm ist im Geiste, der wird die armen Poeten nicht verachten. Wer an seiner mangelnden Fähigkeit, Gott zu loben, leidet, wird den Dichter als eine Art Nothelfer schätzen.
Es mag sein, daß ein nichtchristlicher Dichter Gott besser lobt als eine mit sich zufriedene Gemeinde. Arno Schmidt z.B. schrieb blasphemisch gegen den Schöpfer, aber seine kreative Sprache ist selbst ein Lob des Schöpfers. Es kann ja geschehen, daß Gott ein Lob der Gemeinde verwirft und das Lob eines säkularen Dichters annimmt. Es mag sein, daß ein nichtchristlicher Dichter das Leiden der Welt tiefer sieht als ein Theologe, der wie der Levit im Gleichnis am Ausgeplünderten vorbeigeht. – Dichter und Prediger haben das gleiche Material, mit dem sie arbeiten, ihre eigene Sprache. Beide stehen in einer Tradition von Sprache, und beide stehen vor dem Problem, eine neue Sprache zu finden, ein not-wendiges Wort, und das ist ein Wort, das das Gefängnis meiner Welt sprengt.
Es wäre sehr viel davon zu sagen, wie das Lesen in der Schrift uns eine neue Existenz finden läßt. Ich möchte an einem profanen Text, dem Prosastück »Spazieren« von Robert Walser, zeigen, wie Literatur die Existenz zu erweitern vermag, und damit zu erneuern:
»Es ging einer spazieren. Er hätte in die Eisenbahn steigen und in die Ferne reisen können, doch er wollte nur in die Nähe wandern. Das Nahe kam ihm bedeutender vor als das bedeutende

und wichtige Ferne. Demnach also kam ihm das Unbedeutende bedeutend vor. Das mag man ihm wohl gönnen. Er hieß Tobold, doch ob er nun so hieß oder anders, so besaß er jedenfalls wenig Geld in der Tasche und lustigen Mut im Herzen. So ging er hübsch langsam vorwärts, er war kein Freund übergroßer Schnelligkeit. Die Hast verachtete er; mit dem stürmischen Eilen wäre er nur in ein Schwitzen gekommen. Wozu das, dachte er, und er marschierte bedächtig, sorgfältig, artig und mäßig. Die Schritte, die er machte, waren gemessen und wohlabgewogen, und das Tempo enthielt eine sehenswerte Behaglichkeit, die Sonne brannte schön heiß, worüber sich Tobold aufrichtig und ehrlich freute. Zwar hätte er auch Regen gerne hingenommen. Er würde dann einen Regenschirm aufgespannt haben und säuberlich unter dem Regen marschiert sein. Er sehnte sich sogar ein bißchen nach Nässe, aber da Sonne schien, war er mit Sonne einverstanden. Er war nämlich einer, der fast an nichts etwas auszusetzen hatte. Nun nahm er seinen Hut vom Kopfe ab, um ihn in der Hand zu tragen. Der Hut war alt. Eine gewisse handwerksburschenmäßige Abgeschossenheit zeichnete den Hut sichtlich aus. Es war ein schäbiger Hut, und dennoch behandelte ihn sein Träger mit Hochachtung, und zwar deshalb, weil Erinnerungen am Hut hingen. Tobold vermochte sich stets nur schwer von langgetragenen und abgeschabten Sachen zu trennen. So zum Beispiel trug er jetzt zerrissene Schuhe. Er hätte ein neues Paar Stiefel wohl kaufen können. So über und über arm war er denn doch nicht. Als gänzlich bettelarm wollen wir ihn nicht hinstellen. Aber die Schuhe waren alt, sie hingen voll Erinnerungen, mit ihnen war er schon viele Wege gegangen, und wie hatten die Schuhe bis dahin so treu ausgehalten. Tobold liebte alles Alte, alles Ge- und Verbrauchte, ja, er liebte sogar bisweilen Verschimmeltes. So zum Beispiel liebte er alte Leute, hübsch abgenutzte alte Menschen. Kann man daraus Tobold einen berechtigten Vorwurf machen? Kaum! denn es ist ja ein hübscher Zug von Pietät. Nicht wahr? Und so schrittwechselte er denn ins herrliche liebe Blaue hinaus weiter. O wie blau war der Himmel, und wie schneeigweiß waren die Wolken. Wolken und Himmel immer wieder anzuschauen war für Tobold ein Glück. Deshalb reiste er ja so gern zu Fuß, weil der Fußgänger alles so ruhig und reich und frei betrachten kann, während der Eisenbahnfahrer nirgends stehenbleiben und anhalten kann als gerade exakt nur auf den Bahnstationen, wo meistens elegant befrackte Kellner fragen, ob ein Glas Bier gefällig sei. Tobold verzichtete gern auf einige acht Gläser Bier, wenn er nur frei sein konnte und auf seinen Beinen gehen durfte, denn seine eigenen Beine freuten ihn, und das Gehen machte ihm ein stilles Vergnügen. Ein Kind sagte ihm jetzt guten Tag, und Tobold sagte ihm auch guten Tag, und so ging er, und er dachte noch lang an das liebe kleine Kind, das ihn so schön angeschaut, ihn so reizend angelächelt, und ihm so freundlich guten Tag gesagt hatte« (Kleine Dichtungen, Prosastücke, Kleine Prosa, GesWerke II, 1971, 76ff).

Hier leuchtet in einer anderen Weise etwas von dem auf, was Abraham J. Heschel von den Erzählungen der Chassidim rühmt: »- einfache Handlungen, aber voller Wunder« (Die Erde ist des Herrn, 74). Wenn wir uns einem solchen Text öffnen, wird die Existenz erweitert im Blick auf das Unbedeutende, das bedeutend wird. Wir lernen hier mit Walser ein klein wenig auf das unbedeutende Nahe zu achten und es als bedeutsam anzusehen.

Auf diese Weise werden die Mauern, die unsere Existenz einengen, durchbrochen. Ein weltliches Mittel, das Gefängnis dieser Welt aufzubrechen, bildet die Metapher. Sie verwandelt das Benannte. Unsere Gewöhnung an metaphorische Reden verschleift das Verwandelte; das durch die Metapher erstaunlich Gewordene erscheint wiederum gewöhnlich. Die Schriftsteller lehren uns, die Sprache beim Wort zu nehmen; das Abgewetzte rauhen sie auf und wecken dem längst Bekannten gegenüber das Erstaunen. Hierfür ein Beispiel von C. S. Lewis:

»Alle Dinge (z.B. eines Kamels Durchgang durch
ein Nadelöhr) sind möglich, s'ist wahr.
Aber stell dir vor, was ein Kamel fühlt, das da durchgepreßt wird zu einem langen blutigen Faden vom Schwanz bis zur Schnauze« (Poems, 1964, 134, Übersetzung R. B.).

Im Hintergrund des Vierzeilers steht die Rede Jesu: »Es ist leichter, daß ein Kamel durch ein Nadelöhr geht als ein Reicher ins Reich Gottes. Als die Jünger das hörten, entsetzten sie sich sehr und sagten: Wer kann dann gerettet werden? Jesus aber blickte sie an und sprach zu ihnen: Bei den Menschen ist dies unmöglich, bei Gott aber sind alle Dinge möglich« (Mt 19,24-26), wobei die Aussage Jesu, daß bei Gott alles möglich sei, zu einem Gemeinplatz verkam, wie denn auch die Metapher von

Kamel und Nadelöhr redensartlich wurde. Lewis nimmt also verkommenes, abgenutztes biblisches Sprachmaterial und radikalisiert es, indem er es im englischen bzw. im deutschen Sinn wörtlich nimmt. Daß die Schriftgelehrten hier zu hüsteln beginnen und ihr Wissen über das Nadelöhr als Name für den Durchschlupf im Tor zum besten geben, kümmert ihn nicht. Indem er die Metapher ins Germanisch-Grausame übersetzt, deckt er die Grausamkeit des Reichtums auf und deutet den Weg Gottes an, der den Reichen durch ein Sterben hindurch rettet. Auch weist er dem Bibelleser den Weg, zum Wiederentdecken der Kraft biblischer Metaphern, indem er sie wörtlich nimmt; die Metapher setzt Zeichen einer neuen Welt.

Vor allem die Lyrik ist wichtig für den Lebensstil der Christen; die Lyrik ist am nächsten dem Gesang. »Singt Gott lieblich in euren Herzen«, mahnt der Apostel (Kol 3,17), und wer im Herzen singen will, der muß Notenmaterial schon im Herzen haben. Die Propheten Israels sind auch Lyriker. David, der Stammvater Jesu, schlug die Harfe, der Psalmsänger Salomo »dichtete 3000 Sprüche und tausendundfünf Lieder« (1Kön 5,12). Die Themen werden ausdrücklich angegeben: »Er redete von den Bäumen, von der Zeder auf dem Libanon bis zum Ysop, der aus der Mauer wächst. Auch redete er von den großen Tieren, von den Vögeln, vom Gewürm und von den Fischen« (5,13). Auch das Echo wird nicht verschwiegen: »Und aus allen Völkern kamen Leute, die Weisheit Salomons zu hören, und von allen Königen auf Erden, die von seiner Weisheit gehört hatten, empfing er Geschenke« (5,14). Wie die Prophetie hat auch die Weisheit eine lyrische Komponente. Ich erinnere nur an den kunstvollen Aufbau des Psalms 119. In gewisser Weise wird der Mann, der Lust hat am Gesetz, zum Lyriker des Gesetzes. Nimmt man Lukas beim Wort, so singt Maria in ihrer Schwangerschaft (1,46-55), und wenn Zacharias, von seiner Stummheit erlöst, prophetisch zu reden beginnt, wird er dichterisch (1, 67-79). Jesus ist der Dichter der Gleichnisse, Paulus singt das Hohelied der Liebe (1Kor 13). Die Taufe machte die ersten Christen singen, und wenn der Seher auf Patmos den Himmel offen sieht, ist er voller Poesie.

Die Literaturgeschichte christlicher Poesie ist noch nicht geschrieben; die Väter und Mütter der Kirche hinterließen ihren Söhnen und Töchtern Lieder: Ephräm, Ambrosius, Hildegard von Bingen, Luther, Zwingli, Zinzendorf, Wesley. Der Prozeß der Wiedergeburt ist keine prosaische Angelegenheit. Im Licht einer neuen Welt beginnt ein neues Selbstgespräch: »So sollt auch ihr euch als solche ansehen, die für die Sünde tot sind, aber für Gott leben in Christus Jesus, unsrem Herrn« (Röm 6,11). Und das unbeachtete Nahe kommt einem bedeutender vor als das bedeutende, wichtige Ferne! – Ezra Pound schreibt: »Das Vorurteil gegen Bücherwissen entstand aus der Beobachtung der Dummheit von Leuten, die Bücher bloß gelesen hatten« (78). Das gibt dann Bücherwissen. Sie lesen diesen »Spaziergang« von Walser einfach und versuchen nicht, zu übersetzen in eigene Spaziergänge – hinein ins neue Leben.

Lektüre und Tradition

Lesen – ein Gespräch, das weitergehen will: Der jüdische Leser liest in der Thora laut und murmelt vor sich hin. Er spricht sich vor, was er liest. Lesen ist zunächst einmal ein Selbstgespräch – mit Hilfe des Autors. Gegenüber einem bloßen Anlesen muß aus dem Selbstgespräch ein Gespräch mit dem Autor werden; ich trete ins Gespräch mit dem Text ein. Nur so wird das Lesen zum kreativen Akt: Nun will das Gespräch weitergehen. – Es gehört zur Kultur des Lesens, die wir weitgehend verloren haben, daß das Gelesene nun Anlaß wird auch zum Gespräch: Der Briefwechsel Barth-Thurneysen zeigt exemplarisch, wie in dieser Freundschaft der Austausch über Gelesenes eine große Rolle spielt.– Es ist etwas Schönes und Wichtiges in einer Ehe, daß über Gelesenes geredet und damit die Gemeinschaft erweitert wird, daß nicht die Dyade zu einer fensterlosen Monade wird, denn da befindet man sich sehr rasch nicht im Himmel, sondern in einer Hölle. Es gab ja – im 19. Jahrhundert vor allem – etwa die Einrichtung von Leseabenden in Bürgerhäusern, daß man sich gegenseitig vorlas. Ich erinnere nochmals an das Bild aus der Hamburger Kunsthalle von K.-J. Milde, »Pastor Rautenberg und die Seinen«, das die Atmosphäre bürgerlicher Lesekultur sehr schön wiedergibt. Es gab die Sitte der Hausandacht, wo man die Bibel, wo man Predigten einander vorlas; man las auch Schriftsteller einander vor – als ein Zeichen und Signal dafür, daß zum Lesen auch das Gespräch gehört. Das Vorlesen ist ja schon Gespräch – im Untergrund wenigstens. Indem ich vorlese und der andere zuhört, ist auch er ein erweiterter Autor.

Durch die Art und Weise seines Zuhörens gestaltet der andere schon mein Vorlesen mit. Wenn wir einen guten Text haben, wird das Gespräch gut, während es bei einem schlechten Text schwierig ist, ein gutes Gespräch zu führen.
Ich würde nicht grundsätzlich zwischen profanen Texten und der Heiligen Schrift trennen, allerdings würde ich meinen, daß das Gelesene dann auch das Gespräch qualifiziert. Ich entsinne mich z.B. an einen Besuch als Vikar: Bei einem Hausbesuch einer alleinstehenden Frau fragte ich aus lauter Verlegenheit, ob ich ihr etwas aus der Bibel vorlesen dürfte. So las ich der Frau einen Psalm vor, und auf einmal kam, wenn ich so sagen darf, ihre Existenz auf den Tisch. Dieses Vorlesen, dieses dritte, fremde Wort erweiterte die Beziehung und ermöglichte eine neue Art von Kommunikation. Ich glaube, das kann man auch mit profanen Texten erleben.

Im japanischen *Sendai* traf ich auf ein *Studentenheim*, das von einem Politologen geleitet und von fünf oder sechs Studenten bewohnt wird. Da lesen sie jeden Abend einander eine Predigt vor. Diese Übung sei schwierig, denn oft sei man abends müde und kaum zum Zuhören fähig. Aber diese Predigten seien große Hilfen im Zusammenleben. Hier kommt noch einmal zum Vorschein, daß die Bibel ein Lebensbuch ist, daß sie der Gemeinschaft zum Leben verhilft. Ich zweifle daran, daß auch nur einer der fünf oder sechs Studenten für sich allein abends noch regelmäßig eine Predigt zu lesen imstande wäre. – Sendai könnte ein Beispiel dafür sein, wie gepredigte Bibel einer Gemeinschaft Stil gibt.
Gerade Predigten können eine Hilfe werden zum tieferen Verständnis der Bibel. Wir haben in der *Predigtforschung* die Erfahrung gemacht, wie beglückend es ist, gemeinsam an einem Text Entdeckungen zu machen. Es gibt ja ganze Literaturgattungen, die sind – wie die Predigten – aus dem gesprochenen Wort heraus entstanden. Solche Literatur will nachgesprochen und besprochen werden.
Meine Frau und ich haben – vor unserer Verheiratung – unabhängig voneinander versucht, ein Buch von *K.H. Miskotte*, Biblisches ABC (1976), zu lesen. Wir waren beide enttäuscht. Dann lasen wir es uns gegenseitig vor und waren immer neu begeistert. Beim stillen Lesen fand ich das Buch redundant und eher langweilig; beim Vorlesen aber zuckten Blitze aus heiterem Himmel; meine Frau und ich taten dem Autor Abbitte. Vielleicht illustriert diese Erfahrung noch zwei Aspekte, die bedacht sein wollen: das Verhältnis eines Textes zur Zeit und das Verhältnis des einzelnen zur Gemeinschaft.

Lesezeit

Lesen hat seine Zeit, Bücher und Texte haben ihre Zeit – wie Kleider. Die Predigtgeschichte zeigt, wie einzelne Texte der Bibel zu verschiedenen Zeiten verschieden geredet haben. So sprach im Mittelalter das Hohelied zu vielen Gläubigen, während es heute weithin schweigt (Ich verweise auf die »Nachdichtungen und Übersetzungen aus sieben Jahrhunderten«, die Hermann Timm herausgegeben hat: Das Hohelied Salomos, 1982). In und nach dem Dreißigjährigen Krieg waren die Klagelieder aktuell. Es ist dies ein Geheimnis der Geistesgeschichte, daß Autoren und ihre Texte u. U. lange schweigen, und auf einmal treten sie wieder hervor und reden. Darum ist es nötig, daß man die ganze Heilige Schrift liest, wenn möglich gegen die Zensur des Zeitgeistes. Wir müssen die ganze Schrift lesen, wenn wir ein neues Wort finden wollen.

Karl Barth hat im Vorwort zum »Römerbrief« gemeint, sein »Buch könne warten«. Er schrieb von seiner Arbeit: »Sie will darum nicht mehr sein als eine Vorarbeit, die um Mitarbeit bittet. Wenn doch recht Viele und Berufenere sich einfinden würden, um daselbst Brunnen zu graben. Sollte ich mich aber täuschen in der freudigen Hoffnung auf ein gemeinsames neues Fragen und Forschen nach der biblischen Botschaft, dann hat dieses Buch Zeit, zu - warten. Der Römerbrief selbst wartet ja auch« (1919, VI).

Man kann mit wartenden Büchern merkwürdige Erfahrungen machen: So habe ich mir von meinem ersten Gehalt als Pfarrverweser in Bern eine Jean Paul-Ausgabe gekauft und kam trotz vieler Anläufe über das Schulmeisterlein Wutz nicht hinaus, während ich mich durch die »Vorschule der Ästhetik« mehr schlecht als recht hinquälte. Als ich Vollmanns Buch »Das Tolle neben dem Schönen« las, machte ich einen erneuten Anlauf - vergeblich, bis ich ihm vor etwa zwei Jahren verfiel, als ich die »Flegeljahre« eher zögerlich zur Hand nahm - und von einem Entzücken ins andere geriet, so daß ich - an den Schluß des Buches gekommen - wieder von vorne zu lesen anfing.
Neben Entdeckungen gibt es Absagen. Der Gymnasiast las Ernst Wiechert sozusagen mit religiöser Andacht, während ich ihn als junger Pfarrer einmal lesen hörte. Er las beinahe so, wie ich vorher meiner Frau vorgeführt, was ich von seinem Pathos zu erwarten hatte. - Rainer Maria Rilke, Das Stundenbuch, Der Cornet und Malte, darin lebte unsereiner eine Zeitlang, bis die Evangelien einen gefangennahmen: ihnen gegenüber bleiben nur wenig Texte bestehen. - Ernst Jünger las ich als Student mit angehaltenem Atem, nachher beeindruckte er mich als Schwätzer; dennoch hat er möglicherweise meine Schreibweise blei-

bend beeinflußt. Rudolf Alexander Schröder, Jochen Klepper und vielleicht – Max Frisch ..., die Liste der Liegengelassenen ließe sich verlängern. Sie scheint mir eher auf einen Gewinn als auf einen Verlust zu verweisen. Ich erinnere in diesem Zusammenhang nochmals an den Täufer. Seiner Ernährung von Heuschrecken und wildem Honig gegenüber erscheinen die eben genannten Autoren eher als Lieferanten von Süßwaren und Dörrgemüse.

Wenn Texte ihre Zeit haben, erhebt sich die Frage nach der Textwahl. – Was zunächst als spezifische Berufsfrage des Predigers erscheint, betrifft, bei Lichte besehen, den Bibelleser schlechthin: Man muß wissen, welche Texte Gott jetzt gebrauchen will. Man muß auch wissen, welche Texte man selbst jetzt braucht und welche Texte einem nicht nötig oder gar schädlich sind. Man muß nicht jedes Buch lesen, das man gelesen haben muß! Man muß eine gewisse Bücherkenntnis haben, um zu wissen, was in einer gewissen Lebenssituation zu lesen not tut. So muß man auch die Bibel kennen, um zu wissen, welche Texte man sich je und dann verordnet.

In dieser Hinsicht werden die *Perikopen* für den Prediger zu einem Problem. Luther wollte sie abschaffen. In der reformierten Tradition werden ganze Bücher durchgepredigt, was den Vorteil hat, daß der Prediger exegetisch kontinuierlich arbeiten kann.

Man darf darauf hinweisen, daß die Perikopen eine pädagogische Funktion haben, indem sie sozusagen den Kreis des Glaubens abschreiten. Dagegen kann man einwenden, daß das prophetische Element zu kurz kommt. Die Frage, was sagt uns Gott heute, wird sozusagen zensuriert. Man kann auch sagen: sie wird auf die Perikope zugeschnitten. In 2 Tim 2,15 ist vom rechten Abschneiden des Wortes die Rede: »Sei eifrig, dich Gott als bewährt zu erweisen, als einen Arbeiter, der sich nicht schämen muß, der das Wort der Wahrheit richtig austeilt.« Im Griechischen steht für »austeilen« »orthotomein«. Ursprünglich steht hinter diesem Verb eine Metapher vom Wegebau (*Helmut Köster*, TWB VIII, 112f): »In seinem Verhalten soll Timotheus *das Wort der Wahrheit recht machen*, dh aber: *es befolgen.*« *Adolf Schlatter* übersetzte: »... der am Wort der Wahrheit einen geraden Schnitt schneidet«. In der älteren *Seelsorgelehre* hat man im Anschluß an 2 Tim 2,15 von der »Orthotomie« gesprochen. Man versteht darunter »die richtige Scheidung, Einteilung, Austeilung, Anwendung des göttlichen Wortes für die verschiedenen Zustände und Bedürfnisse des Einzelnen« (*E. Chr. Achelis*, Praktische Theologie I, 1890, 494). Es gilt, zur rechten Zeit das Wort im Worte zu finden. *Calvin* sah im »orthotomein« eine Metapher für den Hausvater, der Brot schneidet und austeilt. Beide Metaphern weisen in eine ähnliche Richtung: Das Wort soll begehbar, soll eßbar werden.

Die Frage der Orthotomie ist auch die der *Textwahl*. *George Casalis* notiert über die Predigt von Karl Barth im Kirchenkampf, daß bei seinen Pre-

digten oft schon die Textlesung die Situation klärte bzw. eine neue Situation schuf (JK 27, 1966, 251). Der Wahl des Textes schon eignete da offensichtlich eine prophetische Dimension.
Dies ist überhaupt die prophetische Dimension der Predigt, daß sie ein Wort der Schrift – möglicherweise gegen andere Worte der Schrift – in Kraft setzt. So wendet sich Ez 18,2f – »Was soll es, daß ihr im Lande Israels diesen Spruch im Munde führt: ›Die Väter haben saure Trauben gegessen, und den Kindern werden davon die Zähne stumpf‹? So wahr ich lebe, spricht Gott der Herr, ihr sollt fortan diesen Spruch in Israel nicht mehr im Munde führen« – gegen ein Wort, das in den Klageliedern als Klage laut wird: »Unsere Väter haben gesündigt, sie sind nicht mehr; und wir, wir tragen ihre Schuld« (5,7; vgl. auch Jer 31,29). Die Verheißung von Jes 2,4 »Und er wird Recht sprechen zwischen den Völkern und Weisung geben vielen Nationen; und sie werden ihre Schwerter zu Pflugscharen schmieden und ihre Spieße zu Rebmessern. Kein Volk wird wider das andre das Schwert erheben, und sie werden den Krieg nicht mehr lernen« und Micha 4,3 »Und er wird Recht sprechen zwischen vielen Völkern und Weisung geben starken Nationen bis in die Ferne; und sie werden ihre Schwerter zu Pflugscharen schmieden und ihre Spieße zu Rebmessern. Kein Volk wird wider das andre das Schwert erheben, und sie werden den Krieg nicht mehr lernen« setzt Joel in Kraft, indem er sie ins Gegenteil verkehrt: »Schmiedet eure Pflugscharen zu Schwertern und eure Rebmesser zu Spießen! Der Schwache sage: Ich bin ein Held« (3,10). Die Prophetie ist einerseits heute an der Schrift zu messen, wie andererseits die Schrift in der Prophetie zu einer neuen Herrschaft kommt in der Weise, daß der Geist sie neu formuliert.

Wenn wir die Diskussion um die Frage der ABC-Waffen nehmen, steht hinter diesem Streit die Frage auch nach der »Textwahl«, die Frage nämlich, welche Texte jetzt gelten bzw. nicht gelten. In Frage steht beispielsweise, ob und wie die Bergpredigt hier heranzuziehen sei. Ich denke, man kann sich an einem solchen Beispiel klarmachen, welch existentielle Rolle der Frage der Textwahl zukommt. Hier zeigt sich aber auch die Gefahr, daß der Prediger den Text seinen politischen Interessen dienstbar macht; Propaganda tritt an die Stelle der Prophetie.

Ein Buch der Gemeinde

Ein Buch vermag die zu verbinden, die es lesen. Es stiftet Gemeinschaft und kann zum Zeichen der Verständigung werden:

So erzählt *Milan Kundera* im Roman »Die unerträgliche Leichtigkeit des Seins«, wie Teresa, die Kellnerin, die »höher hinaus« wollte, für die es aber »in dieser Kleinstadt . . . kein Höher« gab (45), »Tomas zum ersten Mal traf«. Nicht nur hob ihn »der Status des Fremden ... über die anderen«. Da gab es »noch etwas: ein offenes Buch lag auf seinem Tisch. In dieser Wirtsstube hatte noch nie jemand ein Buch geöffnet. Das Buch war für Teresa das Erkennungszeichen einer geheimen Bruderschaft.« Ein offenes Buch kann Menschen füreinander öffnen, es deutet auf Humanität. »Gegen die Welt der Rohheit, die sie umgab, besaß sie nämlich nur eine einzige Waffe: die Bücher, die sie sich in der Stadtbücherei auslieh ...« (48).

Während ich meine in Indien geschriebenen Texte über Lebensstil überdenke, steht auf meinem Schreibtisch eine Reproduktion von Auguste Renoir, »Couple lisant«, »lesendes Paar« aus dem Jahre 1877, ein Bild, das mich zunehmend fasziniert und irritiert. Zunächst spricht den Betrachter das fast pflanzenhafte Einssein des Paares an. Die junge Frau, kindliches Profil und rötliches Haar, sitzt in gerader Haltung und hält mit beiden Händen den unteren Rand eines Buches, während der Daumen des Mannes am oberen Buchrand andeutet, daß er der Frau beim Halten hilft. Größer als die Frau, wendet er dem Buch und damit dem Betrachter sein Halbprofil zu, indessen sein linker Arm sich um den Rücken der Frau legt. Zwei parallele Bögen deuten das Einssein der beiden an. Der kleinere Bogen auf der rechten unteren Bildhälfte beginnt mit den hellen Ärmelspitzen der Frau, die zwischen dem dunklen Kleid und den pastellfarbenen Händen übergehen zum Buch und zum Daumen des Mannes. Die Kleidung der beiden harmoniert in dunklen Tönen: das Braun des Mannes umgibt das Schwarzgrau der Frau. – Ein zweiter Bogen erstreckt sich von rechts unten nach links oben, von der rechten Hand des Mannes, ruhend auf der Seitenlehne eines roten Sofas, zur Helle des fraulichen Profils und zum rötlichen Gesicht des Mannes mit dunklem Haar bis hin zu einem blauvioletten Bilderrahmen in der linken Ecke oben im Bild. – Das Ganze lebt von der Aufmerksamkeit der beiden, die sie dem Text zuwenden: die drei Augen, die wir sehen, bilden ein Dach über dem Buch, während ihre Münder den Text gleichsam in sich hineinsaugen. Die Eintracht der Lesenden vermittelt so den Eindruck von Glücklichsein. – Gleichzeitig mit dem gemeinsamen Lesen scheint ein stummer Dialog zwischen den beiden stattzufinden. Die Haltung des Mannes, der Frau ebenso zugewandt wie dem Buch, scheint zu sagen: »Ich will dich«, während die Aufmerksamkeit der Frau dem Buch gegenüber antwortet: »Nimm mich«. Das Faszinierende an Renoirs »Couple lisant«: die beiden Lesenden sind Aufnehmende und Mitteilende in einem. Hier lesen zwei Menschen als erweiterte Autoren und erweitern den Text, den sie lesen, durch ihre sinnliche Liebe. Zwei sind schon eine Gemeinde. – Später wird Renoir notenlesende Mädchen am Klavier malen (1892). Die Neigung ihrer Gesichter gleicht derjenigen des lesenden Paares. Nur ist der Zwischenraum zwischen ihnen größer und der stumme Dialog zwischen ihnen verhaltener.

Jeder Mensch ißt für sich selbst, aber das Essen schmeckt besser in Gesellschaft: Das Bibellesen stößt uns auf das Problem des Verhältnisses eines einzelnen zum Ganzen. Die Metaphorik des Essens wird noch einmal bedeutsam. Ich kann für andere sprechen, für andere sehen und hören, aber ich kann nicht für andere essen, höchstens vorkauen. Und das ist ein wichtiger Fingerzeig für das Lesen der Bibel: Sie wird uns zuerst einmal – ob wir es wissen oder nicht – vorgekaut. Wir lesen die Bibel, weil wir sie von der Kirche bekommen haben. Wir lesen die Bibel nicht ohne die, die sie vor uns gelesen haben und mit uns lesen. Wir lesen die Bibel im Kontext der theologischen Kommentare und im Kontext dessen, was von ihr her in der Gemeinde lebt.

Wir müßten jetzt alles, was wir über das Gespräch sagten, wiederholen in dem Sinne, daß das Gespräch mithilft, ein erweiterter Autor zu werden. Ich kann mir eine Predigtvorbereitung ohne Gespräch mit Gliedern der Gemeinde schlecht vorstellen. Im Gespräch öffnet sich die Schrift. Viele Laien aber leiden darunter, daß es in den Gemeinden kaum Gespräche über die Bibel gibt. Eine ins Ghetto alltäglichen Schweigens gesperrte Bibel bleibt stumm.

Aber nun könnte das Gespräch auch zur Versuchung werden: »Abbas Ammon von Rhaitos besprach sich mit dem Abbas Sisoes: ›Wenn ich die Heilige Schrift lese, dann habe ich Lust, mir schöne Worte zurechtzulegen, damit ich auf Fragen antworten könne.‹ Der Greis sagte dazu: ›Das ist nicht nötig! Vielmehr, gewinne dir aus der Reinheit des Geistes, sowohl unbesorgt zu sein, als auch zu reden!‹« (Nr. 820). Abbas Sisoes weiß um die Gefahr erweiterter Autorschaft. Der Leser bemächtigt sich der Bibel, statt daß die Bibel sich des Lesers bemächtigt. Die Bibel wird vom Leser verfälscht, während der Leser von der Bibel verwandelt werden muß, damit er sie fortschreiben kann. »Vielmehr gewinne dir aus der Reinheit des Geistes, sowohl unbesorgt zu sein, als auch zu reden.« Das heißt doch: »Gib dich nicht mit dem Vorgekauten zufrieden. Kaue das Wort, das du liesest, solange, bis es durch dich hindurchgeht und das Herz zur Wohnung des Wortes wird.«

Lesen – ein königlicher Akt

Der Bibelleser – ein königlicher Mensch, und wenn er es nicht ist, soll er es werden! Die Thronfähigkeit des Menschen scheint dessen Alphabetisierung vorauszusetzen, die Fähigkeit zu lesen. Lektüre gehört zum Königtum des Menschen.

Die erste Aufforderung zum Bibellesen steht in der Bibel selbst, im Königsgesetz: »Und wenn er dann auf seinem Königsthrone sitzt, soll er sich eine Abschrift dieses Gesetzes in ein Buch – gemeint sind wohl die Kapitel 4-30 vom 5. Buch Mose, R. B. – schreiben lassen, nach dem, das bei den levitischen Priestern sich befindet. Und er soll es bei sich haben und soll darin lesen sein Leben lang . . .« (5Mose 17,18f). Bibellektüre – ein königliches Geschäft.

Wie der erste Psalm das Glück des Mannes, der seine Lust hat am Gesetz des Herrn, über dem er murmelt Tag und Nacht, einer dreifachen Negation gegenüberstellt: »der nicht wandelt im Rate der Gottlosen, noch tritt auf den Weg der Sünder, noch sitzt im Kreise der Spötter«, so wird auch im Königsgesetz der tägliche Umgang mit der Schrift in Opposition gesetzt zu einem Lebensstil, wie er für orientalische Potentaten sich nahelegen mochte. Ihm soll der König nicht verpflichtet sein:

»Das Glück der Erde liegt auf dem Rücken der *Pferde*«, sagt man, und Pferdegetrampel hat zu allen Zeiten das Machtgefühl des Herrschenden erhöht, bis die Pferdestärken in Blech- und Stahlkarossen gesperrt wurden und damit ihren Besitzern die Illusion einer Herrschaft über den Raum vermittelten. Der königliche Mensch aber findet sein Glück nicht auf dem Rücken der Pferde und nicht auf den Polstern schneller Wagen. »Nur daß er sich nicht viele Rosse halte . . .« (5Mose 17,16). Er könnte sonst nur zu leicht sein Vertrauen auf die Pferdestärke setzen!

Neben den Pferden die *Frauen:* Die erotische Phantasie reicht kaum aus, sich die Umarmungen vorzustellen, die im Hohenlied zum Lobe der 60 Königinnen und 80 Nebenfrauen und unzählbar vieler Mädchen beschworen werden (6,8). Die Lust eines Salomo an 700 Haupt- und 300 Nebenfrauen (1Kön 11,3) kann weder von Eremiten noch von Pfarrhausbewohnern nachgefühlt werden, was vielleicht ein Glück ist, denn dem Salomo soll sie schlecht bekommen sein, als sie später offensichtlich ins Religiöse sublimiert wurde: »Als Salomo alt war, verführten ihn seine Frauen, daß er andern Göttern diente . . .« (1Kön 11,4). Darum dekretiert das Königsgesetz:

»Er soll sich auch nicht viele Frauen nehmen, daß sein Herz nicht abtrünnig werde...« (5Mose 17,17a).

>»Nach Golde drängt,
Am Golde hängt
Doch alles. Ach wir Armen!«

seufzt Margarete vor dem Spiegel. Vom arm-machenden *Gold* aber soll der König frei bleiben: »... auch Silber und Gold soll er sich nicht zuviel sammeln« (5Mose 17,17b). Salomo hat offensichtlich nicht nur Frauen gesammelt: »Einmal alle drei Jahre kamen die Tharsisschiffe heim und brachten Gold, Silber, Elfenbein, Affen und Pfauen... Und der König machte, daß in Jerusalem Silber war soviel wie Steine...« (1Kön 10,22.27). Und das war wohl etwas »zuviel«.

Die Rosse als Symbol der Macht, der Besitz von Frauen als Symbol von Potenz, das Silber und das Gold als Symbol des Reichtums sollen den König nicht versklaven. Er soll ein freier Herr bleiben, und die Lektüre soll ihm dauernde Freiheit besorgen. Das dreifache »nicht viel« verweist auf einen Lebensstil quer zu den gängigen Stilrichtungen. Verzicht auf vieles deutet auf den Gewinn des einen. Der tägliche Umgang mit der Schrift soll ihn die Gottesfurcht lehren, den Anfang aller königlichen Weisheit, soll ihm helfen, das gute Gebot zu halten. In der Gottesfurcht und im Leben nach Gottes Gesetz bleibt der König von Hochmut und vom Abfall bewahrt, »... auf daß er lange König sei inmitten Israels, er und seine Söhne« (5 Mose 17,20). Auch hier findet sich eine Parallele im Ersten Psalm, in dem der Meditierende dem »Baum an Wasserbächen« mit immergrünen Blättern verglichen wird, »und alles, was er tut, gerät ihm wohl« (1,3). – Die Bibel ist dem Christen gegeben, damit seine königliche Existenz gelinge.

Sehen wir den König aus Juda als Integrationsfigur für den Bibelleser, und lesen wir das Königsgesetz vom Neuen Testament her, wird der Gemeinde Thronfähigkeit zugesprochen und das Königtum mit dem Priestertum wieder vereinigt: »Ihr aber seid das auserwählte Geschlecht, die königliche Priesterschaft...« (1Petr 2,9). Lesen heißt dann: Ankommen in der neuen Welt Gottes, und Ankommen heißt, sich königlich-priesterlich wandeln; da mag eine Art Schrecksekunde heilsam sein.

Wenn ich das Königsgesetz meditiere, sehe ich eine meiner Tanten vor mir. Für sie lag das Glück der Erde nicht auf dem Rücken der Pferde. Die Warnungen des Königsgesetzes hatte sie wohl in keiner Weise nötig. Sie war früh Witwe geworden; das Haus, das sie mit ihrem Mann gebaut, mußte sie verkaufen und ihr Brot als

Wäscherin oder als Köchin bei Kurgästen verdienen. Sie hatte sich einer Gemeinschaft angeschlossen und wurde dadurch zur Leserin *eines* Buches. Außer der Bibel schien sie nichts Gedrucktes zu interessieren. Als Knabe hatte ich sie wegen ihrer vielleicht etwas engen Frömmigkeit verachtet. Diese störte mein ästhetisches Empfinden: Bei uns war damals ein Tischgebet nicht üblich. Darum nahm ich ihr übel, daß sie ostentativ still betete, wenn sie sich bei uns an den Tisch setzte. – Als ich zu studieren anfing, erkrankte sie an Krebs. Ich besuchte sie ab und zu. Je magerer und schwächer, um so königlicher wurde sie, und ich habe ihr im stillen Abbitte getan. Aus einer abgearbeiteten Frau wurde eine Königin, auf deren Gesicht sich eine Herrschaftlichkeit und eine »Herrlichkeit« spiegelte, die Paulus vom Erhöhten herleitet (2Kor 3,18). Im nachhinein sehe ich ihr Sterben als Lesefrucht, sie starb umgeben von der Bibel. Zu den schönsten Begegnungen meines Lebens zähle ich die mit einfachen Menschen, bei denen ein Glanz von fernher aufschimmerte, eine Majestät in einem einfachen Leben. Sie hatten Stil, der vom Königsgesetz herkam: »Und er soll es bei sich haben und soll darin lesen sein Leben lang.«
Der königliche Akt des Bibellesens ist ein Akt gegen die Vergänglichkeit. So schreibt Luther: »Wer Christi Wort glaubet und hält, dem steht der Himmel offen. Die Hölle ist zugeschlossen, der Teufel gefangen, die Sünde vergeben, und er ist ein Kind des ewigen Lebens. Solches lehrt dich dies Buch, die Heilige Schrift, und sonst kein anderes Buch auf Erden. Wer darum ewig leben will, der studiere hierin fleißig. Wer das nicht tut, noch tun will, der ist und bleibet im ewigen Tode« (WA 48, 155).

Bibliotherapie

Was vom Buch der Bücher gilt, daß seine Lektüre dem Leben Stil gibt, daß es also Leben gestaltet gegen das Nichtige und Vergängliche, das gilt ein wenig für alle guten Bücher, wie denn andererseits schlechte Bücher einer Droge gleichen, die ruinöse Folgen hat. Das Lesen vollzieht sich zwischen den Polen Anstrengung, Anspannung und Erholung, Entspannung.
Anstrengung, Anspannung: Aller Anfang ist schwer. Lesen lernen beinhaltet zuerst eine Anspannung, anschaulich schon am mühsamen Buchstabieren eines Erstkläßlers. In gewisser Weise

muß der Leser immer ABC-Schütze bleiben, denn wer »fließend« liest, überliest nur allzu leicht. Wer die Mühsal des Entzifferns schwieriger Texte scheut, lernt nie lesen. Das Lesen eines Textes in der Ursprache verspricht schon deshalb beispielhaften Genuß, weil der Leser sozusagen gezwungenermaßen genauer liest. Er kann einen Text nicht so schnell »überfliegen«. So erzählte ein Kollege, daß er als Privatdozent seinem Lehrer, einem weltweit berühmten Kenner des sogenannten Spätjudentums, einmal gestanden hatte, er beherrsche das Aramäische – die Volkssprache zur Zeit Jesu – nur schlecht. Worauf ihn sein Lehrer einen Moment lang fixierte: »Ich auch«. – Nach einer Pause: »Ich muß immer wieder das Wörterbuch benutzen; gerade auf diese Weise mache ich Entdeckungen am Text!«
In gewisser Weise ist der Lehrer meines Kollegen immer Erstklässler geblieben, der mühsam die Worte entziffern mußte, und auf diese Weise vermochte er tiefer in die Texte einzudringen. Der Bibel, dem anfänglichen Buch, entspricht ein erstklässlerisches Lesen. Im erstklässlerischen Lesen wird die Schrift hell: »Es gibt nichts Helleres als die Sonne, d.h. die Schrift. Ist aber eine Wolke davorgetreten, ist doch nichts anderes dahinter als dieselbe helle Sonne. Ist also ein dunkler Spruch in der Schrift, so zweifelt nun nicht. Es ist gewiß dieselbe Wahrheit dahinter, die am andern Ort klar ist. Wer das Dunkle nicht verstehen kann der bleibe bei dem Lichten« (Luther, WA 8, 239).
Aber vielleicht kann man die Bibel auch anders lesen – leichterhin, und man liest ins Helle. Damit sind wir beim zweiten Pol, der Lektüre: Erholung und Entspannung. Es gibt Zeiten, da wir in besonderer Weise leichterer Kost bedürfen. Zur Entspannung aber nun braucht man eine Literatur, die von etwas anderem erzählt als das, was einen anspannt. Im Worte »entspannen« zeigt sich ein lösendes Moment. Vielleicht ist gerade eine »fesselnde« Lektüre hierzu nötig. Ich werde entspannt von dem, was mich belastet, dadurch, daß ich mich einer Lektüre hingebe, die mich fesselt und in eine andere Welt versetzt. So wird das Buch zum Therapeutikum. Ich habe es mir zur Regel gemacht, daß ich zum Semesterende einen schönen Roman lese. Das ist ein Stück Seelsorge an der eigenen Seele. Eine Zeit der Ermüdung und Erschöpfung zeigt einem immer neu die eigene Unfähigkeit. Da wäre es töricht, Kants »Kritik der reinen Vernunft« lesen zu wollen. Auch ein schwieriger dichterischer Text würde mich deprimieren, weil er mich als Leser scheitern läßt. Darum

wähle ich eine Lektüre, die zur Lösung der Anspannung hilft, in der ich stehe. Gerade in Streßzeiten hilft solche Entspannung: Was entspannt, muß nicht zerstreuen, wohl aber befreien – zur Heiterkeit beispielsweise. So beschreibt Robert Walser den Leser als einen, der sich zu trösten weiß: »Er versuchte wieder heiter zu werden, und von einem so aufmerksamen Bücherleser, wie er einer war, ist nicht anzunehmen, daß ihm das nicht gelang« (Maskerade. Das Gesamtwerk IX, 443). Wichtig ist, *was* wir lesen, daß wir einen gewissen Geschmack entwickeln, daß wir eine gewisse Auswahl treffen. Was wir nicht lesen, kann ebenso wichtig sein wie das, was wir lesen. Gerade in der Wahl der Lektüre schon zeigt sich die Urteilskraft, die Gabe der Unterscheidung der Geister muß sich hier bewähren. In diesem Zusammenhang sei nochmals an Tobold erinnert, der das Alte liebte – zerrissene Schuhe beispielsweise, »sie hingen voll Erinnerungen, mit ihnen war er schon viele Wege gegangen, und wie hatten die Schuhe bis dahin so treu ausgehalten.« So weiß man bei einem bekannten Text, woran man ist. Ein Wiederlesen ist wie ein Wiedersehen, und die Wiederbegegnung mit einem schon bekannten Text kann das Herz erfreuen; man pflückt Erinnerungen und gewinnt neue Früchte dazu. Auf der anderen Seite kann Neues lösend wirken. Man zieht neue Schuhe an, um noch nie beschrittene Pfade zu gehen. Aber die Schuhe müssen passen; der Pfad soll nicht in die Irre führen: Ich hatte das Glück, in meinem ersten Pfarramt Kurt Marti als Nachbar zu haben. Literarisch lebte ich da sozusagen aus seiner Hand. Er gab mir seine Bücher zu lesen und ich brauchte mich so nicht umzusehen: was soll ich jetzt lesen? Ich nahm das Neue einfach aus der Hand des Freundes.

Man kann leicht zu vieles und zu viele lesen, und dann wird man nur zerstreut, aber nicht entspannt. So ist es gut, sich *einem* Schriftsteller zuzuwenden. Man könnte hier noch einmal das von Canetti Gesagte aufnehmen und variieren, oder auch das Wort von Bonhoeffer im Blick auf die profane Literatur übersetzen: Wenn ich von einem Dichter vielleicht intensiv vier Bücher lese, habe ich schlußendlich mehr, als wenn ich vier Bücher von vier verschiedenen Autoren lese, weil ich dann einen Autor richtig kennenlerne, wie es dem Bibellesen auch förderlich ist, sich in einen Text der Schrift einzulesen: Bei einem Sommeraufenthalt in Grindelwald habe ich das ganze Werk von Bobrowski gelesen, einem ostpreußischen Dichter. Ich las ihn wie einen entfernten Verwandten aus der anderen Ecke des deutschen Sprachraums, und alles, was deutsch sprach, redete zwischen uns. Ich war nie in Ostpreußen, werde wahrscheinlich auch nicht hinkommen. Die Entfernung war nicht zu übersehen, aber Bobrowski brachte seine Landschaft in die Landschaft, die mich prägte. Ich konnte seine Landschaft irgendwie vor mir sehen, oder zumindest erahnen. Das bedeutet wiederum ein Stück Existenzerweiterung, daß man in ein Land kommt, das man gar nicht bereisen muß. So hat ein Immanuel Kant, der nie aus Königsberg wegkam, über London gesprochen, als ob er dortgewesen wäre.

Im Lesen vollzieht sich eine Ortsveränderung. Der Rhythmus von Fasten und Feiern – in mancherlei Hinsicht – bestimmt die Lesekunst und damit das Tempo der Ortsveränderung zwischen langem Marsch und Ekstase. Zum Gesund- und Frohmachenden des Lesens gehört eben dieser Rhythmus.

In der Seelsorge hatte man die heilende Wirkung des Buches lange vor dem Aufkommen der »Bibliotherapie« erkannt: vgl. *Friedhelm Munzel*, Bibliotherapie, eine vergessene Heilmethode, in: Schritte ins Offene 3/84, 10f. – *Udo Kittler / Friedhelm Munzel*, Was lese ich, wenn ich traurig bin, 1984. – Ein Seelsorger wie Eduard Thurneysen wußte genau auch um die heilende Kraft guter Literatur (vgl. mein Buch »Prophetie und Seelsorge«, 211f).

Was von einer Zeit der Erschöpfung gilt, trifft en miniature auf den Abend zu. Da will der Tag gefeiert werden: Zu den schönen Erinnerungen an meine Knabenzeit gehört die Erfahrung der Dämmerung gemeinsam mit dem Vater, im Wohnzimmer sitzend. Vielleicht hatten wir die Zeitung gelesen und legten sie nun weg; beide schwiegen und begrüßten den Abend und waren drei, Vater, Sohn und die Dämmerung. Die Nacht, die zu den Fenstern herein in die Zimmerecken kroch, war ohne Schrekken, denn so viel wußte ich: wenn es erst richtig dunkel war, würde einer von uns aufstehen und das Licht anknipsen; wir konnten weiterlesen. Der Vater las dann in einem seiner Lieblingsbücher, die ich auch kannte.

Ich weiß nicht, woher es kommt, daß das französische Wort crépuscule ([Abend-]Dämmerung) in mir heute noch ein Glücksgefühl auslöst, und warum ich dieses Wort liebe wie kaum ein anderes der französischen Sprache. Ich lasse es von Zeit zu Zeit auf der Zunge zergehen, dann bringt es mich zurück in den Feierabend der Eintracht mit dem Vater.

Wenn aber der Tag kein Glücksgefühl vermittelt und der Sinn schwer wird oder Unruhe einen umtreibt, tut es gut, den Abend mit einem guten Buch zu feiern. Die Anspannung des Tages bedarf abendlicher Entspannung.
Im Ausdruck »Bettlektüre« hat die Sprache uns ein physisches Therapeutikum aufbewahrt. Man liest sich in die Ruhe des Schlafs hinein: Gerade der depressiv Veranlagte sollte nicht das Licht löschen, um sich im Bett zu wälzen, sondern etwas lesen, was Ruhe und Erheiterung bringt. – Die Nacht ist die Zeit des Unsichtbaren und darum nach der Bibel sowohl Offenbarungszeit wie Finsternis im Vollsinn des Wortes. Darum wird es gut sein, aus den »Losungen der Brüdergemeine« ein Schriftwort in die Nacht zu nehmen, das sich beim Aufwachen einstellt als Geleit für den Tag (vgl. oben S. 79).
Wen aber die Nacht ängstet, weil er an Schlaflosigkeit leidet, der sei an die Abendlieder des Gesangbuches erinnert oder an Tersteegens »Andacht bei nächtlichem Wachen«, die wenigstens zur Hälfte hierher gesetzt sei:

> »Nun schläfet man,
> Und wer nicht schlafen kann,
> Der bete mit mir an
> Den großen Namen,
> Dem Tag und Nacht
> Wird von der Himmelswacht
> Preis, Lob und Ehr gebracht.
> O Jesu, Amen.
>
> Weg Phantasie!
> Mein Herr und Gott ist hie.
> Du schläfst, mein Wächter, nie.
> Dir will ich wachen«

(*G. Tersteegen,* Eine Auswahl aus seinen Schriften, hg. von Walter Nigg, 1948, 102).

Fasten und Feiern

Wir pflanzen auf das Chaos Blumen . . .

Johannes Bobrowski

Der Kleiderwechsel als Sinnbild menschlicher Existenz, das Ausziehen und das Anziehen, die beiden Pole der Lektüre: Anstrengung und Erholung, Anspannung und Entspannung setzen sich fort in einer Zweipoligkeit, die das Leben spirituell in Gang hält. Was wäre ein Christenleben ohne die Spannung von Fasten und Feiern? – Ein Einerlei im Rhythmus von Arbeit und Freizeit – ein Brei ohne Salz und Zucker – eine zeitlich gedehnte Stillosigkeit: Langeweile – eine Zeit ohne oder gegen den Christus, den man verdrängt und vergißt.

Die Spannung von Fasten und Feiern muß mehr sein als ein Wechsel von Atemholen und Ausatmen; mehr als eine Mechanik eines menschlichen Tuns, in der zwei Räder ineinander greifen etwa im Sinne von »Trimm dich« und »Mehr erleben« – und beides »christlich«. Wäre diese Spannung nur eine Mechanik zweier entgegengesetzter Haltungen und Tätigkeiten, könnte sie zwar durchaus dem Christenleben Stil geben; aber das wäre kein guter: Beides, das Fasten und das Feiern, wäre dann unter das Gesetz menschlicher Leistung gestellt.

Soll die Spannung von Fasten und Feiern nicht in Leistungsdruck, Zwängerei oder gar Hektik ausarten, ist sie als Teilnahme des Glaubens am Schmerz und an der Freude Gottes zu begreifen.

Vgl. *Kazoh Kitamori*, Theologie des Schmerzes Gottes, 1972. – *Jürgen Moltmann*, Der gekreuzigte Gott, 1972. – *Julius Schniewind*, Die Freude im Neuen Testament, in: Nachgelassene Reden und Aufsätze, 1952, 72ff.

In ihr darf der Mensch bei Gott sein, weil Gott beim Menschen sein will. Blieben der Schmerz und die Freude Gottes ohne den Menschen, bliebe Gott ohne den Menschen, bliebe der Mensch in seiner Qual und Lust ohne Gott. Indes die Lust verginge, dauerte die Qual endlos. In der Geistesgegenwart aber nimmt Gottes Schmerz menschliche Qual auf und Gottes Freude umschließt die menschliche Lust. Andererseits nimmt das menschliche Leid den Schmerz Gottes auf, und des Menschen Freude reflektiert die Freude Gottes. So werden Fasten und Feiern geprägt vom Schmerz und von der Freude Gottes. Die Spannung von Fasten und Feiern entspricht der Spannung zwischen dem Schmerz und der Freude: Der Mensch wird hineingezogen in den Schmerz Gottes, damit er in dessen Freude wohne. Nach Jesu Wort soll das Fasten schon vorspringen in die Freude. Ja, es ist selbst schon ein Vor-Sprung hinein in die Freude: »Du aber

salbe, wenn du fastest, dein Haupt und wasche dein Angesicht« (Mt 6,17). Das Fasten wird schon Feiern.
Spreche ich von Gott, seinem Schmerz und seiner Freude, meine ich nicht ein statisches Nebeneinander von Freude und Schmerz in Gott. Freude und Schmerz wären dann sozusagen die Kehrseite einer Medaille und Gott ein Götze. Ich spreche von dem, dessen Sein Leiden und Seligkeit umgreift, im Werk der sehr guten Schöpfung, im Menschwerden und im Ausgießen seines Geistes über das stöhnende und jubelnde Fleisch der Menschen und der damit anfängt, alles in allem zu sein. »Gottes Sein ist im Werden« – in der Spannung zwischen dem Schmerz und der Freude. Ich spreche von dem für uns dreipersonalen, von dem im Geist ausgegossenen, in alles eindringenden, alles erfüllenden, von dem kommenden Gott. Fasten und Feiern in dieser Perspektive sehen aber heißt nicht nur, im Fasten schon das Feiern begrüßen, es heißt auch: beide Reihenfolgen umdrehen. Feiern und Fasten gehen aus von seinem Dasein und von seiner Absenz, sie sind auf sein Kommen aus und bilden in diesem Aus-Sein Zeichen seines Kommens. Ja, sie gehören zu seinem Kommen.
Das Fasten wird so zur Festvorbereitung: »Wie zu einem Fest geschmückt soll Der sein, der besonderen Anlaß zu Trauer und Buße hat« (Julius Schniewind, NTD zu Mt 6,16-18). So wird die Existenz der Christen eingespannt in das, was Gott vorhat: Feiern und Fasten legt die Existenz der Christen auf einen Bogen. Sie werden zu Pfeilen. Sendung bereitet sich vor, Sendung findet statt, Sendung kommt zum Ziel; das Dasein schießt über sich hinaus in künftige Herrlichkeit; christliche Existenz wird zum Pfeilstoß in Gottes Zukunft hinein. So vermag die Spannung von Feiern und Fasten ein Christenleben in Atem zu halten, in ihr bleibt Gottes Volk unterwegs; sie umschließt, was wir Sendung nennen oder Mission. Etwas von Gott her wird verfaßt in menschliches Tun. Erschlafft diese Spannung, kommt es zu keinem Höhenflug, das *sursum corda,* »erhebet eure Herzen« und »gehet hin zu allen Völkern«, bleibt Deklamation, unverbindlich, der Glaube der Christen trifft nicht mehr zu, ihre Existenz hat nichts mehr vom Pfeil, aber alles vom Holz, ist hölzern geworden, verholzt und krumm, »krummes Holz«.

Biographische Notiz

Am Detail, am Beispiel meiner selbst, versuche ich darzustellen, was meines Erachtens übertragbar, übersetzbar ist auf andere geographische Breiten und auf andere Verhältnisse: Bedeutung oder Belanglosigkeit von Fasten und Feiern für unsere Existenz. Natürlich wäre es eindrucksvoller, das Thema an großen Heiligen abzuhandeln, an Existenzen, deren Pfeilflug Staunen und Bewunderung erregt. Indem ich das Thema von einer ersten theologischen Reflexion zurücknehme ins Familiäre und Gewöhnliche, möchte ich keineswegs in ein protestantisches Hüsteln gegen die großen Heiligen ausbrechen, möchte vielmehr andeuten, daß Feiern und Fasten auf der Ebene unserer Lebenswirklichkeit zu feiern und zu fasten sind. Auch mag an diesem Rückbezug des Problems ins Familiäre hinein deutlich werden, wie gerade in der heutigen Weltwirklichkeit das Herkömmliche nicht mehr genügt.

Meine Eltern, bergbäuerlich aufgewachsen und in einem Kurort lebend, kannten eine Sparsamkeit, die noch um den Hunger wußte, Hunger nicht als Kriegsfolge, sondern als Folge von Mißernten, Hunger nicht als geschichtliches Ereignis, sondern als Naturprodukt sozusagen, wetterabhängig, eine immer neue Möglichkeit von Jahr zu Jahr. Man kannte ihn freilich nicht aus eigener Erfahrung; man erinnerte sich seiner von den Vätern her. Die Erinnerung war aber so stark, daß in ihr die Erfahrung des Hungers in Fleisch und Blut übergegangen war. Sie wurde wachgehalten durch die Leute, die im Winter mit ihren Schlitten aus Talenge und monatelangem Schatten ins Dorf kamen und vor den Türen der Wohlhabenderen um Nahrungsmittel anstanden.

Für Bergbauern mit dem Horizont des Hungers bildete Sparsamkeit eine Vorsichtsmaßnahme, geboten vom Willen zum Überleben; durchaus religiös gefärbt, wurde sie gelebt als Verantwortlichkeit dem Schöpfer gegenüber – ich möchte sagen – in Gottesfurcht. Der christliche Glaube hatte mit der Abwehr des Hungers in der Sparsamkeit eine Askese geübt, eine Art des Fastens, die ich nie als Geiz empfand. Man sparte nicht so sehr unter dem Motto »Spare in der Zeit, so hast du in der Not«, sondern eher unter dem Motto: »Laß nichts umkommen«. So sollte das Sparen auch anderen zugute kommen.

Das Gebot des Aristokraten aus Albert Schädelins Bibelstunde macht den Bürger geizig. Während eine Sparsamkeit, die nichts umkommen lassen wollte – »man muß alles zu Ehren ziehen«, war eine gängige Redensart der Eltern und keine Schlechte! –, in der Dimension des Schöpfers und der Gemeinschaft dachte und im Säkularen etwas vom Katechismuswissen des »Heidelberger Katechismus« spiegeln mochte: »Von der Dankbarkeit«.

Als Student hatte ich diesem elterlichen Lebensstil aus lauter Unverstand widersprochen, sah ich doch den Widerspruch zu dem, was uns umgab: Die Kargheit bergbäuerlicher Existenz wurde überlagert und abgelöst durch die Fremdenindustrie, in der beide Eltern nicht schlecht verdienten. Mir schien, sie hätten die Sparsamkeit gar nicht nötig gehabt. Trotzdem behielt die Möglichkeit des Hungers entscheidenden Einfluß auf ihre Lebensgestaltung, vielleicht auch auf meine, obwohl ich heute unter ganz anderen Bedingungen lebe, privilegiert, in der Stellung eines Beamten, Teilhaber einer Wegwerf- und Überflußgesellschaft und ganz anders umgeben von einer Welt des Hungers, beladen mit der Lebensschuld einer Generation, die den Verhältnissen, in denen ich lebe, mehr Macht über sich selbst einräumt als dem Dreifaltigen.

War die Sparsamkeit meiner Eltern ohne Geiz, fehlte auch das Feiern nicht: ich vergesse nicht, mit welchem Umstand, um nicht zu sagen Feierlichkeit, mein Vater einem baltischen Baron, der in unserem Dorf als Maler lebte, ein Bild abkaufte. Daß sich mir der Kauf dieses Bildes tief eingeprägt hatte, mag damit zusammenhängen, daß dieser Bilderkauf unbewußt einen Klassenwechsel feierte: die Fremdenindustrie hatte aus Bergbauern Bürger gemacht. Das Bild hing dann in der guten Stube und gab ihr etwas von Festlichkeit, einer leicht verlegenen: so ganz paßte es vielleicht doch nie zu uns und wir nicht zu ihm.

Ungleich tiefer waren zwei andere Eindrücke, die ich hier notiere, um anzudeuten, daß das Bäuerliche stärker blieb als das Bourgoise: ein Speiseschränklein in der Weidhütte des Nachbarn, braun bemalt mit einem Baum in schwarzer Farbe, von einem längst verstorbenen Onkel meiner Mutter hingepinselt, von dem die Sage ging, daß er Gockelhähne und Blumen bunt auf Teller malte; dann das Lied, dessen letzte Strophe mein Vater oft zitierte, das Lied eines Sägers, das er sich einsam »ännet« Scheidegg »zur Churwyl« geschrieben und das mit der Mitteilung schloß, daß er sich Bretter für sein Begräbnis zurechtgesägt habe. Der Baum, gemalt auf dem Speiseschränklein und das

Lied von Kurzweil und Brettern deuteten an, daß Kunst mehr sein konnte als ein Ausdruck neuen Wohlstandes: eine Feier des Daseins, die vom Tode weiß.

Versuche ich den Lebensstil zu reflektieren, der mich prägte, so sind meine Elemente wohl stärker durch die soziale Schicht bestimmt als durch die Botschaft des Evangeliums. Die Bindung an das bäuerliche Erbe einerseits, ans Bürgertum andererseits ist offenkundig; die Teilhabe an der Sendung bleibt verdeckt. Die Klassenbindung scheint stärker zu sein als die Nachfolge Christi. Der Lebensstil ist auf Seßhaftigkeit angelegt, nicht auf Exodus. Wer auszieht, blickt nach vorn, schaut in die Zukunft. Wer seßhaft geworden ist, blickt zurück; Seßhaftigkeit lädt zur Rückschau ein, der Lebensstil wird vornehmlich durch die Tradition geprägt. Wie die Sparsamkeit von der Vergangenheit lebte, so lebte auch die Kunst, insofern sie für unsere Existenz relevant war – wie die beiden letzten Beispiele zeigen – von der Vergangenheit her, und gerade dieser Umstand, meine ich, sei möglicherweise ein Signal für die Erschlaffung der Spannung, von der vorher die Rede war. Beispielhaft an dem hier Skizzierten ist vor allem der Stilbruch zwischen Klasse und Generation, der für die Generation meiner Kinder noch deutlicher wird: zwischen unserem Herkommen und den Verhältnissen, die uns umgeben, liegen Welten.

Noch ein Aspekt scheint typisch zu sein: Wenn ich im Blick auf meine Eltern vom Fasten spreche, fehlt das Fasten als bewußte geistliche Übung. Gäbe es eine nichtreligiöse Interpretation biblischer Texte, hätten meine Eltern Jesu Wort über das Fasten in nichtreligiöser Interpretation gelebt, nur daß ihre Interpretation auch wieder religiös war! »Man muß alles zu Ehren ziehen!« Bezeichnend erscheint mir die Haltung meiner Eltern auch darin, daß das Fasten als gutes Werk – im Sinne der Bergpredigt – überhaupt nicht zur Diskussion stand. Ich erinnere mich noch, wie in der Schule Zwinglis Wurstmahl in Zürich als reformatorische Heldentat gefeiert wurde. Fasten als eine religiöse Übung wäre eine Sünde wider den Geist der Reformation gewesen.

Verräterisch auch dies: Das Fasten bestimmt als Sparsamkeit die Existenz viel stärker als das Feiern. Wo das Fasten als eine besondere Möglichkeit des Christen nicht mehr gesehen und geübt wird, bekommt es dem Feiern gegenüber ein Schwergewicht. Man könnte hier von der »Wiederkehr des Verdrängten« sprechen, die den dankbaren Genuß des Daseins stört. So wird aus dem Werk bald einmal eine Haltung zuungunsten des Lebens selbst.

Beim »Feiern« kam ich auf die Kunst zu sprechen, nicht auf das Fest. Das hat seinen Grund. Wir vermögen als Christen nur noch Festchen, aber kein Fest mehr zu feiern, weil unser Lebensstil mehr vom Herkommen statt von der Hoffnung geprägt wird. Darum mußte die Spannung zwischen Fasten und Feiern erschlaffen. Mit dem Fasten konnte das Feiern nur noch in Restbeständen den Lebensstil prägen, und die theologische Vorordnung des Feierns vor dem Fasten blieb für die Existenz bedeutungslos, sehr zum Schaden der Christen. Von »Fasten und Feiern« reden heißt also: über gute Werke nachdenken, die zu tun wir verlernt haben, die aber lebenswichtig sind.

Das Essen als Fest im Alltag

Sparsamkeit ohne Geiz, das drückte sich auch in den Eßgewohnheiten meiner Eltern aus: Fuhr man zu einer Besorgung die zwanzig Kilometer nach Interlaken, ging man mittags in die Kaffeestube der Bäckerei Ritschard zu einer Tasse Milchkaffee und einem Stück Zwetschgen- oder gar Aprikosenkuchen. Das war billig, einfach und festlich zugleich, denn diese Früchte waren etwas Besonderes; den Apfel- und Käsekuchen gab es auch zu Hause. – Fuhr man aber seltenerweise nach Bern, dann setzte man sich ohne Umstände in das Hotel Schweizerhof, eine Nobelherberge möglicherweise.

Als meine Mutter nach dem Tode des Vaters zu uns zog, verordnete sie sich zunächst jahrelang eine strenge Diät aus Kartoffeln und Salat, die nur durch Fisch und Geflügel aufzulockern war. Ging sie aber im hohen Alter auf Reisen, mußte ein Kalbsfilet gebraten werden, das sie neben einem Schnittchen Brot sorgfältig in ihrem Reisegepäck – neben dem Neuen Testament und dem Fläschchen Cognac – verstaute.

Ging Mutter sonntags zur Kirche, gab es am Mittag eine Rösti, Spiegeleier und Apfelkompott. Wer weiß schon außerhalb des Kantons Bern, was Rösti ist? Wenn der Große Duden erklärt: »aus besonders dünn geschnittenen oder geraspelten Pellkartoffeln zubereitete Bratkartoffeln«, bildet der Ausdruck »Bratkartoffeln« eine Beleidigung für das vielseitige Kunstwerk einer Rösti. Mir läuft heute noch das Wasser im Munde zusammen, wenn ich an die Symphonie von Gold und Gelb in meinem Tel-

ler denke. An seltenen Sonntagen war dies das Menü zum Frühstück, das mein Vater zubereitete. Er schnitt die Kartoffeln von Hand, schüttete sie in das bruzzelnde Fett und schnitt noch Käse hinzu. Auch pflegte er bei diesem Kunstwerk meine Kusine zu zitieren, die meinte, die Rösti des Patenonkels würde mehr glänzen als die der Tante. – Glückliche Zeiten, da man sich noch an Fettem freuen durfte!
Wir lebten nicht schlecht; neben den zwei Schweinen wurde ab und zu noch ein Schaf, eine Ziege oder ein Zicklein geschlachtet, und einmal kaufte der Vater gar fünfzig lebende Suppenhühner. Da wurde der Hühnerhof zur Festwiese, und man sah durch den Hühnerhof hindurch schon die fröhlichen Fettaugen der Suppe!
Im Herbst wurde jeweils der Milchmann mit seinem Rößlein bestellt, um ein oder zwei Fuhren Gemüse vom »Pflanzplätz« an der »Stotzhalten« einzufahren, wo selbst die Erde fein wie Kaffeepulver einem durch die Finger rann. Schlachttage, Erntetage waren Festzeiten, weil sie allemal die Verheißung auf Kommendes in sich trugen. Da wäre noch viel zu erzählen.
Ich meine, die Kunst sei am Kochherd entstanden, und mir tun die alten Griechen beinahe leid, daß sie neben den neun Musen nicht noch eine rotwangige zehnte mit prallen Waden tanzen ließen, die stämmige Muse der Kochkunst. Warum sollte man einen Koch nicht einen Musensohn nennen? Man kommt in der Ästhetik um das Kulinarische nicht herum. Da gibt es den »Ohrenschmaus« und die »Augenweide«, an der man sich nicht sattsehen kann; da werden Romane »verschlungen«, und Verszeilen läßt man »auf der Zunge zergehen«, Gottfried Keller reimt »Trinkt o Augen, was die Wimper hält, / Von dem goldnen Überfluß der Welt«. Und Kurt Marti betet: »Hilf, daß ich besser als bisher genießen kann und / dadurch selber genießbarer werde. / Für meine Mitmenschen, / Auch für dich« (Lachen, Weinen, Lieben, 1985, 36f).

Daniel Spoerri ging den Weg zurück von der Kunst in die Küche, um aus der Küche heraus Kunst zu machen. Er verwandelte 1963 die Pariser Galerie J in ein Restaurant. Zurückgelassene Speisereste lieferten Stoff für Readymade-Fallenbilder; später eröffnete er in Düsseldorf ein Restaurant (Seit 45, Die Kunst unserer Zeit II, 1970, 267). »Ich mußte in die Küche zurück, ich wollte wissen, wie man kocht, was es dazu braucht.« Und wenn er eingekaufte Eßwaren zum Kunstwerk erklärte, nannte er dies »nur eine Blitzsekunde ... im Ablauf eines ganzen Zyklus, der Leben und Tod, Verwesung und Wiedergeburt heißt« (*Karin Thomas*, Kunst Praxis heute, 1972, 156, A

5, 970). Der »Eat Art« wurde damit eschatologische Dignität zugeschrieben.

Wenn Tilmann Moser in seiner »Gottesvergiftung« (1976) es nun als Verdienst seiner neuerworbenen Gottlosigkeit rühmt, daß er mit Genuß statt Erbsensuppe ein Hirschkalbssteak verzehrt (57f), zeigt er damit nur, daß er zwar das Hemd gewechselt hat, aber der gleiche geblieben ist. – Es gibt eine christlich gefärbte Gottlosigkeit, die für die guten Gaben des Schöpfers nicht zu danken weiß, und die ist nicht besser als der freche Undank des Lästerers.

Wie sollten auf Erden nicht die Freuden der Tafel heilig sein, wenn allen Völkern ein Mahl von fetten Speisen verheißen ist und wenn die Seligen zum Hochzeitsmahl des Lammes geladen werden? »Und rüsten wird auf diesem Berge der Herr der Herrschenden allen Völkern ein Mahl von fetten Speisen, ein Mahl von alten Weinen, von fetten, markigen Speisen, von alten geläuterten Weinen« (Jes 25,6). »Selig sind die, die zum Hochzeitsmahl des Lammes geladen sind« (Offb 19,9). Da glänzt die Rösti meines Vaters von lauter Zukunft, und in der Kaffeestube Ritschard so gut wie im »Schweizerhof« kommt Gottes endzeitliche Güte zum Vorschein.

Ich unterbreche den Duktus des Autobiographischen, um auf die *Geschichte des Mönchtums* zurückzublenden, die sich als bunter Reigen von Asketen und Fastern, von Fressern und Weinsäufern darstellt: Der menschenfreundliche *Benedikt von Nursia* hatte in seiner Mönchsregel seinen Brüdern täglich eine »Hemina« Wein zugestanden, ein sehr gut bemessenes »Viertele« (Cap. XL). Allein, der Erzvater des westlichen Mönchtums war kein Prinzipienreiter: »Sollten Ortsverhältnisse, Arbeit oder Sommerhitze mehr erheischen, so sei es dem freien Ermessen des Oberen überlassen«. Eine Einschränkung freilich wird gemacht: ». . . doch muß er immer darauf achten, daß sich nie volle Sättigung oder gar Trunkenheit einstellt«.
In einem Buch, das der Verherrlichung des mittelalterlichen Mönchtums gewidmet ist, bemerkt *Léo Moulin:* »Im 15. Jahrhundert gab es österreichische Mönche, die ohne Gewissensbisse zwei bis vier Liter Wein am Tag tranken«. »Um ein wenig über die Mönche zu lästern«, erinnert er listig daran, »daß sich in Vichy, dem bereits berühmten Badeort, die Zölestinerpatres, die ernsten und strengen Benediktiner, der Quelle bedienten, die noch heute ihren Namen führt. Bei soviel Wein muß man manchmal auch an die Leber denken« (Der Einfluß der Klosterkultur auf das tägliche Leben während der vergangenen Jahrhunderte, in: Réginald Grégoire, Léo Moulin, Raymond Oursel, Die Kultur der Klöster, 1985, 278). Daß die Zölestiner ihren Wein nicht auf nüchternen Magen tranken, darf man wohl annehmen.
Léo Moulin stellt in seinem Essay die Frage, warum es ungehörig sei, »mit vollem Munde zu trinken und warum wischen wir uns den Mund, bevor wir

trinken? Die Antwort überrascht: »Weil während der Anfänge des Mönchtums die Mahlzeit . . . für je zwei Personen auf *einem* Teller und das Getränk in *einem* Becher aufgetragen wurde . . . Unter diesen Umständen war es nur natürlich zu vermeiden, Essensreste am gemeinsamen Becher zu hinterlassen: die Mönche wischten sich also mit einer Tischserviette den Mund ab, eine Seltenheit für eine Zeit, als der Ärmel des Gewandes meist dafür dienen mußte« (273f).
Benedikt von Nursia hatte in seiner Regel nicht nur das Weintrinken, sondern auch den Küchendienst und das Maß der Speisen wie die Essenszeiten festgelegt (Cap. XXXV, XXXIX und XLI), wobei Essen und Lesen zusammengehören: »Bei den Mahlzeiten der Brüder darf nie die Lesung fehlen« (Cap. XXXVIII). Die Mahlzeiten und der Gottesdienst werden auch in der Weise parallelisiert, daß das XLIII. Kapitel nacheinander das Zuspätkommen zum Gotteslob und zum Tisch behandelt.
Eine »Schule für den Dienst des Herrn« (Dominici schola servitii) wollte Benedikt einrichten (Prolog, BKV 20,16), und dazu gehört u.a. nicht nur das Chorgebet, sondern betontermaßen die gemeinsame Mahlzeit.
Zahlreich sind die minutiösen Vorschriften »in den Codici Consuetudinari der Klöster seit Jahrhunderten«. Léo Moulin meint: »Die bürgerliche Gesellschaft hat sich schlecht und recht an ihnen orientiert und tut es noch immer nach so langer Zeit«, und er zeigt, daß die Namen der Mahlzeiten: colazione im Italienischen, breakfast im Englischen und diner im Französischen aus dem Klosterleben stammen. Auch meint er, daß z.B. »Tischtuch, Servietten, Schweigen, Blumen, Sauberkeit, Aufeinanderfolge der Speisen, gegenseitige Höflichkeit, die Art des Benehmens . . .« ein Erbe klösterlicher Kultur darstellen. Kann man dem genannten Band »Die Kultur der Klöster« Glauben schenken, so wäre die europäische Kultur weithin ein Abfallprodukt der mittelalterlichen Klöster.

Abschied von der Nostalgie

Der von meinen Vätern übernommene Lebensstil vermag auch der Zeit längst nicht mehr gerecht zu werden. Wollte ich an ihm festhalten, würde ich mit der Zeit auch die Teilnahme an Gottes Schmerz und Freude verfehlen. Andererseits werde ich voraussichtlich mein Leben lang – für die Nachfolge hinderlich genug – ein Bauer und Bürger bleiben. Die Art und Weise, wie ich mein Leben gestalte, weist im Gegenüber der Welt – und damit erst recht Gott gegenüber – kaum mehr auf als Schuld. Beinhaltet »Schuld« hier mehr als nur private Verfehlung, wird die Frage nach dem Lebensstil zur Frage nach der Konsequenz der Vergebung im Christenleben – nicht zuletzt zur Frage nach der Konsequenz der Vergebung im Blick auch auf die Sünde der Väter.
Aber von den Vätern habe ich nicht nur Sünde, sondern auch den Glauben. Ich würde den von ihnen überlieferten Glau-

ben verleugnen, wollte ich am überlieferten Lebensstil festhalten. Ich würde aber auch den Glauben meiner Väter verleugnen, wenn ich nicht selber glaubte, wenn der Glaube der Väter nicht auch mein Glaube wäre. Mein Glaube: Ich kann ihn nicht mehr so leben und artikulieren, wie dies meine Eltern taten. Auch wenn ich meine, ich hätte den gleichen Glauben wie meine Eltern, muß ich diesen gleichen Glauben heute anders glauben – einfach darum, weil ich ein anderer bin. Ich bin nicht mein Vater. Allerdings möchte ich mir auf dieses »ein anderer sein« und »anders glauben« gar nichts einbilden; es ist wiederum stark durch die Verhältnisse bestimmt, in denen ich lebe. So glaubt jede Generation ihren Glauben neu, lebt ihn neu. Dieser neue Glaube wird stets ein alter Glaube bleiben, insofern er ein Herkommen hat – von den Vätern her und letztlich von der Schrift her. Wird Glaube geglaubt, ist er immer schon ein neuer Glaube. Dem »All Morgen ist ganz frisch und neu des Herren Gnad und große Treu« antwortet ein Glaube, der »all Morgen ganz frisch und neu« wird, der als alter Glaube gar nicht antworten könnte, der als Glaube immer nur »ganz frisch und neu« glauben und antworten kann, und der als Glaube auch nicht von den Verhältnissen und von der Umwelt abstrahiert, viel mehr die Verhältnisse und die Umwelt in Beziehung setzt zu dem, der kommt zu Gericht und Gnade. Glaube ist unterwegs zu dem, der kommt zur Verwandlung der Welt, und der Weg geht durch diese Welt und diese Zeit. Der Lebensstil der Christen kann kein Stil sein ein für allemal. Er nimmt die Welt und die Zeit, in der die Christen leben, auf, nicht um sich der Welt und der Zeit anzupassen – sondern um sie zu überholen. So ist der Stilbruch, den wir heute erleben, ein Verweis auf das Neue, das Gott unter uns schafft und schaffen wird. Er ist für den Glauben mehr als ein Generationenproblem; er bildet vielmehr die Frage, wie denn das Ende aller Dinge bei uns anfange, wie denn die Gnade ankomme. Im Durchdenken dieser Frage wird ein altes Stichwort neu aufzunehmen sein: »Wiedergeburt«.

Das Stichwort wurde von Anfang an vorbereitet: »Ankommen in der neuen Welt Gottes«, »Kleiderwechsel«, der Hinweis auf die Taufe – all das zu Beginn Gesagte tendierte schon auf dieses Stichwort, und ich frage mich, ob ich dem Leser des Guten nicht zuviel zumute, wenn ich im folgenden Kapitel die schon bekannte Thematik nochmals aufnehme. Allein die Gleichzeitigkeit von Schon-jetzt und Noch-nicht, in der wir Christen leben, läßt es geraten erscheinen, nochmals gleichsam von vorn anzufangen. Unser Denkweg gleicht darin dem Leben, daß es ein Fortschreiten ist allein in dem

Sinne, daß man unverdrossen von vorn anfängt, wo ein Problem noch ungelöst erscheint. Schon das anfängliche Buch fordert zum Neuanfang auf und »des Herren Gnad und große Treu« erst recht.

Lebensstil und Wiedergeburt

Der Versuch, einen fast vergessenen Begriff aus der Geschichte von Theologie und Frömmigkeit neu zu Ehren zu bringen und in seiner Bedeutung für den Lebensstil nutzbar zu machen, nötigt vorerst, nach der Stunde zu fragen, in der die Theologie steht; andernfalls hängt man den Begriff zum Trocknen in die Luft.
Waren nach dem Zweiten Weltkrieg Theologie und Kirche in Deutschland bewegt von der Frage nach der Übersetzung des Evangeliums in die Gegenwart, ist in den sechziger Jahren die Frage dringlich geworden, was denn das Evangelium wirke, welche Resonanz es finde. Das Evangelium will ja nicht nur übersetzt, bezeugt und mit Worten verkündigt, es will gehört, beherzigt und gelebt werden. Die Diskrepanz zwischen theologischer Theorie und der Praxis des Christenlebens in Kirche und Alltag wurde in zunehmender Schärfe empfunden. Gegenüber einer Tradition des Neuprotestantismus, die das Glaubensleben zur Herzenssache des frommen Individuums einengte, wurde erkannt, daß man seinen Glauben nicht allein leben könne. Man fand sich je länger je deutlicher in einer Welt vor, in der ein isoliertes Dasein kaum oder gar nicht mehr möglich war. Der Hunger in der Welt wurde zur Anfrage an die reichen Christen. Die Bedrohung des Friedens durch das Wettrüsten trieb viele Christen auf die Straße. Das Evangelium kam in seiner revolutionären gesellschaftlichen Relevanz zu Wort und zeigte hie und da auch entsprechende Taten. Bezeichnenderweise kamen gerade Theologen, die die politische Dimension des Evangeliums betonten, auf die Bedeutung von Phantasie, Spiel und Fest. Sie entdeckten neu die Mystik. Auf einmal war auch wieder und neu da, was im akademischen Bereich lange eine Art Katakombendasein gefristet hatte: die Frömmigkeit. Die Faszination, die Taizé auf viele Jugendliche ausübt, die Jesus People, das Aufkommen der charismatischen Bewegung, das neue Selbstbewußtsein evangelikaler Gruppen mögen außerdem auf ein gewandeltes Bewußtsein hindeuten, das sich stark vom Gefühl bestimmen läßt, dem entsprechend in der Theologie Schlei-

ermacher mehr und mehr zu Ehren kam – vielleicht ohne daß man es wahrnahm. Das fromme Individuum, durch weitgehende Mauserungen hindurchgegangen, trat erneut auf den Plan. Parallel zu dem hier nur Angedeuteten meldeten sich zwei Geister neu zu Worte, die für Theologie und Kirche nicht länger überhörbar bleiben konnten: Karl Marx und Sigmund Freud. Diese Namen haben in der Kirche die Polarisierung verschärft, gerade dadurch, daß sie für viele Christen zu Reizworten wurden, an denen sich Widerspruch entzündete. Sie werden hier nicht im Sinne einer Partei, einer Schule oder Weltanschauung aufgenommen, sondern als Signale dafür, daß ein Lebensstil der Christen nicht von den Wirkungen abstrahieren kann, die von diesen Namen ausgingen und ausgehen. Sie mögen als Merkworte und Kennmarken für die Welt gelten, in der wir leben: Möglicherweise verfehlen die Christen ihre Sendung, wenn sie diese Namen verdrängen, weil sie dann die durch diese Namen angedeutete Welt und Zeit verfehlen. Möglicherweise verkennen sie auch die Bedeutung der Wiedergeburt, wenn sie diese nicht in Beziehung zu dem setzen, was die beiden hier genannten Namen signalisieren: Horizonte, vor denen und auf die hin Wiedergeburt geschieht, die Gesellschaft und das Unbewußte des Menschen. Zwar geschieht Wiedergeburt nicht in diesen zwei, sondern in einem andern Namen, in drei heiligen Namen sogar; aber Wiedergeburt geschieht in doppelter Richtung: auf das gesellschaftlich Allgemeine wie auf das unwiederholbar Einzelne und Innere. Wiedergeburt tendiert in dieser doppelten Richtung, insofern sie auf das Neuwerden der ganzen Welt zielt.

Die Wuppertaler Kirchengeschichtlerin *Susi Hausamann* hat gezeigt, wie der Pietismus versucht hat, die reformatorische Rechtfertigungslehre als Lehre von der Wiedergeburt neu zu fassen (Leben aus Glauben in Reformation, Reformorthodoxie und Pietismus, ThZ 27, 1971, 263ff). Vgl. *Adam Weyer* (Hg.), Subjektivität und Gesellschaft, 1980, 31ff). Sie hat die Systematiker aufgefordert, diesen vernachlässigten und vergessenen Aspekt im Blick auf die Gegenwart neu zu entfalten. Hoffentlich leidet die Sache nicht allzusehr Schaden, wenn sie ein Praktiker aufnimmt in der Meinung, für die Zeit nach Marx und Freud gewinne diese Lehre neue Bedeutung. Sie kann hier für die Gegenwart nicht entfaltet, wohl aber in den Blick genommen werden, zuerst im Horizont der Schwierigkeiten, die wir mit unserem Lebensstil haben:

Die Einsicht, daß ich anders leben muß als meine Vorfahren, die Erkenntnis, daß die Umweltprobleme eine Umwandlung meiner Art zu leben erfordern, vermag mir noch lange nicht zu ei-

nem Lebensstil zu helfen, der dem Evangelium angemessen und den Erfordernissen der Zeit gewachsen ist. Solche Einsicht und Erkenntnis läßt höchstens die eigene Stillosigkeit und die der Christen von heute zum Problem und zum Leiden werden. »Nicht, was ich will, das führe ich aus, sondern was ich hasse, das tue ich« (Röm 7,15).
Auf der andern Seite wissen wir, daß die Privatisierung, die Gemeinschaftslosigkeit der Christen, kein Zeichen eines guten Stiles ist. Fasten kann einer zur Not allein; aber zum Feiern braucht es mehrere! Ein Lebensstil, der »all Morgen« die Gnade reflektiert und das Evangelium »ganz frisch und neu« in die Finsternisse dieser Zeit durchscheinen läßt, wird nicht die Züge des Einzelkindes tragen, sondern die familiären Züge einer Bruder- und Schwesternschaft.
Diesen beiden Schwierigkeiten gegenüber deckt die Lehre von der Wiedergeburt auf, nicht, was sein soll, sondern was ist und wird: der neue Mensch, das neue Leben in seiner ganzen Tiefe und Breite, die neue Familie, das neue Volk des neuen Bundes. Wiedergeburt, ein Wurf nach vorn, der Wurf »zu einer lebendigen Hoffnung« (1Petr 1,3), bezeichnet »die neue Lebensgestalt der neuen Menschen . . ., die an Gottes Herrschaft teilhaben. Der Gedanke der Wiedergeburt hat überall diese Ausrichtung auf Gottes zukünftige Herrschaft, d.h. auf seine zukünftige neue Welt.« (*Julius Schniewind*, NTD zu Mt 19,28).
Bin ich von meiner ersten Geburt her gebunden an Herkommen und Umwelt, bringt mich die Wiedergeburt zur neuen Welt Gottes. Diese neue Welt ist schon da, insofern der Geist des Kommenden schon da und schöpferisch ist. Diese neue Welt ist noch nicht da, noch nicht sichtbar, insofern der Kommende noch nicht sichtbar wird.
In Fasten und Feiern erfolgt ein Tanz zwischen zwei Geburten, kommt die neue Welt der alten gegenüber ins Spiel. Die neue soll gewinnen zugunsten der alten. Im Blick auf die neue Welt eröffnet Wiedergeburt die Möglichkeit für neuen Lebensstil. Sie wirkt stilbildend. Fasten und Feiern werden zu Elementen, die im Christen die Treue zur Erde und die Hoffnung auf die zukünftige festigen. In diesen Elementen kommt Neuheit zum Vorschein: Inneres und Gesellschaftliches werden in einen Prozeß der Veränderung hineingezogen.
»Was droben ist«, soll zur Welt kommen. Christus soll nicht bleiben, wo er ist, »sitzend zur Rechten Gottes«. Darum gilt:

»Richtet euren Sinn auf das, was droben ist, nicht auf das, was auf Erden ist!«, damit »was droben ist«, hier unten stilbildend werde.

Das Mehrdeutige des Begriffs ›Lebensstil‹ wird dann erst eindeutig, »wenn Christus, unser Leben, offenbar werden wird...« (Kol 3,1-4). Bis dahin soll im Tanz zwischen zwei Geburten die Zukunft der Schönsten unter den Menschenkindern zum Vorschein kommen. So bekommt das Leben Stil; nackte Existenz hat keinen Stil. Im Kleid wird das Ureigene, Individuelle seinen Ausdruck finden, indem seine Defekte eben »überkleidet« werden. Wird das Leben stilvoll, gewinnt es neue Wertigkeiten. Ein Leben, das Stil hat, hat dem nur biologischen Dasein gegenüber eine neue Qualität. Der Ausdruck »Lebensstil« besagt dann, daß die menschliche Natur Kultur hervorbringt: Der Mensch macht Geschichte, und die Geschichte macht etwas aus ihm. Wäre er ohne Geschichte, hätte er keinen Stil und auch keine Zeit. Lebensstil meint die Art und Weise, Zeit zu haben. In diesem Betracht bleibt die neue Qualität eine vergängliche. So erfährt die Natur des Menschen eine »Wiedergeburt«, auch durch die Kultur, der »Stil« regiert das »Leben«, möglicherweise nicht ohne Konflikte, möglicherweise revoltiert das »Leben«.

Ein Stil vergeht und versinkt, wo das Leben sich wandelt. Das »Leben« bringt einen Stil ins Gericht und einen andern zur Regentschaft. Das Leben selbst führt in diesem Falle einen Stilbruch herbei. Die Wortverbindung »Lebensstil« kennzeichnet eine Partnerschaft mit wechselnden Prioritäten.

Wenn Lebensstil von der Wiedergeburt her gedacht und gestaltet wird, sind die Gesichtspunkte allgemeiner Art nicht zu übersehen. Christen können ihr Leben nicht außerhalb der Natur, der Geschöpflichkeit, und nicht außerhalb der Kultur, der Geschichte, gestalten. Wiedergeburt macht die erste Geburt nicht ungeschehen, sonst wäre sie ein Widerspruch in sich selbst. Wiedergeburt beinhaltet keine Entrückung, bildet vielmehr eine Voraussetzung zur Sendung. Der Wiedergeborene wird nicht außerhalb von Natur und Kultur geboren, wohl aber für beide. Kommt in der Geburt ein Mensch zur Welt, so kommt durch die Wiedergeburt ein Stück Welt zu Gott. Wiedergeburt als ein Wurf in die Welt, als ein Wurf nach vorn, schließt Rückkehr in sich. Wo Gott alles in allem wird, wird die Welt ganz und gar Gottes. Darum wieder – Geburt.

Der Lebensstil des Christen wird also ein Stil sein, den er mit seinen Klassengenossen, Volksgenossen und Zeitgenossen teilt, nicht ein Stil außerhalb von Raum und Zeit; aber ein anderer, ein neuer Stil! Vielleicht läßt sich das Neue dieses Stils am besten so kenntlich machen, daß man den »Stil« beim Wort nimmt. Wir erinnern uns: »Stil« kommt vom römischen Schreibgriffel, mit dessen Spitze ein Schreiber die Schriftzeichen in Wachstäfelchen ritzt, mit dessen breitem Ende er das Geschriebene wieder durchstreichen kann. Lebensstil von der Wiedergeburt her heißt dann: die alte Schrift wird gelöscht, der Dreieinige schreibt neue Zeichen in ein Christenleben. In der Teilnahme am Schmerz und an der Freude Gottes werden diese Zeichen gesetzt, wird heimlich eine Schrift ins Leben geschrieben, eine geheime Schrift, die entschlüsselt und veröffentlicht werden soll, damit alle Welt sie lese.

Das Neue im Lebensstil der Christen ist diese verborgene Handschrift, in der Christus selbst Gestalt annimmt im Menschenleben. Das Neue ist ein Unsichtbares, das zur Sichtbarkeit tendiert und darum Zeichen setzt.

Dem Lebensstil der Christen eignet, ärgerlich genug, primär die Form des Passivums: eine Konsequenz der Vergebung, die Gott selbst zieht! Erwählt-werden, Empfangen. Die Kirche ist – wenn man noch so sagen darf – weiblichen Geschlechts und besteht – wenn man auf die Apostel blickt – als Männergesellschaft! Das Passive dieses Stils tendiert zur Aktivität, wie das, was Gott nächtens in ein Leben schreibt, an den Tag will. Christen werden gelebt, existieren im Aufnehmen, und Christen leben selbst, existieren im Geben. Das Bild verschiebt sich: Sie zeichnen ihr Leben ein in das Antlitz der Erde, sie selbst setzen ihr Zeichen, nicht zuletzt mit Fasten und Feiern. Der Lebensstil von Christen bildet und gestaltet sich in der Wechselseitigkeit von Gotteshandeln und Menschenwerk. Je reiner und besser das Menschenwerk auf Gottes Tat abgestimmt ist, um so reiner und besser wird der Lebensstil. In der Gegenwart des Geistes steht er auf der Höhe der Zeit, antwortet er der Zeit, geht ihr voran.

Dies ist das Faszinierende an dem schon genannten Band »Die Kultur der Klöster«, daß die ungeheure und nicht zu bestreitende Wirkung der Klöster auf die menschliche Kultur nicht im Sinne eines gewollten Werkes, sondern als Frucht zu sehen ist. So bemerkt *Raymond Oursel:* »Es ist offenkundig, daß zu keiner Zeit, in keinem Land, unter keiner Regel, Zweck und Sinn der

Berufung für die Mönche darin lag, zum Fortschritt der Literatur, der Wissenschaften und der Künste sowie etlicher anderer Wissenszweige beizutragen...« (10f; vgl. 13).

Im Lebensstil der Christen kommt zum Vorschein, inwiefern der Mensch als gesellschaftliches Wesen und als Person mit einer unerkannten Tiefe das Evangelium »ganz und gar« verantwortet. Mit ihrem Lebensstil antworten die Christen auf die apostolische Mahnung, die eine neue Lebensmöglichkeit eröffnet: »Führet euer Leben gemäß dem Evangelium von Jesus Christus« (Phil 1,27). Das Evangelium, ein Ruf zur Freiheit, eine Mitteilung von Freude, als Stilkunde des Christenlebens! Das Leben der Christen soll und kann dem entsprechen, was sie anspricht: Freiheit und Freude als Konsequenz der Vergebung. Und die Konsequenz von Freiheit und Freude, die Heiterkeit: »Ohne Lärmen, Wein und Rausch ist das Christentum völlige Heiterkeit, eine erstaunliche Leichtigkeit des Geistes. Niedergeschlagenheit und Schwermut haben hier keinen Ort. Die Asketen wie auch die Märtyrer waren heiter – die einen in der Einöde, die anderen auf ihrem Leidensweg. Ein Strom innerer Heiterkeit verscheuchte selbst in solchen Minuten jeglichen Schatten von Verdüsterung von ihrem Antlitz« (*Wassilij W. Rosanow*, Solitaria, 1963, 32). Mag der Russe die Asketen und Märtyrer im Überschwang allzusehr idealisieren, er hat sicher recht, wenn er im Kontext das Christentum gegen den Stoizismus setzt. Man könnte nun auch aus der Heiterkeit ein Gesetz, eine Mode machen. Sie ist aber wie Freiheit und Freude eine Gabe. Ein Mensch, der Stil »hat«, hat eine Gabe und nutzt sie.

Im Lebensstil der Christen bekommt ein Persönliches und Individuelles im Rahmen eines Sozialen, einer Gemeinschaft, Gestalt, und was Gestalt gewinnt, ist Gnade, Gnadengabe, Geistesgabe. Die genannten Namen von Freud und Marx weisen nach zwei Richtungen, die für die christliche Lebensgestaltung von elementarer Wichtigkeit sind: der Weg nach innen in die Tiefen des Unbewußten und der Weg in die Gesellschaft hinein. Wiedergeburt muß das Ganze der Menschenseele umfassen und schlußendlich das Ganze der menschlichen Gesellschaft verwandeln. Der Lebensstil der Christen kann hierbei keine Uniformierung bedeuten. Einen uniformen, für die ganze Christenheit verbindlichen Lebensstil hat es wahrscheinlich nie gegeben; er kann auch nicht dekretiert werden. Sein Prinzip ist – und das muß nochmals betont werden – nicht das Gesetz. Gerät das Gesetz zum Stilprinzip, wird der Lebensstil der Christen zum tödlichen Einerlei, zur immerwährenden Langeweile. Ob Konservativismus oder Modernität Gesetz wird, ob man traditionalistisch ein Herkommen konserviert, das sterben will oder schon tot ist, oder ob man sich modisch um das je Allerneuste bemüht, ob traditionalistisch oder fortschrittlich: Langeweile langweilt. In ihr wirkt das Gesetz tödlich.

Der Lebensstil der Christen darf nicht hinter Paulus zurückfallen, es sei denn, er werde zur Beschneidung; dies wäre eine Vollendung »im Fleisch« von etwas, das »im Geist« begann (Gal 3,3). »Lebensstil« heißt: Das in der Gegenwart des Geistes gelebte Leben wird nach dem Geist gestaltet. »Lebensstil« ist eine Folge der Geistausgießung, nicht deren Voraussetzung. »Stil« bezeichnet dann auch im Christenleben »die Vollendung künstlerisch-darstellerischen Ausdrucks überhaupt«. Im Lebensstil der Christen kommt zum Ausdruck, was der Dreieinige mit einem Leben macht, was Gott in ein Leben gibt, inwiefern der Glaubende mit Gottes Wirken einig geht, inwiefern er Gott die Ehre gibt.

So kommt im Lebensstil die Qualität des Lebens zum Vorschein, wie in der Wiedergeburt eine neue Qualität des Lebens zur Welt gekommen ist. Wo man »Salz der Erde« und »Licht der Welt« zur Sprache bringen will – und nichts anderes will ein von der Wiedergeburt her verstandener Lebensstil zur Sprache bringen –, wird man notgedrungen auf einen politischen – oder von Politikern gebrauchten – Begriff kommen: Freilich sind »Lebensstil« und »Qualität des Lebens« nicht einfach in eins zu setzen. Wer aber »an der Quantität irre geworden« ist (*Erhard Eppler*, in: Qualität des Lebens, hg. v. Günter Friedrichs, 1972, 86) und mit dem Club of Rome »einen grundlegenden Wandel in unsern Wertsystemen, und zwar in individuellen, nationalen und internationalen Bereichen« (ebd., 88) angesichts der anstehenden Weltprobleme für unabdingbar hält, wird einen neuen Lebensstil suchen. Angesichts einer bedrohten Umwelt werden die Stichworte »Wiedergeburt« und »Lebensstil« in den globalen Rahmen gestellt, in dem Jesus seine Jünger von Anfang an sieht, wenn er sie als »Salz« und »Licht der Welt« bezeichnet. Die Begriffe »Wiedergeburt« und »Lebensstil« geben eine theologische Interpretation für die »Qualität des Lebens«. In diesem Sinne ist vom Evangelium her beides zu bedenken, Kunst und Askese.

Ebensowenig wie Mode und Uniformierung kann der Stil eine Isolierung beinhalten. Subjektive Willkür ist nicht Stil. Im Stil öffnet sich das Private und Subjektive nach zwei Seiten hin, nach der epochalen und sozialen Seite. Zwei Seiten, untrennbar miteinander verknüpft, sind an der Stilbildung beteiligt, wie andererseits ein Stil auf diese zwei Seiten wirkt.
Christliche Moden hinken in der Regel der Zeit nach, christlicher Lebensstil überholt die Zeit und ihre Moden. Der Vorrang eines Stiles gegenüber einer Mode liegt nicht zuletzt in seiner Dauerhaftigkeit, auch wenn er nie ewig, sondern dem Wechsel der Zeit unterworfen ist. Mode und Stil haben ein anderes Zeitmaß und eine je andere gesellschaftliche Relevanz: Stil ist dann nicht nur gegenüber der Mode, sondern auch gegenüber der Manier und den Manieren abzugrenzen. Gute Manieren können durchaus im Dienst der Isolierung stehen. Wer über gute Manieren verfügt, hat noch lange nicht einen guten Stil, wenn auch ein guter Stil gute Manieren freisetzt. Manieren sind gesellschaftliche Moden und Konventionen. Sie gehören in den Bereich der Sitte, folgen gesellschaftlichen Zwängen und nicht dem Ruf der Freiheit.

Dem epochalen und sozialen Aspekt des Lebensstils entspricht die prophetische und diakonische Existenz der Christen, die um die Not der andern weiß, sie aufnimmt, sie mit Wort und Tat in die Zukunft des Kommenden rückt. Die neue Qualität, die in der Wiedergeburt zur Welt kommt, begabt den einzelnen für die Gemeinschaft, für die des Glaubens und für die aller Menschen. Die Gemeinschaft des Glaubens ist kein Zusammentreffen für einen Augenblick, und die Gemeinschaft aller Menschen lebt in Epochen. Was aber in der Wiedergeburt zur Welt kommt, lebt im Hören des Evangeliums, das aller Welt und jeder Zeitepoche gilt, den einzelnen anspricht und jeweils an eine Gemeinde, an eine Gruppe ergeht. Eine Lebensführung gemäß dem Evangelium wird nur in einem Hörerverband möglich, der gemeinsames Hören mit gemeinsamem Leben verbindet. So ergeht die apostolische Mahnung zu einer Lebensführung gemäß dem Evangelium (Phil 1,27) an eine Mehrzahl, die im Hören auf das eine Evangelium eins wird. Es mag mit einer falschen Predigt zusammenhängen, daß wir gewohnt sind, apostolische Mahnungen sofort auf den einzelnen zu beziehen, in der Weise, daß man den einzelnen isoliert. Indem das Evangelium eine Gruppe, eine Gemeinde anspricht, entspricht dem Evangelium ein gemeinsames Leben. So entspricht der Lebensstil der Christen weder einer Uniformierung noch einer Privatisierung; die Teilnahme am Schmerz und an der Freude Gottes verbindet zur »Gemeinschaft der Heiligen«. Wie die Frage nach dem Lebensstil nicht vom einzelnen Christen in der Isolierung zu beantworten ist, so wird sie auch nicht von den einzelnen Kirchen zu lösen sein, sondern nur von Gruppen innerhalb der Kirchen.

So hat es immer wieder in der Christenheit Gruppen gegeben, die gemeinsam und stellvertretend für ihre Zeit, für ihre Gesellschaft und eine oft übelhörige offizielle Kirche auf das Evangelium hörten. Auf die Lebensgestaltung der Eremiten in der ägyptischen Wüste wurde schon verwiesen wie auch auf die ganz andere bürgerlich-christliche Stilmischung des evangelischen Pfarrhauses. Ich notiere mit Absicht noch zwei ungleiche Auffächerungen christlichen Lebensstiles, ohne deren Problematik hier zur Sprache zu bringen:
Franz von Assisi, Sohn eines reichen Kaufmanns, kehrte 1205 von einer Kriegsfahrt um zum »Ritterdienst für Frau Armut«. Ein jüngerer, »minderer« Bruder des Antonius, hörte er in einer Zeit, da die Kaufleute reich wurden, in einer Frühzeit des Kapitalismus also, auf die Botschaft des Evangeliums. In der Stunde, da das bürgerliche Zeitalter begann, erwählte er die Armut zur Braut (vgl. *Walter Dirks,* Die Antwort der Mönche, 155ff).
Ende des 19. Jahrhunderts gründete *Louis Lucien Rochat* in Genf gegen herrschendes Trinkerelend das Blaue Kreuz: Süchtige finden in kleinen Gruppen Befreiung und Heimat (vgl. *M. Hennig,* Quellenbuch zur Geschichte der Inneren Mission, 1912, 412f).
Diese beiden Auffächerungen christlichen Lebensstils sind kaum miteinander zu vergleichen und völlig unterschiedlich in ihrer Geschichtsmächtigkeit. Sie zeigen aber beide, daß Askese (Abstinenz vom Reichtum dort, vom Alkohol hier) den Zeitgenossen dient.

Das »Moderne«, »Zeitgemäße« am Lebensstil der Christen besteht in der Bildung je einer Gegengesellschaft, je einer Gegenkultur. Wird der Lebensstil der Christen geprägt von der Gegenwart des Geistes, geraten in ihm der Erdgeist und der Zeitgeist in eine Krise. Eine solche Krise ist allemal noch nicht das Jüngste Gericht, wie die Stilbildung, die sich hier vollzog, allemal diesseits von Eden sich vollzieht! Die Radikalität, in der in einer solchen Gemeinschaft der Geist der Zeit aufgenommen und durch das Evangelium in die Krise gebracht wird, deutet auf die Kraft und Macht oder auf die Schwäche und Ohnmacht eines solchen Lebensstiles. Es ist auffällig, daß da, wo ich nach Beispielen christlicher Lebensstile suche, vorwiegend asketisch geprägte Stile auffallen. Und wir werden zu fragen haben, ob unser Lebtag heute Fasttag oder Feiertag sei.
Der Lebensstil artikuliert das der Zeit notwendig Neue, das Neue, das der Zeit Not wendet. Wo das Evangelium Freiheit schenkt, wird das Neue selbstverständlich. Indem Christen gemeinsam »nicht mehr für sich selbst leben«, sondern für ihren Christus, leben sie für die Welt und die Zeit, in der sie leben;

denn ihr Christus ist der Retter dieser Welt und dieser Zeit. Ich denke, daß dies in einer Zeit der Stilbrüche und der Stillosigkeit eine große Herausforderung einer Gemeinschaft von Christen sein kann: im gemeinsamen Hören auf das Evangelium eine gemeinsame Antwort zu suchen und zu finden, in der die Sehnsucht und das Elend der Zeit aufgehoben und überholt werden. Entwickelt eine Gemeinschaft von Christen eine Art Gegenkultur, wird ihrem Lebensstil ein agonales Element nicht fehlen. Es kennzeichnet hingegen die bürgerliche Religion, daß sie das Kämpferische des christlichen Glaubens verdrängt zugunsten des mir Nützlichen. Leistungszwang oder Bequemlichkeit ersetzen die Nachfolge. Ein agonaler Stil aber hat Konsequenzen aus dem Passivum Gott gegenüber gezogen für das zwischenmenschliche Verhalten. Indem ich Gott machen lasse, werde ich ihm gehorsam, und wenn ich ihm gehorsam werde, ordne ich mich Brüdern und Schwestern, Vätern und Müttern unter. Die Freiheit, die ich in Christus gefunden habe, muß sich im Gehorsam anderen Christen gegenüber bewähren.

»Gehorsam« ist ein durch die Sünde der Herrschenden während Jahrhunderten belastetes Wort. In einer evangelischen Landeskirche hat sich die Gehorsamsforderung auf das Zahlen der Kirchensteuer reduziert. Für die wissenschaftliche Theologie ist das einzig Verbindliche ein Begriff von Wissenschaft, der je nach den Bedürfnissen so oder so akzentuiert wird. Die Unverbindlichkeit in Kirche und Theologie aber produziert neue Verbindlichkeiten und Zwänge jenseits der evangelischen Freiheit. Hat die christliche Gehorsamsethik nicht nur Segen, sondern viel Unheil bewirkt, so wird leicht übersehen, daß der heutige Verzicht auf jegliche Gehorsamsforderung in Gemeinde und Familie kaum weniger unheilvoll sich auswirkt als der Mißbrauch des Gehorsams. Die Christen geraten auf diese Weise unter die Herrschaft von allerlei Erd- und Zeitgeistern, die ihre Herrschaft um so mächtiger ausüben, als sie unerkannt und unbewußt bleiben. Man benimmt sich dann so, wie »man« sich benimmt, und leistet den vielfach anonymen Herrschaften blinden Gehorsam. So mag die Mode der Blue Jeans geradezu als Symbol eines kollektiven blinden Gehorsams gelten. So gibt es auch ein Reden von Freiheit als Stereotype, das gesellschaftlichen Zwang artikuliert. Man wähnt sich frei zu handeln und verhält sich gemäß den eben geltenden Clichés.

Benedikt von Nursia hatte einen geistlichen Lebensstil gewollt und geschaffen, einen Stil der militia Christi, unterwegs zur Vollkommenheit: Hier wurde die Liebe zu Christus als dem Herrn praktisch im Gehorsam gegen die Oberen der Gemeinschaft. In ihm sollte sich die Demut des Mönchs zeigen: »Der vorzüglichste Grad der Demut ist Gehorsam ohne Zögern« (Cap. V).

Die Frage ist nun, welche Art des Gehorsams das der Zeit notwendig Neue erfordert. Gerade wenn wir erkennen, daß das Mönchtum mitgewirkt hat an der Entstehung eines Christentums ohne Verbindlichkeit, indem das Kloster eine Art Ersatz bildete für die Gemeinde derer, die mit Ernst Christen sein wollten, wird die Frage dringlich, welche Art von Verbindlichkeit das Evangelium heute erfordere, »obs etwa Zeit zu streiten, obs Rasttag sei«.
Angesichts eines geradezu klassisch anmutenden Lebensstils, wie er uns in der Hinterlassenschaft des Benedikt von Nursia begegnet, wird man sehen müssen: Der Lebensstil der Christen kann nie ein klassischer Stil werden; er bleibt fragmentarisch. So vermag er die Zeit und die Welt, in der er sich gestaltet, nie völlig zu überholen. Er steht unter dem Vorzeichen des Noch-nicht. Er ist aus auf Vollendung, die hat er vor sich, immer nur vor sich, das bleibt sein Schmerz. Vorläufigkeit bleibt sein bester Teil. Hört er auf, vorläufig zu sein, verliert er die Zukunft und erstarrt. Erstarrt er, stirbt er ab. Das geschieht da, wo der Lebensstil sich nicht mehr bildet im Hören auf das Evangelium, oder da, wo das Evangelium nicht mehr stellvertretend für die Zeit gehört wird. Vorläufigkeit wird bestimmt durch Unabgeschlossenheit: »Noch ist nicht offenbar geworden, was wir sein werden« (1Joh 3,2).

Kunst als Heiligung

So gib acht
auf deine Schönheit,
damit du erkennst,
welche Schönheit du lieben sollst.

Augustinus

Gott ist schön.
Das ist ein Satz. Alles, was bis jetzt über Wiedergeburt und Lebensstil gesagt wurde, zielte auf diesen einen Satz, wie alles, was jetzt über Kunst und Askese, über Heiligung und Sendung zu sagen ist, nur ein Nachsatz sein kann und soll zu diesem einen Satz:
Gott ist schön (vgl. mein Buch »Daß Gott schön werde«, 1975). Er ist keine bloße Idee. Wäre er, was die Philosophen ihm andichten, wäre er eine bloße Idee. Gewandet in Pracht und Hoheit in seinem Kleid aus Licht ist er schön: Der Himmel, an dem die Sonne scheint am Tag, der Himmel, an dem der Mond und die Sterne des Nachts aufgehen, gehört zu seinem Kleid. »Du bist in Atomenergie gekleidet / wie in einen Mantel«, dichtete Ernesto Cardenal.
Gott ist schön.
In diesem Satz, so hoffe ich, werden wir im Fragen nach dem Lebensstil der Christen ein Stilprinzip finden, ein Stilprinzip für das neue Leben. Zwar hat Gottfried Benn gemeint, Gott sei ein schlechtes Stilprinzip, aber vielleicht hat er nicht begriffen, daß Gott schön sei (GW IV, 160 u. a.). Möglicherweise hängt so viel schlechter Stil unter Christenmenschen damit zusammen, daß die Christenheit diesen Satz noch lange nicht begriffen hat. So deutlich er ist, so fremd klingt er, ein Satz, der etwas Fremdes ausspricht, das zwar bekannt sein müßte, aber unbekannt geblieben ist, ein erstaunlicher Satz also. Erstaunlich wird ein Satz nicht schon durch das Setzen und Feststellen. Erstaunlich wird ein Satz, wenn er in Bewegung gerät, im Setzen und Feststellen zum Gesprächspartner überspringt: Was der Satz aussagt, geht an. Das Setzen eines Satzes hat nur den Sinn, daß der Satz ins Springen komme, zum mitreißenden Sprung werde und also auf den Sprung helfe. In diesem Sinne gilt es, nachzusinnen und zu staunen über die Feststellung: Gott ist schön.

Begründung der Ästhetik in der Schönheit Gottes

Ich möchte diese Begründung zunächst an einem Beispiel anschaulich machen und zitiere aus dem Gesangbuch. Paul Gerhardt singt Christus als Sonne in der Todesnacht, »die Sonne, die mir zugebracht / Licht, Leben, Freud und Wonne«. Diese

Sonne scheint ihm, und dieses Scheinen reflektiert er poetisch im Ausruf (EKG 28,3):

> »O Sonne, die das werte Licht
> des Glaubens in mir zugericht',
> wie schön sind deine Strahlen!«

Gott wird dem Sänger schön, indem er ihn in Christus anstrahlt. Dieses Anstrahlen schafft etwas im Menschen, ein Neues. Will der Glaubende dieses Neue zur Sprache bringen, gerät er ins Rufen und ins Reimen: Dieser Sonne und ihren Strahlen wäre ungeformte Sprache unangemessen; sie wäre nicht die Sonne einer neuen Schöpfung und schöpferisch, wenn sie nicht im Reflex des Glaubens dichterisch zur Sprache käme! Die Neuschöpfung dieser Sonne wirkt im Glaubenden, daß dieser, das Sonnenlicht reflektierend, nun eben dichtet und singt. Wie könnte er seinem Entzücken anders Ausdruck geben als in der Formung entzückter Sprache? Wo der Glaube Gottes Schönheit erkennt, reflektiert er diese Schönheit:

> »O Sonne, die das werte Licht
> des Glaubens in mir zugericht',
> wie schön sind deine Strahlen!«

Natürlich könnte er auch anders; aber anders wär's eben nicht angemessen, würd' er den Namen nicht heiligen. In der Widerspiegelung, im Reflex der Schönheit Gottes kommt Schönheit zur Sprache; es ist kein Zufall, daß eine Gemeinde in ihrem Gottesdienst singt, ein Lied singt. Wo Gott schön wird, muß der Mensch singen.

Gott ist schön, indem er dem Glaubenden schön wird und ihn zum Dichten und Singen bringt. Die Sprache des Neugeschaffenen wird notwendigerweise dichterisch und Wiedergeburt ein Übergang von Prosa zu Poesie. Wiedergeburt ist eine Geburt zur Poesie, weil Wiedergeburt eine solche zum Lob ist. Am Ende wird alles Poesie, weil alles Lob ist. Auf dieses Ende hin eignet allem Zusammenkommen einer Gemeinde ein poetischer Charakter. Das Singen gehört wesentlich zum Gottesdienst.

Was Paul Gerhardt hier durch die Jahrhunderte singt, hat später ein theologischer Denker auf den Begriff gebracht. Karl Barth definiert die Schönheit Gottes als das Für-uns-Schönwerden. »Dürfen und müssen wir sagen, daß Gott schön ist, dann sagen wir eben damit, *wie* er leuchtet, überführt, überzeugt« (KD II/1, 733). Gottes Schönheit ist eine Schönheit, die den Menschen ins Schönwerden hineinzieht. Sie ist eine zur Welt kommende, eine erscheinende Schönheit. Sie erscheint »als Faktum und Kraft in der Weise«, daß Gott »sich durchsetzt als der, der *Wohlgefallen* erregt, *Begehren* schafft und mit *Genuß* belohnt und das damit, daß er wohlgefällig, begehrenswert und genußvoll ist: der Wohlgefällige, Begehrenswerte und Genußvolle, das zuerst und zuletzt allein Wohlgefällige, Begehrenswerte und Genußvolle. Gott liebt uns als der, der als Gott *liebenswürdig* ist. Das sagen wir, wenn wir sagen, daß Gott schön ist« (734). Später meint Karl Barth, Gott sei »in der eigentlichen Weise Gegenstand der Lust, der Freude, des Wohlgefallens, des Begehrens und des Genusses« (737).

Ist der liebenswürdige Gott schön, wird »das erste und vornehmste Gebot« (Mt 22,38) kaum befolgt werden können ohne Kunst. Liebe sucht ihrem Gegenstand zu entsprechen. Ist Gott schön, kann die Liebe zu ihm nicht das Häßliche wollen. Liebe tut schön, der Liebende wird schön. Das erste und vornehmste Gebot zieht den Menschen ins Schöne. »Du sollst den Herrn deinen Gott lieben aus deinem ganzen Herzen und aus deiner ganzen Seele und aus deinem ganzen Denken und aus deiner ganzen Kraft« (Mk 12,30). Wer Gott *ganz* liebt und nicht halb, wird alle Künste seinem Lieben nutzbar machen.

Wo die Lust, die Freude, das Wohlgefallen an Gott ein Leben bestimmen, wo das Begehren Gottes einem Leben Richtung gibt, wo der Genuß Gottes ein Leben qualifiziert, wird alles menschliche Vermögen dem Lieben dienen. Das Leben selbst wird zur Liebeskunst. Wer Gott ganz liebt und nicht halb, wird auch das sogenannte Kunstvermögen seinem Lieben nutzbar machen. Die Künste erklären die Liebe. Wenn Novalis den Klingsohr von der irdischen Liebe zwischen Mann und Frau sagen läßt: »Die Liebe ist stumm, nur die Poesie kann für sie sprechen« (Schriften, hg. v. Paul Kluckhohn und Richard Samuel, I, 287), wird man demgegenüber einwenden, daß die Liebe zu Gott noch andere Sprech-Weisen habe als die der Poesie (z.B. die Diakonie, auch die politische); aber es könnte wohl sein, daß diese anderen Sprechweisen verstummen, wenn die Poesie zum Schweigen gebracht wird:

>»O Sonne, die das werte Licht
>des Glaubens in mir zugericht',
>wie schön sind deine Strahlen!«

Wo solch »nutzloses« Entzücken Gott gegenüber ausbleibt und kein »nutzloses« Reimen und Rufen erzeugt, wird der

Mensch bald einmal auch für den Mit-Menschen und die Gesellschaft nutzlos. Der Mensch wird apathisch im Ungereimten steckenbleiben. Das Rufen und Reimen des Entzückens verwehrt dem Tohuwabohu der Urzeit die Gegenwart. Es wendet sich gegen die Erdgeister und entmachtet die Dämonen.
Was der Systematiker Karl Barth auf den Begriff bringt, hat der Pietismus in seinen besten Vertretern sehr wohl gewußt. Gottes Sein im Werden ist ein Schön-Werden – er wird festlich und er wird's für uns. Zinzendorf hat uns den Satz hinterlassen: »Nicht bestehet darinnen das Wesen des Christenthums, daß man fromm sey, sondern, daß man glückselig sei« (Der Teutsche Socrates, 1732, in: Hauptschriften I, 1962, 32). Fromm sein können auch die Heiden; »glückselig« aber ist ein Geschenk der Gnade: die Teilhabe an der Freude Gottes. Wem Gottes Schönheit aufgeht, erhält ein neues Bewußtsein, das der Beglückung. Ihm strahlt Gott von Weltlichkeit. Es ist kein Zufall, daß die Brüdergemeine so etwas wie eine festliche Kultur hervorgebracht hat. Gott ist schön – ein festliches Stilprinzip. Von Gottes Schönheit her ist zunächst von seinen *Festen* und Feiern zu sprechen, um den Horizont anzudeuten, vor dem die Kunst erscheint, ein Horizont, der mitwandert. Anders ausgedrückt: Das Wesen der Kunst kann theologisch nur begriffen werden, wo Gottes Schönheit erkannt wird.

Mit Recht entwirft *Hans Urs von Balthasar* seine weiträumig angelegte theologische Ästhetik unter einem Stichwort, das auch die Schönheit mit einschließt: Herrlichkeit, 1961ff.

Die Ästhetik findet in der Gotteslehre ihre Begründung. Nur in dieser Begründung kann für sie der Lebensstil der Christen bedeutsam werden. Wäre der Satz »Gott ist schön« als Satz christlicher Theologie unmöglich, wäre Kunst für den Glauben irrelevant und die Formulierung »Kunst als Heiligung« verfehlt. Andererseits wird auch die Beschränkung dieses Satzes deutlich: Ich bin nicht ganz sicher, ob Karl Barth recht hat mit der Meinung, der Begriff der Schönheit wäre kein Hauptbegriff, den man »zum Leitmotiv des Verständnisses des ganzen Wesens Gottes erheben« könnte (KD II/1, 736). Ganz sicherlich ist er kein Satz, der andere Aussagen über Gott verwehrt. Wäre der Satz »Gott ist schön« der einzige über Gott mögliche und aussagbare Satz, würde Theologie mit Ästhetik zusammenfallen und christliches Leben mit Kunst.

Der Liederdichter, der Dogmatiker und der Begründer der Brüdergemeine wurden herzitiert, um dieses festliche Stilprinzip zu feiern. Um deutlich zu machen, daß der Satz »Gott ist schön« kein belangloser Nebensatz sein kann, erhält der Magus des Nordens nun das Wort: »Laßt uns jetzt die Hauptsumme seiner neuesten Ästhetik, welche die älteste ist, hören: Fürchtet Gott und gebt Ihm die Ehre, denn die Zeit Seines Gerichts ist gekommen, und betet an Den, der gemacht hat Himmel und Erden und Meer und die Wasserbrunnen!« (*Hamann*, SW II, 217).
Vom Richter und Schöpfer ist hier die Rede, von Gottesfurcht und Anbetung. Wollte man eine Ästhetik schreiben und Kunst als Heiligung ausführlich darstellen, wäre Gottesfurcht als Anfang der Kunst, Anbetung als deren Ziel zu sehen.
Gottesfurcht, die den wahren Gott und nicht einen Götzen fürchtet, fürchtet den Richter, dem der recht ist, der keine Qualitäten vorzuweisen hat. »Gott ist schön« hat seine Voraussetzung überhaupt darin, daß der Mensch ohne eigene Qualifikation Gott recht ist. Nur der Mensch, der sich selbst rechtfertigt, braucht Gott nicht zu fürchten. »Gott ist schön«, nicht nur, indem ihm die Menschen und die Erde schön werden. Gott ist schön, indem er dem Menschen schön wird, sondern auch, indem er Wohlgefallen hat an dem einen, der für alle ist. Dieser eine hat zwar »weder Gestalt noch Schönheit« (Jes 53,2), für Gott aber ist er – wie für die Seinen – »der Schönste unter den Menschenkindern« (Ps 45,3).
Sehe ich recht, haben die großen theologischen Denker des neueren Protestantismus Kunst und Ästhetik in der Ethik angesiedelt: Ich nenne nur Friedrich Schleiermacher, Vorlesungen über die Ästhetik, hg. v. Carl Lommatsch, 1842, und Karl Barth, Ethik I und II, hg. v. Dietrich Braun, 1973 und 1978. Dieser Tradition folgt auch meine Themaformulierung. Wollte man systematisch gerecht sein, müßte meines Erachtens aber zunächst bedacht und entfaltet werden, was im einfältigen Lied »Schönster Herr Jesu« zur Sprache kommt:

>»Alle Schönheit Himmels und der Erden
>ist verfaßt in dir allein.«

Will man über Kunst als Heiligung nachdenken, muß man über den Heiligen selbst nachdenken (vgl. meinen Beitrag »Der Heilige«, in: Die hundert Namen Gottes, hg. von Rudolf Walter, 1985, 25ff). Vom »Schönsten« her ist zu reflektieren, was in der Gegenwart des Geistes schön wird: daß alle Schönheit in Jesus nicht nur verfaßt wird, daß über dieses Lied hinaus Himmel und Erde durch Jesus Gott schön werden, was in der Gegenwart des Geistes zum Vorschein kommt.

Dies hat auf seine Weise ein Laie zur Sprache gebracht, dem ich zum Schluß meiner Überlegungen noch das Wort geben möchte.

Jean Paul antwortet in seiner »Vorschule der Aesthetik« Vorwürfen aus Berlin (!) an die Adresse der Romantiker, »welche nur *singen* und immer ohne Zweck dasselbe wiedersingen aus bloßem Mai-Kitzel« und die Verständlichkeit von der Poesie fordern. Jean Paul notiert, daß er im Antwortschreiben »niemand als Gott« bedauerte, »welcher, falls er die Welt nicht poetischer nehme als ein Märker, die höchste Langeweile schon an unserem Beten, Reden und Singen ausstände, weil wir für Ihn ja doch in allem Vögel wären, z.B. Kuckucke, welche ihm ewig dasselbe vor- und wiedersingen« (Sämtl. Werke 19, 1841, 55).

Gott nimmt die Welt »poetischer als ein Märker«, indem er sie durch den schönsten Jesus nimmt. Indem die Christen lernen, die Welt in und durch diesen Schönsten anzuschauen, wird ihnen die Welt schön, wird sie auf die Zukunft dieses Schönsten hin schön und »poetisch«.

Ich möchte nun versuchen, den Satz »Gott ist schön« in der Sprache biblischer Theologie an Hand von 1Mose 2 und von Offenbarung 21 zu verdeutlichen, um damit auch einem idealistischen Mißverständnis zu wehren: Gottes Schönheit wird dem Menschen schön zwischen dem Sabbat des Schöpfers und der Hochzeit des Lammes.

Die Relevanz dieser Stellen – und damit auch des Satzes, von dem ich ausgehe – wird deutlich, wenn wir uns vergegenwärtigen, daß dem Optimismus, der die zweite industrielle Revolution begleitete, ein Zukunftsschock gefolgt ist, ein Schock, der für die sogenannte zweite Aufklärung mit dem zu vergleichen ist, den im 18. Jahrhundert das Erdbeben von Lissabon auslöste. Wir sind mit einer Dringlichkeit ohnegleichen gefragt, wohin denn der industrielle Fortschritt fortschreite, wohin denn die Reise unserer Leistungs- und Wegwerfgesellschaft gehe.

Kunst, vom Richter und Schöpfer her verstanden, kann nicht als »zeitlose« in der Zeitlosigkeit gedacht werden. Sie wird gemacht und genossen – auch die Kunst vergangener Zeit – in der Stunde, die jetzt über der Welt steht, die eine Stunde aller Menschen und eine Stunde Gottes ist. Wenn Kunst nicht in der Zeitlosigkeit bedacht, gemacht und genossen werden kann, wird *die* Kunst den Christen in besonderer Weise angehen, die wir die moderne nennen. Angesichts einer Zukunft, die zur Bedrohung, und angesichts einer Herkunft, die von den Vätern her zur Frage geworden ist, wird das Problem der Kunst im Horizont des Anfangs und des Endes zu bedenken sein, in dem Gott dem Menschen schön wird.

Kunst im Horizont der Sonntäglichkeit

Der erste Schöpfungsbericht überliefert uns, daß Gott sein Schöpfungswerk damit vollendet, daß er feiert. Und er heiligt diesen Tag, und das ist – wie Gerhard von Rad zu 1Mose 2,3 sagt – »eine Angelegenheit der Welt«. Claus Westermann weist mit Nachdruck darauf hin, daß das Heiligen und Segnen des letzten Schöpfungstages nicht bloß innerisraelitisch auf den Sabbat ziele, sondern auf das Menschendasein überhaupt. Gott heiligt und segnet einen Tag, mit dem er sein Schöpfungswerk beschließt, und dieser Tag ist ein Tag für die ganze Menschheit. Gott als Stilprinzip christlichen Lebens ist von diesem Tag her zu begreifen.

Indem Gott ruht und feiert und den Menschen an seinem Feiern teilnehmen läßt, dokumentiert er die Festlichkeit des Menschen: Der Mensch ist zu Gottes Fest bestimmt. Wenn vorher von der Herrschaft des Menschen die Rede war, beginnt die Unterwerfung der Erde durch den Menschen nicht damit, daß er nun gleich schwitzend und keuchend aufbricht zum langen Marsch der Welteroberung. Offenbar darf er nun zuerst teilnehmen am Feiertag seines Schöpfers. Die geheiligte Zeit ist die erste Zeit des ersten Menschen. In und mit dem Geschenk dieser Zeit ist die Heiligung des Menschen schon antizipiert. Möglicherweise auch des Menschen Herrschaft über die Schöpfung; denn es könnte wohl sein, daß der Mensch im Feiern des ersten Sabbats schon Herr wird über die Herrin, die die Welt unterwirft, die Zeit, die Feindin aller Schönheit auf Erden. Der Sonntag trotzt dem Verfall von Schönheit. Gottes Stilprinzip ist ein sonntägliches: Wird Zeit geheiligt, wird der Mensch geheiligt, der Mensch kommt an. Für die Ankommenden ist Sonntag.

Indem Gott zunächst eine besondere Zeit heiligt, wird schon deutlich, daß Heiligung für den Menschen nicht außerhalb der Zeit stattfinden kann, nicht außerhalb seiner realen Geschichte.

Heiligung geschieht in der Zeit, geschieht, indem Gott dem Menschen Zeit schenkt. Vom Schöpfungsbericht her kann man sagen, daß der Mensch Zeit hat, das ist seine Heiligung. Pastor Rautenberg und die Seinen am Kaffeetisch haben Zeit, während wir unter dem Diktat der Maschinen immer weniger Zeit zu haben scheinen. Liest man die Altväter, dann fällt auf, wie sie ein völlig anderes Verhältnis zur Zeit haben als wir, die wir vom Leistungsgedanken besessen sind.

Im Zeithaben wird das Dasein schön, dessen Schöpfer und Erhalter schön ist. Sicherlich ist das nicht alles, was über die Heiligung zu sagen ist, weil der Mensch nicht mehr im Urstand lebt. Aber dies muß auf jeden Fall von der Heiligung gesagt werden, daß in ihr die Ruhe von Eden erscheint. Alles, was keine Zeit hat und darum Zeit verbraucht, ist unheilig. Darum hat der Teufel keine Zeit. Und eine Gesellschaft, in der Zeit Geld ist, die Zeit nur noch verbraucht oder vertreibt, kann nicht schön werden, kann die Zukunft nicht gewinnen. Wer keine Zeit hat, kann nicht spielen, der vertut sein Leben stillos.

Was nun im Leben der Altväter besticht, das ist der unerhörte Ernst, mit dem sie darum ringen, daß sie ihr Leben nicht verspielen, daß es vielmehr schön, Gott wohlgefällig sei. So fremd unserem bürgerlich-christlichen Lebensgefühl diese Haltung erscheinen mag, so deutlich wird uns, welche Freiheit der Zeit gegenüber wir verloren haben.

Dem Altvater *Zenon*, der Palästina durchwandert und in der Nähe eines Gurkenfeldes sich zum Essen niederläßt, kommt die Idee, eine Gurke zu nehmen und zu essen: »›Die Diebe gehen der Strafe entgegen. Prüfe dich nun hier, ob du die Strafe ertragen kannst.‹ Er erhob sich und stellte sich fünf Tage lang in die Hitze. Ganz ausgetrocknet sagte er zu sich: ›Du vermagst die Strafe nicht auszuhalten!‹ Dann sprach er zu seinen Gedanken: ›Wenn du es nicht kannst, dann stiehl und knabbere nicht!‹« (Nr. 240)
Dem Altvater *Makarios* kommt der Gedanke, in die Wüste hinauszugehen, und er weiß nicht: stammt der Gedanke von Gott oder von Dämonen? Er kämpft fünf Jahre gegen diesen Gedanken, dann geht er, und was er dann erlebt, wird seltsam genug sein (Nr. 455). – In beiden Apophthegmen geht es darum, die Zukunft zu gewinnen; dazu nahmen sich die Altväter Zeit! In einer Epoche, die keine Gottesfurcht kennt, mag man solches Tun als sinnlose neurotische Skrupulosität belächeln. Aber man kann es auch unter dem Gesichtspunkt ansehen, daß hier Beispiele aufleuchten von Teilhabern der Ewigkeit, die keine Angst haben, Zeit zu verlieren. Ich sehe darum in den Altvätern Ägyptens eine Art Gegengift gegen die Krankheit unserer Zeit. Als solche sind sie Vorbilder, Signale der Freiheit. Die Altväter waren Freiherren ihrer Zeit; darum brauchen wir sie heute.
Ich spreche von »Gegengift«, eingedenk der notwendigen Kritik am

Mönchtum, und sage »Vorbild«, denn auch unser Problem ist doch das Gewinnen von Zukunft. Darum ist heute nicht irgendeine Aktion vordringlich, nicht eine rettende Tat, sondern die Feier. Ein weltverändernder Sonntag.

Ich meine, daß hier schon der Doppelsinn des Wortes *feiern* deutlich wird: Feiern heißt, die Arbeit unterbrechen; feiern heißt, sich der Leistung entziehn. Es hat Fastencharakter, wie denn auch das Wort »Fasten« etymologisch mit »Fest« zusammenhängt. Jedes Feiern ist als Nicht-Tun ein Fasten. Jedes Feiern birgt einen Verzicht in sich. Feiern heißt aufhören; wer feiert, nimmt sich und hat Zeit, gewinnt neue Zeit. Wer feiert, durchbricht den Teufelskreis des Nicht-Zeithabens. Feiern heißt, der Zeit Herr werden.

Feiern heißt aber auch, Zeit haben für ein Fest, Zeit haben für einander, Zeit haben für Gottes gute Schöpfung, Zeit haben für Gott selbst.

Gott kann für uns nicht zum »Gegenstand der *Lust*, der *Freude*, des *Wohlgefallens*, des *Begehrens* und des *Genusses*« werden, indem wir die guten Werke seiner Schöpfung verachten und uns der Ergötzlichkeit und Heiterkeit entziehen, die uns in ihnen zugedacht wird. Wir können Gott nicht richtig genießen, wenn wir dabei seine Schöpfung abwerten und verleugnen und uns keine Zeit nehmen für seine Geschöpfe. Gott wird uns nicht dadurch schön, daß er aufhört, der Schöpfer zu sein. Er wird schön nicht zuletzt im Anschauen seiner Werke. »O wie blau war der Himmel, und wie schneeweiß waren die Wolken. Wolken und Himmel immer wieder anzuschauen war für Tobold ein Glück. Deshalb reiste er ja so gern zu Fuß, weil der Fußgänger alles so ruhig und reich und frei betrachten kann, während der Eisenbahnfahrer nirgends stehenbleiben und anhalten kann als gerade exakt nur auf den Bahnstationen, wo meistens elegant befrackte Kellner fragen, ob ein Glas Bier gefällig sei.« Eine lange christliche Tradition hat die Christen gelehrt, die Welt zwar als Schöpfung zu gebrauchen, genießen aber dürfe man nur Gott allein. So wurden aus Fußgängern Eisenbahnfahrer, auf deren Stationen keine »elegant befrackten Kellner fragen . . .«. Der Gott, der von Weltlichkeit strahlt, bleibt auf diese Weise ungenießbar und ohne Lob. Anton van Ruler hat dieser Tradition gegenüber den kühnen Satz geprägt: »Man kann sogar Gott nicht wirklich und völlig genießen, wenn man seine Welt nicht genießt.« Dies aber erweist sich – nach van Ruler – als so schwierig, daß »dafür sogar die totale Bekehrung und Wiedergeburt des natürlichen Menschen erforderlich« sei. (. . . daß der Mensch fröhlich sei bei seinem Tun. Meditationen zum Buch Prediger, 1969, 186); denn wir können von Natur aus die Welt nicht genießen. »Wir reagieren nicht positiv auf die Tatsache, daß wir da sind, sondern verzweifelt« (186f), uns quält die Sinnlosigkeit des Daseins auf der Welt. Wir vermögen kaum mit Gott »ein ewiges Vergnügen an den zeitlichen Dingen« zu haben (187). Entweder verachten wir die Welt, oder wir vergötzen sie. Beidemal verfallen wir ihr. An dieser Schwierigkeit des Weltgenusses hat der Künstler in ausgezeichneter Weise teil. Was man gern »das Dämonische in der Kunst« nennt, dürfte in der Verachtung oder Vergötzung der Schöpfung seine Wurzel haben: Statt Gott zu fürchten, erhebt sich der Mensch selbst an Stelle des Richters und Schöpfers. Er äfft Gott nach. Er »feiert« nicht mehr mit Gott, sondern anstelle Gottes; dann aber wird das Fest der Kunst gespenstisch. Van Ruler formuliert radikal: »Darum geht es nun aber in der Bekehrung und Wiedergeburt: daß wir mit Gott eines Willens werden, daß wir die Welt als seine Welt erleben und daß wir genau dasselbe Vergnügen daran bekommen, das er an ihr hat. Neutestamentlich gesagt: daß wir liebhaben mit der Liebe, mit der wir selbst geliebt werden – nicht nur unseren Nächsten, sondern auch uns selbst und alle Dinge, die es gibt« (187).

Hier wird primär nicht eine Aussage über Ästhetik gemacht, sondern viel eher eine solche über den ›Lebensstil‹. Mir geht es hier zunächst nicht um ›Kunst als solche‹ oder gar um die ›Kunst an sich‹, sondern um die Bedingungen, unter denen sie für die Christen relevant wird. Ich komme auf etwas sehr Einfaches; vielleicht ist es so schwierig, weil es so simpel ist: Für einen christlichen Lebensstil wird es wichtig sein, daß die Christen den Sonntag wiedergewinnen. Dann wird aus dem Schimpfwort »Sonntagschrist« ein Ehrentitel, er markiert eine Gegengesellschaft, in der Gottes Schönheit im Werden ist. Ein *underground*, in dem die Charis und nicht Leistung den Ton angibt, das heißt die »Gnade«, aber auch die »Anmut des Schönen«. Sonntäglich erinnert man sich der Vollendung der Schöpfung, da Gott eine Zeit besonders segnet und heiligt, die er den Menschen schenkt als eine glückliche Zeit. Kornelis Heiko Miskotte behauptet in einer Predigt: »Immer ist um den Sonntag ein Hauch von Gnade-trotz-allem, von Friede, von Versöhnung, von Fest geblieben« (Predigten, 1969, 63).

Ich zitiere hierzu einen unverdächtigen Zeugen. Georges Simenon erzählt in seinem Roman »Frau Maigret als Detektiv«, wie Maigret an einem Sonntag ins Büro am Quai des Orfèvres geht. Inspektoren sind auch da; »aber da es Sonntag war, sah es so aus, als arbeite jeder zu seinem Vergnügen. Vielleicht ebenfalls, weil es Sonntag war, ließ man die Türen zwischen den einzelnen Zimmern offen, und von Zeit zu Zeit hörte man anstelle von Musik die Kirchenglocken des Viertels« (108). – Hier klingt noch etwas nach von der verlorenen schönen Zeit, die – vor uns liegt, die Möglichkeit, Zeit zu haben, um das Dasein zu feiern; aus Arbeit wird Vergnügen, ein Spiel, die Türen zum Mitmenschen bleiben offen, und alles wird verschönt durch Musik, in diesem Falle mit Kirchenglocken. Simenon gibt uns damit ein Paradigma für die Zukunft der Arbeit: Sie wird Spiel.

Es ist ein schlechter Stil, den Sonntag nur zu sehen als einen Tag der Erholung im Blick auf die Arbeitswoche. Das ist er auch, aber der Sonntag zielt nicht so sehr auf den Werktag, wie der Werktag auf den Sonntag, das Zeichen geschenkter und kommender Freiheit, der Tag, an dem wir uns Zeit nehmen, an dem wir Zeit haben. Im Fest und in der Feier halten wir die Flucht der Zeit auf. Fest und Feier trotzen der Zeit. In Fest und Feier wird Zeit erinnerbar: Erinnerung ist ein schöpferisches Spiel mit der Vergangenheit. In der Erinnerung wird Vergangenheit lebendig, indem sie zum Bewußtsein kommt. Ein Spiel fängt an, das die Vergangenheit gestaltet und mit ihr die Gegenwart. Verlorene Zeit wird aufgesucht und hergeholt. Die Flucht der Zeit wird gestoppt. Der Mensch »hat« Zeit, »gewinnt« Zeit, indem er sich Zeit »nimmt«, indem er – feiert.

Wo Gott zum eigentlichen Gegenstand der Lust, der Freude, des Wohlgefallens und des Genusses wird, da wird zum Beispiel auch seine Vergangenheit genießbar: Die Geschichte seines Heils wird Gegenwart. Es wird Gegenwart, was den ersten Sabbat präludiert: »Und Gott sah alles an, was er gemacht hatte, und siehe, es war sehr gut« (1Mose, 1,31).

Wo der Blick des Menschen, wo seine Weltanschauung von dem wegsieht, was er selbst schlecht gemacht, und auf das schaut, was Gott gut, sehr gut gemacht hat, wird der Mensch sonntäglich, die Gegenwart erweitert sich, die Zeit wird nicht länger Verlust, sie wird Gewinn. Der Mensch kann die Dinge des Werktages nicht mehr so bier- und todernst nehmen. Dies um so weniger, als ja die Sonntäglichkeit nicht nur auf die gute Schöpfung zurück-, sondern auf die neue Schöpfung vorverweist. Stehen die Dinge des Werktages unter dem paulinischen »als ob nicht«, kann der Mensch im Grunde nur noch tun, was die Kinder tun: spielen. Gottes Kinder sind aus dem Ernst des Lebens entlassen, um vor Gott zu spielen. Ihr ganzer Ernst soll und darf jetzt dem Spiel gelten, alles andere ist im Grunde Narretei, Torheit auf den Stelzen der Eigengerechtigkeit. Narretei und Torheit von Anfang an, weil das Spiel vor Gottes Angesicht zum Wesen der Weisheit gehört. Die vor Gott spielende Weisheit, sie ist Gottes Liebling und sein Entzücken; der aber seine Scheunen füllt, heißt ein Tor.

Wo der Mensch Mitspieler wird bei diesem Spiel der Weisheit, da macht er Kunst. Und das kann er: mitspielen, ohne das Woher dieser Weisheit zu kennen. Als Mitspieler himmlischer Weisheit ist der Künstler schon ein verkappter Heiliger, ein Schaf im Wolfspelz, der auf seine Weise den Schöpfer lobt. Und dies irritiert viele Christen, daß ihnen womöglich ein »ungläubiger« Künstler in Bekehrung und Wiedergeburt voraus ist. Calvin beispielsweise bleibt vergessen: »Auch menschliches Können in Kunst und Wissenschaft geht auf Gottes Geist zurück« (Inst. II/2, 16). Calvin irritiert nun insbesondere im Blick auf die moderne Kunst.

Die Christen in Deutschland tun sich hier besonders schwer. Ich habe 1939 in Nürnberg die Ausstellung »Entartete Kunst« gesehen. Als ich dann tausendundzwanzig Jahre später wieder nach Deutschland kam, konnte ich von vielen frommen Christen Kunsturteile hören, die mich fatal an jene Ausstellung erinnerten. Ich bin erschrocken darüber, daß der Kunstsinn vieler Christen dem Adolf Hitlers und Joseph Stalins ähnelt.

Natürlich datiert solcher Kunstsinn von früher her! Interessant wäre in diesem Zusammenhang einmal ein Vergleich einer Rede *Wilhelms II.* bei der Einweihung der Siegesallee mit den Äußerungen der Diktatoren und heute gängigen Kunsturteilen. Wenn man die Großsprecherei abzieht, so entwickelt der Kaiser hier eine Kunstauffassung, die weithin heute noch im Schwange geht. Vgl. Preußisches Lesebuch, hg. v. *Harald von Koenigswald*, ²1967, 252ff.

Ich würde mich dagegen wehren, einen Christenmenschen nach seinem Kunstsinn zu beurteilen; aber wenn ich die Geister zu prüfen und zu unterscheiden habe, muß ich wohl fragen, was diese Geschmacksrichtung vieler Gläubiger denn bedeute. Eine solche Geschmacksrichtung kann einfach eine Frage der Bil-

dung sein; kann aber auch – und diese Möglichkeit erschreckt –
eine mit den beiden Diktatoren verwandte Seelenlage verraten.
Dann wäre theologisch nach Gründen und Ursachen einer solchen Seelenlage zu fragen. Unser Kunstverständnis wie unser
Heiligungsverständnis stehen hier in gleicher Weise auf dem
Spiel.

Sonntäglichkeit als Endzeitlichkeit

Es genügt nicht, das Problem der Kunst lediglich von Gottes guter Schöpfung her zu bedenken; Kunst wird relevant erst im Horizont der Endzeitlichkeit.
Endzeitlichkeit wird eröffnet durch die Kreuzigung; in Jesu Passion aber kommt alles Schöne in die Krise. In dem Menschen,
der ohne Gestalt noch Schöne stirbt, kommt alle gestaltete
Schönheit und alle schöne Gestalt ins Gericht. Das Mißtrauen
vieler Christenmenschen gegenüber Kultur und Kunst mag hier
seine legitime Wurzel haben: Nicht der schöne Mensch, den der
griechische Plastiker aus dem Stein schlägt, ist der Erwählte,
sondern der ans Kreuz geschlagene Jude. Ich erinnere an Erik
Petersons Gegenüberstellung des Nackten zum Kleid.

Wohl keiner hat die Krisis der Kunst tiefer erlitten als der Däne *Sören Kierkegaard,* der das Ethische dem Ästhetischen entgegensetzte und der hier
nur beiläufig zu Worte kommt, da eine Auseinandersetzung mit seiner Sicht
des Ästhetischen den Rahmen unserer Überlegungen sprengen würde.
Kierkegaard schreibt in der »Krankheit zum Tode«: »Christlich betrachtet
ist (aller Aesthetik zum Trotz) jedwede Dichterexistenz Sünde, die Sünde:
zu dichten, anstatt zu sein, zu dem Guten und Wahren durch die Phantasie
sich verhalten, anstatt es zu sein, das heißt existentiell danach zu streben, es
zu sein« (1954, 75).

Bildet der gekreuzigte Gott das Stilprinzip nicht nur für das
christliche Leben, sondern auch für die Kunst? Gewiß. Wenn
Gott für uns schön wird, wird er es als der Gekreuzigte. Wird uns
ein anderer als der gekreuzigte Gott schön, wird uns ein Götze
schön und nicht Gott.
Reflektieren wir die Krisis des Schönen im Kreuz, dürfen freilich
zwei Dingen nicht übersehen werden. Einmal: wenn im Kreuz
die Krisis des Schönen stattfindet; dann auch die Krisis aller Askese, auch die Krisis allen christlichen Lebensstils. Auch mein
Frommsein, alle Übung meines Glaubens ist außerhalb des
Glaubens Sünde. Alle Heiligung des Menschen ist im Kreuz

ebenso am Ende wie die Kunst. Das Kreuz bildet nicht nur die Krisis des Ästhetischen, sondern auch die des Ethischen und Religiösen.

Zum andern aber ist zu sehen, daß der gekreuzigte Gott nicht am Kreuz bleibt, und ich darf nun nicht das Kreuz von Gott lösen und zum selbständigen Prinzip machen. Das Kreuz ist kein Gesetz.

Zinzendorf hat vom Kreuz her eine *ars poetica crucis* eingeleitet.
»Zinzendorf hat sich im Laufe seines dichterischen Schaffens zu der Überzeugung durchgerungen, ein geistliches Gedicht müsse *häßlich* sein, d.h. dessen entraten, was in der Welt als Schönheit gilt: *›Es ist die notwendige Qualität eines Gemeindeliedes, daß nicht ein Schatten von Oratorie oder Poesie darinnen sei.‹* Von daher finden die uns oft abstoßenden Ausdrücke seiner Lieder ihre Erklärung. Zinzendorf selbst hält sie für das Beste, Wahrste und Genaueste, was sich über den Gegenstand sagen läßt: sie sind der allein angemessene Ausdruck der *theologia crucis*. Die *theologia crucis* hat bei ihm also auch eine ›ars poetica crucis‹ (eine ›Dichtkunst des Kreuzes‹) erzeugt. Die Sonderbarkeit der Gedichte Zinzendorfs beruht nicht auf einer Vernachlässigung der Form, sondern auf der positiven Überzeugung, daß der adäquateste Ausdruck ohne Rücksicht auf Schönheit und Glätte zu wählen sei: *›Darum äußert sich sein Streben nach dem besten Ausdruck nicht in der Formulierung klarer Begriffe, sondern in der Prägung bezeichnender, die Sache charakterisierender Worte und Sätze‹*« (*Oskar Söhngen*, Theologische Grundlagen der Kirchenmusik, in: Leiturgia IV, 250).

Aus dieser *ars poetica crucis* spricht das Wissen um die Differenz zwischen Kunst und christlicher Existenz. Wenn ich – von Paul Gerhardt her – eine schöne Sprache als die der Schönheit Gottes angemessene Sprache bezeichne, so muß man wissen, daß keine noch so schöne Sprache Gottes Schönheit erreicht. Johann Walter sieht hier die Sprachgrenze:
»Kein Zug kann je erreichen die ewig Schönheit groß; man kanns mit nichts vergleichen, die Wort sind viel zu bloß« (EKG 311,2).

Auch entscheidet die Schönheit unserer Sprache nicht darüber, ob sie nun ihrerseits Gottes Wohlgefallen errege, ob sie nun in Wahrheit, vor Gott nämlich, schön sei!

Johann Georg Hamann sieht es so: »Der sich die Stimme der Raben, wenn sie ihn anrufen, gefallen läßt und den Mund der Säuglinge zum Herold seines Ruhmes bereiten kann, zieht den Ernst eines erstickten Seufzers – einer zurückgehaltenen Zähre – der spitzfindigen Gerechtigkeit des Wohlklangs und dem Nierenfett der Chöre vor« (SW II, 147).

Gerade am Beispiel Zinzendorfs und Hamanns zeigt sich, daß das Auseinanderfallen von Kunst und Heiligung dialektisch mit dem Zusammentreffen von Kunst und Heiligung zu verbinden ist. Fehlt ein solches Zusammentreffen, wird der Name dort lächerlich gemacht, wo er zu heiligen wäre und wo man ihn heiligen wollte.

Zu einer Konvergenz von Kunst und Heiligung kommt es in und durch die Krisis des Kreuzes eben darum, weil Gott beschlossen hat, durch das Kreuz – nach Kol 1,19f – alles mit sich selber zu versöhnen. So ist am Kreuz alle menschliche Kunst nicht nur am Ende, sie fängt am Kreuz eben erst recht, eben neu an. In und mit der Rechtfertigung des Gottlosen ist und wird auch seine Kunst vor Gott recht, gibt es Freiheit zur Kunst. Das legitime und gesunde Mißtrauen der Christen gegenüber Kunst und Kultur wird in dem Moment fragwürdig, ungerecht und ungesund, in dem es sich zu prinzipieller Kultur- und Kunstfeindlichkeit auswächst. Das Kreuz wird dann zum Prinzip, zum Gesetz, das den Ruf des Evangeliums zur Freiheit erstickt und den Dienst der Versöhnung hindert.

Die bewundernswerte Kraft, die die Brüdergemeine entwickelt hat, hängt nicht zuletzt damit zusammen, daß der Graf sie singen lehrte, daß er – wie sein Biograph Spangenberg berichtet – regelrechte Dichterseminare veranstaltete, um die Gemeinde nicht nur zum Singen, sondern auch zum Dichten zu veranlassen (Leben des Herrn Nicolaus Ludwig Grafen und Herrn von Zinzendorf und Pottendorf [1772 – 1775], ²1971, 281. Vgl. mein Buch »Geist und Gericht«, 1979, 75ff).

Auch Zinzendorf war es nicht möglich, »ohne einen Schatten von Oratorie oder Poesie« zu dichten. Wäre er hier selbstkritischer gewesen, hätte er sein Dichten *im Dichten selber* energisch unter das Kreuz gestellt; und hätte er in solchen Dingen zur Zukunft des Gekreuzigten hingedacht, hätte er wohl die Angst vor dem Schönen verloren, weil er sein Dichten so ernst auch wieder nicht hätte zu nehmen brauchen. Er hätte dann auch nicht aus dem Kreuz ein Gesetz gemacht – nicht zur Schädigung, sondern zur Mehrung seiner missionarischen Ausstrahlung, hätte er, dem Gott schön wurde, schön zu antworten gewußt. Am Beispiel Zinzendorfs mag anschaulich werden, daß die Frage nach dem Verhältnis zur Kunst aufs engste mit der Frage der missio verknüpft ist.

Man hat Zinzendorf oft Geschmacklosigkeit vorgeworfen. Die heutigen Kirchenliedermacher aber haben ihn in dieser Hinsicht in den Schatten gestellt. Was an neuen Liedern an das Kirchengesangbuch angehängt wurde, dokumentiert die im Schwange gehende Stillosigkeit (vgl. hierzu meinen Beitrag »Bemerkungen zu neuen Liedern«, in: EvTheol 39, 1979, 143ff). Die Planung zu einem neuen Kirchengesangbuch läßt diesbezüglich Schlimmes ahnen: Der kirchliche Kommerz scheint mit Sang und Klang das Kreuz verharmlost zu haben. Das Bethaus muß Kaufhaus werden. Offensichtlich scheint die bürgerliche Religion sich auf der ganzen Linie durchzusetzen. *Kristlieb Adloff* hat in einem bedenkenswerten Votum »Auf ein neues Lied« seinen »Widerspruch gegen eine verfehlte Gesangbuchplanung« angemeldet, dem ich nur zustimmen kann (Musik und Kirche, 1985, 180ff). Ich denke, daß hier eine Kirche Lieder anstimmt, die vom Kreuz wohl noch tönt, aber nichts mehr weiß: »Zu dem Mangel an Gottesfurcht paßt, daß Lieder, die vom Zorn Gottes handeln, wenig Gnade gefunden haben . . .« (183).

Dann aber ist zu sehen, ich wiederhole es, daß das Kreuz nicht nur das Ende von etwas Altem, sondern der Beginn von etwas Neuem ist. Am Kreuz endet Zeit und beginnt Zeit. Der Wechsel vom letzten auf den ersten Tag der Woche, vom Sabbat auf den Sonntag wird bedeutsam. Im Sonntag endet nicht, im Sonntag beginnt Zeit, neue Zeit. Ein Wort eines Neutestamentlers variierend möchte ich sagen, Jesus predigte das Reich Gottes und brachte den Sonntag. Er brachte den Sonntag als Tag, da die neue Erde im Auferstehen Jesu erstmalig zum Vorschein kommt, als Welterneuerungstag. Else Lasker-Schüler nannte Jesus den Sonntag der Schöpfung. Jesus ist der sonntägliche Mensch, der uns das Betrachten der Lilien lehrt.

Wenn die christliche Auferstehungshoffnung sich – nach Bonhoeffer (WE[1], 226) – von der mythologischen darin unterscheidet, daß sie den Menschen in ganz neuer und gegenüber dem Alten Testament noch verschärfter Weise an sein Leben auf der Erde verweist, gewinnt der Sonntag im Licht der Auferstehungshoffnung einen neuen Sinn: Er lehrt uns Natur und Kultur in der Möglichkeit zu sehen, die sie durch die Auferstehung Jesu von den Toten haben. Hierbei nimmt die Kultur den ersten Platz ein. Wir sahen schon: In der Metaphorik von 2Kor 5,4 wird das himmlische Kleid zum Garant des Lebens: Das irdische, das wir anziehen und ausziehen, das wir mit dem Tag und der Nacht – wie auch mit den Jahreszeiten – wechseln, wird damit hineingezogen in das Licht des Kommenden.

Weil auch Unheilige sich nach Verwandlung sehnen, verspricht jede neue Mode – wenigstens in homoöpathischen Dosen – ein neues Sein. Indem das Kleid gewürdigt wird zu österlicher Metapher, bekommt es schon im Vorläufigen eine neue Dignität. Man wird in der Auferstehung der Toten nicht eine platonische Idee der Mode sehen dürfen, wohl aber darf man die Mode und jedes Kleid sehen im Blick auf das ganz andere Kleid der Zukunft. Darum trug mein Vater am Abendmahlssonntag sein Hochzeitsgewand.

Nun könnte man einwenden, daß die Kleidermode – und damit das Kleid – nicht zur Kunst zu zählen sei – und eine Kleidersitte erst recht nicht. Die bürgerliche Kunstreligion mochte vom »Ewigen in der Kunst« reden; dem könnte man dann die Vergänglichkeit der Mode entgegensetzen. Natürlich hält eine Marmorplastik länger als ein Modellkleid; ewig sind beide nicht. In diesem Zusammenhang sei an das *Wechselspiel von Kunst und Mode* erinnert. Die Mode steht in einer Korrelation zur Kunst, die augenfällig wird in der figürlichen europäischen Malerei. Andererseits läßt sich zeigen, wie z. B. *Mondrian* die Mode beeinflußt hat. Damit haben wir nur auf ein Wechselspiel in den Oberflächenstrukturen verwiesen. Wollte man auf die Zusammenhänge in der Tiefenstruktur von Mode und Kunst bzw. von Mode und Stil abheben, würde man unsere auf Lebenspraxis abzielende Thematik verlassen.

Die Schau des Sehers vom *himmlischen Jerusalem* in der Offenbarung des Johannes mag uns bewahren, Sonntäglichkeit weltflüchtig zu verstehen. Der Sonntag trotzt nicht nur der Zeit, er überholt sie, wo der Seher die neue Erde sieht. Wo Eden kein Jenseits mehr ist, schaut er nicht himmlische Gärten, sondern, surrealistisch genug, eine Stadt: eine Stadt, Ausdruck und Bild des homo faber, Ort von Kunst und Kultur, eine Stadt, etwas Gemachtes und nun als architektonisches Kunstwerk sondergleichen dargestellt, jetzt mit allen Attributen der Vollkommenheit: nun nicht mehr als Hure, nun als Braut, nun nicht unwirtlich, sondern mit offenen Toren. Jetzt ohne Tempel, weil Gott nicht mehr unbehaust auf Erden ist und die Welt nicht mehr ohne Gott. Nicht genug, daß das Fest der Zukunft im Bild einer Stadt voll Gott dargestellt wird, daß mit diesem Bild schon die stadtbauende Kultur und Kunst des Menschen zu Ehren kommt, noch mehr: Zweimal wird betont, daß Wissenschaft, Kunst und Kultur der Völker eingebracht werden in die Gottesstadt. »Und die Könige der Erde bringen ihre Herrlichkeit in sie« (21,24), die Völker ihre Herrlichkeit und Pracht (21,26). Da wird sichtbar, was der grüne Heinrich ahnte: »Gott strahlt vor Weltlichkeit.«

In einer Stadt ohne Sonne und Mond, erleuchtet vom Lichtglanz Gottes und dem Lamm, in der Zukunft, in der Gott alles erleuchtet, wird auch die Kunst hineingezogen in den Lichtkreis; die Herrlichkeit und Pracht der Völker wird nicht als unrein angesehen.

Heiligt Gott den Menschen, indem er ihm Zeit schenkt, dann ist der Sonntag nicht nur ein Tag der Erinnerung, sondern auch ein Tag bräutlicher Ahnung: ein Tag, den der Herr gemacht auf den neuen Tag hin.

Der Sonntag wird damit zum Zeichen, daß alles Arbeiten eschatologisch relativ und zugleich wie das Feiern auf Zukunft gerichtet ist. In der Sprache des Paulus ausgedrückt: durch das Haben-als-hätte-man-nicht und durch die Rede vom Lohn als einer Frucht der Gnade. Der Sonntag ist nicht nur der Tag des Schöpfers, sondern gleichzeitig Vor-Tag des Endes und der Neuschöpfung aller Dinge, der Tag des kommenden Christus. Jede Sonntagsfeier ist Advents-feier.

In diesem Sinne ist das Moderne der modernen Kunst zu verstehen, auch ein Teil des Ärgernisses, das sie bietet: Kunst gibt sich nicht zufrieden mit der Spiegelung der Schöpfung und dem, was die Menschen aus ihr machten. Sie will ein Neues, noch nie Dagewesenes. Kunst verliert ihr Wesen, wo sie zur Reproduktion wird.

Kunst experimentiert. Sie entwirft neue Schöpfung, wissend, wenn sie weise ist, daß diese noch nicht die neue Erde sein wird. Kunst ist als solche nicht ewig, sie ist vorläufig, vergänglich, und über das, was einmal eingebracht ist, entscheiden nicht die Kunstrichter.

Aber sie wagt es, die gegenwärtige Wirklichkeit in Frage zu stellen und die Möglichkeit des Wirklichen zu erproben. Sie läßt das Hiesige und Anwesende nicht gelten in dem, was es ist; sie intendiert, was es werden kann. Insofern präludiert alle Kunst den neuen Himmel und die neue Erde. Darum wird das künstlerische Schaffen »immer die Tendenz zum Unerhörten, noch nie Dagewesenen, zur Gestaltung des Unmöglichen und zu unmöglichen Gestaltungen haben; alles künstlerische Schaffen ist im Prinzip *futuristisch*« (*Karl Barth*, Ethik II, 440). In ihm tickt »eine Blitzsekunde«, die ich nun nicht mit Daniel Spoerri als »Ablauf eines ganzen Zyklus« begreife, »der Leben und Tod, Verwesung und Wiedergeburt heißt«, sondern als eine – wenn auch noch so verschleierte – Vorschau universaler Wiedergeburt:

»Denn wie der Blitz vom Osten ausfährt und bis zum Westen leuchtet, so wird die Wiedergeburt des Sohnes des Menschen sein« (Mt 24,27). In diesem Sinn bringt Kunst das Licht des Jüngsten Tages zum Leuchten. Das ist es, was uns in ihr anrührt und nach vorn bringt. Darum eignet allem künstlerischen Schaffen ein futuristischer Charakter. Sie vermittelt neue Wahrnehmung und verweist – wie verschlüsselt auch immer – auf das Ende der alten und das Kommen der neuen Welt. »Eine visionäre Vernunft« postulierte Kurt Marti in einem Vortrag bei der Entgegennahme des großen Literaturpreises des Kantons Bern: »Nötig wäre eine visionäre Vernunft. Ich glaube nicht, daß sie zu haben sein wird ohne die Impulse des religiösen Glaubens. Sie wird auch nicht zu haben sein ohne die Impulse der Kunst« (Der Bund Nr. 264 vom 9.11.1972, 45).
Ein grundsätzlicher Konservativismus, wie er weithin die evangelische und wohl auch die römisch-katholische Frömmigkeit prägt, kann verschiedene Ursachen haben, nicht zuletzt einen Verlust der Hoffnung. Der Gott der bürgerlichen Religion hat mehr mit der Vergangenheit zu tun als mit der Gegenwart und Zukunft, denn er soll ja das Überkommene, das, was man hat und besitzt, schützen und bewahren. Wird dem »Gott der Hoffnung« (Röm 15,13) abgesagt, macht alles angst, was die Welt bedroht, in der man sich eingerichtet hat. Ein grundsätzlicher Konservativismus solcher Art ist von Übel, weil er die neue Wirklichkeit verbirgt. Er will die Kleider nicht wechseln und kommt nicht an.

Ich erinnere nochmals an Robert Walser: »Tobold liebte alles Alte, alles Ge- und Verbrauchte, ja, er liebte sogar bisweilen Verschimmeltes. So zum Beispiel liebte er alte Leute, hübsch abgenutzte alte Menschen. Kann man daraus Tobold einen berechtigten Vorwurf machen? Kaum!« Das ist ein Konservativismus, der das Alte »zu Ehren zieht«, ein Konservativismus der Dankbarkeit gegenüber dem grassierenden Konservativismus der Ängstlichkeit, welch letzterer das Futurum nur ohne Hoffnung kennt.

Sonntäglichkeit als Geistesgegenwart

Soll Sonntäglichkeit das Schlüsselwort sein, das uns ein rechtes theologisches Verständnis von Kunst und Heiligung eröffnet, genügt es nicht, Kunst von der Schöpfung her und auf die Neuschöpfung hin zu verstehen. Sie wird für uns relevant in der Gei-

stesgegenwart. Kommt im Sonntag beides zum Vorschein, die Zukunft des Jüngsten Tages wie das Perfekt der Schöpfung und Erlösung, wird er zum Zeichen der Geistesgegenwart.
So hat Isidor von Sevilla den Sonntag als Tag der Ausgießung des Heiligen Geistes bezeichnet (De eccl. off. I, 24). Der Geist ist es, der Vergangenheit und Zukunft herbringt ins Hiesige, er hält die ablaufende Zeit, daß sie Gegenwart wird. So werden Geistesgegenwart und Sonntäglichkeit zu Synonymen. Geistesgegenwart ist das gewisse Etwas, das Fest und Feier festlich macht und auch dem Fasten die Zeit ansagt. In des Geistes Gegenwart dient Kunst der Heiligung, und Heiligung findet ihren Ausdruck als Kunst. Kunst gehört zum sonntäglichen Dasein und insofern gehört sie, so unheilig sie sich selbst verstehen mag, zur Heiligung.
Wenn der liebenswürdige Gott in seinem Offenbaren schön wird, rücken Heiligung und Kunst zusammen. Aber Kunst und Heiligung sind nicht identisch. Heiligung ist nicht mein Werk, sondern das Werk Gottes – Kunst aber ist des Menschen und nicht Gottes Werk. Kunst ist je eine Mächtigkeit des Menschen. Heiligung aber in diesem Sinne keine Kunst. Ein solcher Satz ist sofort – nicht zu widerrufen – aber zu ergänzen: Weil der Mensch in der Heiligung irgendwie dabei und Gott bei der Kunst – ob sie will oder nicht – irgendwie dabei ist, möchte ich so sagen: Kunst und Heiligung rücken zusammen, weil sie beide – in sehr verschiedener Weise – Werke und Gaben des Heiligen Geistes sind und also hier in ihrem Ursprung ihr letztes Kriterium haben. In der Geistesgegenwart aber ist die Trennung von Kunst und Heiligung aufgehoben, tagt die Sonntäglichkeit.
Die Bedeutung von Calvins Geistlehre kann nicht leicht überschätzt werden, wonach überall da, wo der Mensch Gutes schaffe in der Politik und in der Kunst, Gottes Geist schöpferisch wirksam werde: »Auch menschliches Können in Kunst und Wissenschaft geht auf Gottes Geist zurück.« Und Simone Weil hat uns den Satz hinterlassen: »Jedes Kunstwerk ersten Ranges ist von Gott inspiriert, sein Gegenstand mag noch so weltlich sein . . .« (Das Unglück und die Gottesliebe, 1961, 175). Das Irritierende eines solchen Satzes wird deutlich, wenn es Gott gefällt, zu solchen Kunstwerken nicht nur in der guten alten Zeit, sondern auch in der bösen Gegenwart zu inspirieren.
Ich denke, die Christen von heute wären weniger kunstfeindlich, wenn die Weite und die Tiefe reformatorischer Gedanken

von ihnen bedacht und begriffen würden. Weil der Gedanke vom Wirken des Geistes Gottes in der Kunst heute so fremd ist, soll zunächst verdeutlicht werden, wie es Calvin meint. In den freien Künsten und im Handwerk sieht er »natürliche Gaben«. Diese Gaben sind »so allgemein vorhanden, daß jeder einzelne darin für sich persönlich eine besondere Gnadengabe Gottes anerkennen muß« (Inst. II/2, 14). Die natürlichen Gaben verstreut der Schöpfergeist über die ganze Menschheit. So leuchtet uns aus den heidnischen Schriftstellern das Licht der Wahrheit wunderbar entgegen, ein Zeichen, daß nach dem Fall der Menschengeist »auch jetzt noch mit hervorragenden Gottesgaben ausgerüstet und geschmückt ist« (II/2, 15). Diese Gottesgaben sind nicht zu verachten, und ich meine, Calvins Mahnung gelte auch im Blick auf die moderne Kunst. »Bedenken wir nun, daß der Geist Gottes die einzige Quelle der Wahrheit ist, so werden wir die Wahrheit, wo sie uns auch entgegentritt, weder verwerfen noch verachten – sonst wären wir Verächter des Geistes Gottes! Denn man kann die Gaben des Geistes nicht geringschätzen, ohne den Geist selber zu verachten und zu schmähen!« (ebd.)

Calvin unterscheidet zwischen dem Wirken des Geistes zum Gemeinwohl, »zum gemeinen Besten des Menschengeschlechtes«, und dem Wirken des Geistes zu Heil und Heiligung; aber er möchte den Geist, der verschieden wirkt, nicht trennen: »Da hat nun aber keiner Anlaß zu fragen: Was haben denn die Gottlosen mit dem Heiligen Geiste zu schaffen, sie sind doch ganz und gar von Gott getrennt? Denn es heißt zwar, der Geist Gottes wohne nur in den Gläubigen (vgl. Röm 8,9), aber das muß auf den Geist der Heiligung bezogen werden, durch den wir Gott selber zum Tempel geweiht werden. Aber darum erfüllt, bewegt und kräftigt Gott durch die Kraft desselben Geistes nicht weniger alle Dinge, und zwar entsprechend der Eigenart jedes einzelnen Wesens, wie er sie ihm durch das Gesetz der Schöpfung (creationis lege) zugewiesen hat« (Inst. II/2, 16).

Ein Geist bewirkt Wiedergeburt und begabt zur Kunst. Wollte man hier trennen, statt bloß unterscheiden, würde man aus dem Schöpfer und dem Vollender zwei Götter machen.

Das Ja des Glaubens zur modernen Kunst kann kein unkritisches sein: Im Glauben an das Wirken des Heiligen Geistes ist den Christen die Prüfung der Geister aufgetragen – auch in der modernen Kunst –, Kunstkritik als Prüfung der Geister, das gibt es noch kaum, das wäre ein Thema für sich, das hier nicht ausdrücklich und nur beiläufig behandelt werden kann in der Weise, daß jetzt der Widerstand vieler Christen gegen die moderne Kunst, wie auch der Zusammenhang von Kunst und Heiligung, genauer zu umschreiben ist. Zunächst vier Bemerkungen zur Kunstfeindlichkeit:

1. Dies könnte die Christen an moderner Kunst irritieren und ärgern, daß Gott größer ist als ihr Herz und schöner als ihre schönste Seele. Dies könnte manch einen ärgern, daß Gottes Heiliger Geist alle Grenzen, die wir ziehen, und alle Mauern, die wir bauen, übersteigt. Der große Gott ist eben kein Geizhals und Kleinbürger, der mit dem Schöpferwirken seines Geistes knausert und geizt. Gottes Geist schießt über die Glaubenden hinaus, schenkt schöpferische Gaben auch Menschen, die den Namen Jesu nicht kennen.

Ich denke, es sei schon deutlich geworden, daß die Stellung der Christen zur modernen Kunst wichtig für ihre Missionsfähigkeit ist. In diesem Fall hat der Konflikt der Christen mit der modernen Kunst die gleiche Wurzel wie der Konflikt der Judenchristen mit Paulus: Man engt den Heiligen Geist ein auf die Beschneidung, meint, die Christen hätten Alleinvertretungsanspruch und wären die Exklusivempfänger des Heiligen Geistes. Um der Mission willen muß der Kampf heute – wie in Galatien und anderswo – um die Freiheit des Geistes geführt werden.

Ein anderes Problem kann hier nur angedeutet werden: Das Alte Testament übernimmt z.B. Weisheitsvorstellungen der Ägypter: »Daß nicht nur ägyptische Einzelvorstellungen, sondern gelegentlich auch eine ganze Folge von Sätzen übernommen werden und im Wortlaut (ohne Korrektur!) beibehalten werden konnten, und daß dieselben Worte und Sätze in Israel bis auf den Grund entleert und mit wesenhaft verschiedenem Inhalt betrachtet werden konnten – das ist ein hermeneutisches Phänomen, das gewiß noch nicht allseitig genug bedacht ist« (*Gerhard von Rad*, Weisheit in Israel, ³1985, 226). – Was bedeutet der hier angedeutete Sachverhalt für eine theologische Beurteilung der ägyptischen Vorstellungen?

2. Das Ärgernis, das die Kunst für den Christen darstellt, besteht im Ärgernis an der Sonntäglichkeit überhaupt. In diesem Horizont könnte man sagen, das Ärgernis an der Kunst sei das Ärgernis des Menschen daran, daß er sich nicht selbst erlösen kann und daß Gott den Menschen nicht nach den Werken gerecht spricht. Der Mensch lehnt Kunst, Spiel und Festlichkeit als unseriös ab, weil der Ernst des Lebens ihm wichtiger erscheint als die Freiheit der Gnade. Ich denke, daß dies eine besondere

Ausprägung christlichen Fehlverhaltens darstellt, da nicht zu tanzen, wo der Spielmann messianisch auftritt, und da nicht hinzugehen, wo zum Festbankett geladen wird.

Wenn Jesus als Fiedler auftritt, findet der messianische Tanz, nicht statt: Wir haben euch aufgespielt – und ihr habt nicht getanzt (Mt 11,17).
Im Gleichnis wird die Verweigerung zum Fest moralisch und rational begründet: mit dem Hinweis auf wirtschaftliche Notwendigkeit und eheliche Verpflichtung (Lk 14,16-24).

Die Menschen lieben offensichtlich den Ernst des Lebens, über den sie seufzen, mehr als das Fest des Lebens. Die Schwierigkeiten mit der Kunst sind die, die wir auch mit dem Sonntag haben. Die Kunst ist freilich noch nicht der messianische Tanz, und an ihrem Tisch wird noch nicht das große Abendmahl gefeiert. Ist aber der Schöpfergeist in ihr am Werk, beginnt schon der Reigen zum Reich hin, werden die Instrumente gestimmt.
Dieser Reigen unterbleibt, wo Christen den kommenden Christus vergessen. Wo Christus nicht mehr alles neu machen, sondern nur das gute Alte erhalten soll, wird freilich die moderne Kunst zum Ärgernis. Man muß sich aber nicht wundern, daß von solchen Christen nicht Licht, sondern Finsternis ausgeht. Wohl vermögen sie dann mit den Lippen zu bekennen; sie leugnen aber mit ihrer ganzen Haltung das Bekenntnis. So könnte das Desinteresse vieler Christen an der modernen Kunst sehr wohl einen faktischen Widerspruch gegen die neue Erde enthalten. An die Stelle der Hoffnung tritt dann spießbürgerliche Selbstzufriedenheit. Anstand hat die Heiligung ersetzt, und man hält für sonntäglich, was nur langweilig ist.
3. Ein Vorwurf, der der modernen Kunst oft gemacht wird, ist der, daß sie nihilistisch sei, zersetzend, obszön, unsittlich. »Wo bleibt das Positive, Herr Kästner?«

Wilhelm II. spricht immer noch für viele: »Wenn nun die Kunst – wie es jetzt vielfach geschieht – weiter nichts tut, als das Elend noch scheußlicher hinzustellen, wie es schon ist, dann versündigt sie sich damit am deutschen Volke. Die Pflege der Ideale ist zugleich die größte Kulturarbeit, und wenn wir hierin den anderen Völkern ein Muster sein und bleiben wollen, so muß das ganze Volk daran mitarbeiten, und soll die Kultur ihre Aufgabe voll erfüllen, dann muß sie bis in die unteren Schichten des Volkes hindurchgedrungen sein. Das kann sie nur, wenn die Kunst die Hand dazu bietet, wenn sie *erhebt, statt daß sie in den Rinnstein niedersteigt*« (Preußisches Lesebuch, 25).

Max Frisch hat auf diesen Vorwurf geantwortet, Nihilist in diesem Sinne wäre »auch der Arzt, der mich heute geröntgt hat, statt daß er meine Wange schminkt ...« (Tagebuch 1946–1949, o.J., 165). Und Friedrich Dürrenmatt hat die Menschheit mit einer Autofahrerin verglichen, die immer schneller und rücksichtsloser fährt und es nicht gern hat, wenn der Mitfahrer »Achtung« schreit und »Hier ist eine Warnungstafel«, »Jetzt sollst du bremsen« oder gar »Überfahre nicht dieses Kind«. Auch haßt sie es, »wenn einer fragt, wer denn den Wagen bezahlt oder das Benzin und das Öl geliefert habe zu ihrer Wahnsinnsfahrt, oder wenn er gar ihren Führerschein zu sehen verlangt« (Theater-Schriften und Reden, 1966, 129). Sie liebt es aber, »wenn man die Schönheit der Landschaft preist, durch die sie fährt, das Silber eines Flusses, auch amüsante Geschichten liebt sie ins Ohr geflüstert« (ebd.). Tut der Schriftsteller nicht, was man von ihm wünscht, nennt man ihn einen Nihilisten.
Ich gebe zu bedenken, daß der Heilige Geist selbst ein Nihilist ist in der Weise, daß er das gute Alte nicht verklärt, sondern richtet. Das Geltende nicht bestätigt, sondern in Frage stellt. Der Heilige Geist ist *der* Kritiker unserer Gesellschaft und unserer Zeit. Indem er wirkt als Spiritus Creator, der die Erde neu schafft, wirkt er in der Tat zersetzend. Er zerstört das Alte.
Wenn der Schöpfergeist in der Kunst am Werk ist, wirkt er kritisch, und es könnte dann sehr wohl der Vorwurf des Nihilismus nicht eine gottlose Kunst, wohl aber die eigene Unbußfertigkeit entlarven. Die Kunst kann implizit zu einer Art von Sündenbekenntnis werden, das nicht ohne Lob ist – wie denn nach Luther die *confessio peccati* (Sündenbekenntnis) die *confessio laudis* (Bekenntnis des Lobes) in sich schließt.
4. Viele Christen sehen und beurteilen die moderne Kunst unter dem Gesichtspunkt der Selbstrechtfertigung, statt unter dem von Gottes Rechtfertigung. Solcher Kunstbetrachtung entspricht eine Sicht der Welt, die nicht mehr vom reformatorischen Glauben, sondern von bürgerlicher Moral bestimmt ist. Was dem Gesetz einer heilen Welt nicht entspricht, steht aber im Widerspruch zum Evangelium. Sie verkennt, daß Gott angesichts unserer Welt, unserer Existenz schön wird – also im Widerspruch zu allem schönen Schein. Sie urteilt, ohne Gott zu fürchten, nach den Vorurteilen ihrer Klasse. Ich behaupte: Würden die Christen die Zentralbotschaft der Reformation verstehen, würden sie Gott in seiner Rechtfertigung erkennen, wären

sie angesichts von Darstellungen der modernen Kunst nicht so leicht empört und entsetzt. Der mangelnde Kunstverstand könnte sehr wohl ein Signal mangelnder Gotteserkenntnis sein. »So ist die Gerechtigkeit Gottes um so schöner, je häßlicher unsere Ungerechtigkeit ist«, bemerkt Luther zu Röm 3,7 (MA, Ergänzungsreihe II^3, 90). Wer in der Wahrheit eines solchen Satzes lebt, wird eine moderne Kunstausstellung, die schockierende Häßlichkeit zeigt, mit anderen Augen sehen als der Bürger, den empört, was nach seinem Weltbild nicht sein darf.

Es mag deutlich geworden sein, daß die Kunstfeindlichkeit der Christen eine Minderung ihrer Lebensqualität mit sich bringt. Man bringt sich wahrscheinlich um die Teilnahme an der Freude und am Schmerz Gottes, deren Echo und Widerschein die Kunst darstellt. Kunst feiert die Wirklichkeit des Daseins im Lob und dessen Möglichkeit in der Klage. Wo das Lob verstummt, wird das Leben entleert, und wo es keine Klage mehr gibt, wird das Leben unmöglich: Ein Leben ohne Lob und Klage hat keine Qualität mehr. Es ist sozusagen schon nicht mehr da. Die Sonntäglichkeit, sein bester Teil, ging ihm verloren; man lebt im Widerruf der Wiedergeburt, ohne Geistesgegenwart, ohnmächtig; man hat es aufgegeben, unterwegs zu sein.

In der Geistesgegenwart aber dient die Kunst dem Lob und der Klage; in Lob und Klage, in der Poesie von Feiern und Fasten, wird Gott dem Menschen schön. Ein Mensch des liebenswürdigen, menschenfreundlichen Gottes kann nicht anders als kunstfreundlich sein.

Kunst spiegelt die Erde und was die Menschen aus ihr gemacht haben. In dieser Spiegelung ist sie notwendig und vielleicht widerwillig, vielleicht lästernd – Verherrlichung, Doxologie. Der doxologische Charakter der Kunst gehört zu ihrem Wesen, zunächst unabhängig von der Gläubigkeit oder Nicht-Gläubigkeit des Künstlers. Spreche ich vom doxologischen Charakter der Kunst, ist sie sich selbst dessen möglicherweise nicht bewußt. So bemerkt Kart Barth zu Mozart: »Er will ... nicht das Lob Gottes verkündigen. Er tut es nur eben faktisch: gerade in der Demut, in der er gewissermaßen selber nur Instrument, nur eben hören läßt, was er offenbar hört, was aus Gottes Schöpfung auf ihn eindringt, in ihm emporsteigt, aus ihm hervorgehen will« (Wolfgang Amadeus Mozart, ^{3}1956, 27).

Der doxologische Charakter der Kunst wird nicht nur, aber gerade auch dort deutlich, wo Kunst verneint. So lobt sie den

Schöpfer sogar dort, wo sie ihn verneint, indem sie die Farbe, die Sprache, die Musik und anderes lobt und damit indirekt Lob des Schöpfers wird: Sie rechtfertigt auf eine höchst indirekte Weise den Schöpfer.

Peter Handke, einmal Zeuge eines Bekehrunsversuches einer älteren Sektiererin bei einem Wirt, schreibt eine Gottesbeschimpfung, die zuerst schockiert. Hält man diesem Text stand, stellt sich die Frage, ob die Lästerung hier wirklich den Gott Israels, den Vater Jesu Christi trifft und nicht einen Götzen, das Gespenst eines Gottes, den es nicht gibt. Eine Gottesbeschimpfung, die einen Götzen trifft, beinhaltet schon eine heimliche Doxologie. Doxologisch kann ein solcher Text aber auch dann sein, wenn aus ihm Sehnsucht nach dem wahren Gott spricht. Einer schimpft über den Gott, den er lieben und genießen möchte und der sich ihm entzieht (Poeten beten, hg.v. W. Fietkau, 1969, 38). Und wer weiß, welche blasphemischen Äußerungen von Gottlosen in Gottes Ohr angenehmer klingen als langweilige Lieder von selbstgerechten Gläubigen? Von Luther stammt das Wort, daß die Flüche der Gottlosen manchmal besser klängen in Gottes Ohr als das Halleluja der Frommen: »cum tales blasphemie, quia sunt violenter a diabolo hominibus invitis extorte, aliquando gratiores sonent in aure dei quam ipsum Alleluja vel quecunque laudis iubilatio« (WA 56, 401; MA Ergänzungsreihe II[3], 313).

Indem die Kunst nicht nur die gute Schöpfung spiegelt, sondern das, was wir Menschen aus ihr gemacht haben, wird sie zur Klage – zu eine Art *confessio peccati,* zu einer Art Sündenbekenntnis. Kunst ist ihrem Wesen nach nicht nur kritisch, nicht nur doxologisch. Sie ist – und gerade darin relevant für den Christen – auch Klage. Aber nicht jede Klage ist Kunst. Das Lamentieren über Frust und Nullbock, wie es heute grassiert, hat die Qual noch nicht erlitten, von der Künstler und Heilige wissen. Auch weiß das stereotype Sich-beklagen nicht, was Sünde ist.

Wenn *Georg Lukács* 851 Seiten lang die »Eigenart des Ästhetischen« abhandelt, schließt er mit *Goethes* Motto zur Marienbader Elegie, als einem Hinweis auf die Universalität aller Kunst als Weg zum Selbstbewußtsein des Menschen, der aus der Stummheit heraus zum Wort findet:
>»Und wenn der Mensch in seiner Qual verstummt,
>Gab mir ein Gott, zu sagen, was ich leide.«

Es gibt keine sonntägliche Existenz ohne Klage, weil zwischen 1Mose 2 und Offenbarung 21 das Kreuz mitteninne steht. Die Klage darum, daß die Zeit noch nicht hochzeitlich ist, qualifiziert das Leben in seiner endzeitlichen Bestimmung. Die Klage hält an der Möglichkeit fest, indem sie Wirklichkeit an der Verheißung mißt.

Kunst als Ausdruck von Lob und Klage, stellt für den Christen nicht eine Beliebigkeit dar, ein Rasensport für Töchter aus gutem Hause. Wird Gott dem Menschen in Lob und Klage schön, dann gehört zur Spannung von Fasten und Feiern notwendigerweise die Kunst: ». . . das wäre eine schlottrige Auffassung, nach der die Kunst ein Fakultativum für solche, denen es zufällig Spaß macht, wäre. Das Wort und das Gebot Gottes fordert Kunst, so gewiss es ist, daß wir unter das Wort vom neuen Himmel und der neuen Erde [vgl. Jes. 65,17] gestellt sind . . .« (*Karl Barth*, Ethik II, 443).

Wo die Christenheit zum Reiche Gottes umkehrt, wird sie – wie Israel beim Auszug die Ägypter um Schmucksachen – die Künstler um ihre Gaben bitten. Ein Volk des Exodus, das aufbricht aus dieser Zeit und Gesellschaft, braucht die Kunst. Dies gehört zur Armut und Demut dieses Volkes, daß es Gott nicht aus eigener Kraft loben kann. So singt Israel den ägyptischen Psalm auf Jahwe. Die Reformation braucht Tanzweisen und Melodien von Liebesliedern, um ihr Lob zu singen. Und in Audincourt malt der Atheist und Marxist Ferdinand Léger die Kirche aus. In solchen Vorgängen kommt schon Endzeitliches zum Vorschein.

Wassilij Rosanow verweist »auf jenen ›völlig apokalyptischen Gedanken‹«, »daß das Christentum *allein* und *an sich* nichts taugt, ›nichts ist‹, verfault, hungert und dürstet. Daß es sich vom *Nichtchristentum* nährt, von nichtchristlichen Kräutern, von nichtchristlichen Pflanzen. Und daß daher das Christentum allein, in seiner reinsten und inspiriertesten Form ›nach dem Nichtchristentum‹ ruft, verlangt und dürstet« (238). – Ich meine, daß die hier notierte »Untauglichkeit« des Christentums zur Sendung der Christen gehört, paradoxerweise zur Sendung erst befähigt.

Wir können Gott nicht loben ohne Kunst. Wir können ohne Kunst auch nicht klagen. Ich meine, daß im Grunde kein christlicher Gottesdienst denkbar ist, der nicht irgendwie und irgendwo auf die Kunst der Heiden zurückgeht. Ohne die Kunst der Heiden erstarrt der Gottesdienst. Und das heißt: Wir brauchen die Kunst zu Klage und Lob, auch und gerade die zeitgenössische. In solchem Gebrauch aber findet das Thema meiner Überlegungen sein Ziel: Kunst als Heiligung, damit Gott auch in der Weltlichkeit menschlicher Werke zu Ehren komme und Gottfried Keller recht bekomme: »Gott strahlt von Weltlichkeit.«

Sendung und Askese

Wer fastet, wird Sünder genannt.

Babylonischer Talmud

Wo der Glaube nicht ist,
da müssen viel Werke sein.

Martin Luther

Gott ist schön, hieß es vorhin; was aber die Menschen aus der Welt gemacht haben, ist nicht schön. Weil Gott will, daß alles, was sehr gut war, noch sehr gut und also auch – sehr schön werden soll, gibt es Sendung und Askese.

Der Weg der Sendung ist ein Weg der Askese. Wo Gott »Wohlgefallen erregt, Begehren schafft und mit Genuß belohnt«, dem Menschen also schön wird, gerät ebendieser Mensch in Bewegung. In eine Bewegung querweltein auf ein Fest hin, und diese Bewegung gibt es nicht ohne Askese. Weil Gott schön ist und wird, darum sendet er, und im Reflex von Gottes Schönwerden gibt es Askese.

Aber nun brauche ich hier einen etwas zwiespältigen Begriff, belastet durch die Tradition kirchlicher Askese, deren Krise meines Erachtens im katholischen Mönchtum virulent wird; aber auch im Generationenkonflikt in vielen christlichen Familien, nicht nur als grundsätzliche Ablehnung überlieferter Askese durch die Jugend, sondern auch als Protest gegen die mangelnde Askese der älteren Generation. Ist der Begriff einerseits durch die Tradition belastet, gewinnt er andererseits gerade in einer Überflußgesellschaft zunehmende Faszination. Seine gesellschaftliche Relevanz scheint sofort einsichtig zu sein. Askese – das könnte auch als Stichwort erscheinen, dem dummgewordenen Salz des Christentums seine Salzkraft wiederzugeben. Askese wäre dann ein Schlüssel, der den Satz »Gott ist schön« aufschließen hilft. Askese wäre dann die Einübung dieses Satzes. Das Faszinierende des Stichwortes »Askese« liegt in der noch unentdeckten Möglichkeit, die es verheißt.

»Im Protest der Jüngeren gegen fehlenden Verzicht bei den Älteren kündigt sich ein neues Gespür dafür an, daß eine Einübung in Selbstbeschränkungen verschiedenster Art von lebenserhaltender Bedeutung in der Überflußgesellschaft sein kann« (so *Manfred Seitz*, Art. Askese IX, in: TRE 4, 251).

Bemühung um eine kritische Theorie der Askese

Askese ist wie die Kunst kein spezifisch christlicher Begriff. Wenn der alte *Luthard* im »Kompendium der theologischen Ethik« unser Stichwort abhandelt, stellt er lapidar fest: »Die Wurzeln der Askese, wie sie in der Kirche zur Herrschaft kam, liegen im Heidentum« (255). – »Die später doch unter Christen weit verbreiteten asketischen Stimmungen und Praktiken scheinen dann dem Einfluß der Umwelt zu entstammen« (*Georg Kretschmar*, Ein Beitrag zur Frage nach dem Ursprung frühchristlicher Askese, in: ZThK

61, 1964, 28). Er verweist denn auch zuerst auf die Baalspfaffen, die sich auf dem Karmel mit dem Schwert in den eigenen Leib schnitten. Trotzdem sind auch innerchristliche Wurzeln der Askese aufweisbar. So weist Kretschmar auf die Nachfolge hin.

Ich meine, es würde kaum weiterführen, wenn wir nun versuchten, der heidnischen Wurzel nachzugehen, um die Askese in den Religionen mit einer Askese vom Evangelium her zu vergleichen. So hat die Forschung den Einfluß des Neuplatonismus auf das Mönchtum aufgezeigt. Je nüchterner und natürlicher wir hier im Gegenwärtigen denken, um so eher werden wir uns der Sache nähern. Gelingt es, den Begriff von der Alltagswirklichkeit her anzuleuchten, wird die Bedeutsamkeit einer Askese vom Evangelium her für den Lebensstil der Christen um so eher einsichtig. Verstehe ich Askese in der ganzen Weitschichtigkeit des Begriffs, stellt er der Sache nach eine Haltung und ein Tun dar, ohne die menschliches Zusammenleben und menschliche Kultur kaum möglich wäre.

Nach Freud wissen wir: »Die Kultur ist doch überhaupt auf Triebverzicht aufgebaut...« (GW XIII, 424). Man könnte von daher Askese als Verzicht definieren: Ich verzichte, bestimmte Möglichkeiten, die das Leben bietet, zu verwirklichen. Askese als Verzicht aber ist nur sinnvoll als Verzicht um einer Wahl willen. Ich verzichte auf bestimmte Möglichkeiten und entscheide mich für eine oder mehrere andere Möglichkeiten.

Askese in diesem weiten Sinne gibt es auf allen Lebensgebieten. Wollte man Askese in diesem umfassenden Sinne darstellen, müßte man unterscheiden zwischen freiwilliger und erzwungener Askese. Man vergleiche etwa den Auszug früherer Missionare mit dem der Arbeiter aus dem Süden, die unter Umständen beide den Verzicht auf Familiengemeinschaft und noch viel mehr auf sich nehmen. Auch ist zu bedenken, welches Maß von sozialen und gesellschaftlichen Zwängen die Menschen ungewollt und manchmal unbewußt zur Askese nötigt. Diese ist je nach dem sozialen Status verschieden. Im Unterschied zwischen Herrschenden und Beherrschten verändert sich die Art und Weise der Askese: Auf allen Lebensgebieten wird Askese geübt nach je verschiedenen Normen und Spielregeln, im Rahmen von je verschiedenen Wertsystemen auf je verschiedene Ziele hin. Je verschleierter hier die Regeln und Ziele sind, um so unfreier der Mensch. Wenn wir nach einem christlichen Lebensstil und nach der Bedeutsamkeit der Askese für denselben fragen, können wir dies nicht tun, ohne den Lebensstil unserer Gesellschaft zu berücksichtigen – ohne die asketischen Motive in ihr zu bedenken. Die Erkenntnisse der Tiefenpsychologie und der Sozialpsychologie wären hier heranzuziehen, die im Rahmen meiner Meditation nur angedeutet werden können. Ich muß versuchen, im Auswerten des Begriffes zu einer Bestimmung der Askese im Horizont der Sendung zu gelangen, um dann die Problematik der christlichen Tradition des Begriffes zu beleuchten. Im Gang vom Allgemeinen zum Besonderen muß eine Art von Askese besprochen werden, sozusagen propädeutisch von Askese und Sendung: Askese als *Bewahrung*.

Verzichte ich auf diese Möglichkeit, die mir das Leben anbietet, kann solcher Verzicht eine Gefahr abwenden. Askese wird dann zur Diät, zur Schonkost. Man verzichtet auf Alkohol, Nikotin, Kaffee oder Schweinebraten, weil es einem nicht bekommt. Man enthält sich eines Genusses, der einem nicht zusagt. Solche Askese dient dem Wohl des Menschen, möglicherweise auch seinem Heil. Sie wird da notwendig, wo ein Genuß eine zerstörerische Wirkung ausübt. Nicht jeder Genuß ist wohltätig, nicht jeder heilsam. Allen Lebensgebieten legt sich im Interesse menschlichen Wohles Askese nahe.

Man könnte mit der katholischen Theologie hier von ›moralischer Askese‹ sprechen: Obschon der Glaube auch um Dinge weiß, die ihm nicht bekommen, auf die er verzichtet, so ist solche Askese, wie Karl Rahner meint, »noch nicht der eigentliche Wesenskern jener Aszese, die im Christentum tatsächlich gepflegt wurde«. Was Rahner an Entsagung, Verzicht und Buße in den Leben der Heiligen findet, ist nicht auf den Nenner der moralischen Askese zu bringen (Passion und Aszese, in: Schriften zur Theologie III, 77f).

Sehe ich recht, gibt es in unserer protestantischen Tradition einen breiten Strom moralischer Askese, eine mannigfache Varietät von Schonkost zur Abwendung von Gefährdungen. Solche Askese ist sicher nötig, und ich denke, daß es keine Askese der Sendung gibt, die nicht auch eine solche der Bewahrung in sich schließt. Allerdings kann die Problematik dieser Art Askese nicht verschwiegen werden.

Eine Askese der Bewahrung gibt es namentlich auf geistigem Gebiet nicht ohne Zensurierung, nicht ohne Zensor. Hier ist zu fragen, wer denn der Zensor sei, der den Lebensstil bestimmt, wer denn den Menschen auf Schonkost setzt: ein Geist der

Ängstlichkeit oder Trägheit, ein Geist der Gesetzlichkeit oder der Geist des freimachenden Evangeliums, der Geist Gottes oder der Geist irgendwelcher Götzlein? Solche Zensur kann allemal auf doppelte Weise ausgeübt werden, als Selbstzensur und als Gruppenzensur. Eine besondere Schwierigkeit ergibt sich in religiösen Gruppen da, wo sich der einzelne mit der Gruppe identifiziert und sei es aus Ängstlichkeit oder Trägheit die Gruppenzensur übernimmt, ohne daß der einzelne die Zensur der Gruppe wirklich und wahrhaftig bejahen kann. Der Effekt einer Askese solcher Art ist nicht das Wohl, sondern die Heuchelei.

Was der Rumäne *Paul Goma* über die Wirkung der Zensur in seinem Lande schreibt, kann ohne weiteres auch auf die Zensur übertragen werden, die in vielen christlichen Gruppen geübt wird:
»Leider verwandelt eine langandauernde, strenge Herrschaft der Zensur den Zensurierten zwangsläufig in einen Zensor seiner eigenen Worte. Die Erfahrung hat ihn gelehrt, daß es ihm nicht erlaubt ist, gewissen Wahrheiten Ausdruck zu verleihen, also versucht er es nicht einmal mehr. Wie gebannt starrt er auf die Tabus und sieht die Wahrheit nicht mehr; sein Slalomlauf zwischen allerlei Verboten wird letztlich zur Flucht vor der Wahrheit, zur Fahnenflucht« (Die Zeit Nr. 29, 29.9.1972, 16).

Es wäre ein Mißverständnis, das hier kritisch Angemerkte als bloße Negation zu verstehen. – Wollte man das Recht einer Gruppenzensur grundsätzlich bestreiten, würde man das Recht der Kirchenzucht bestreiten. Im Geiste des Evangeliums eröffnet sich einer Gruppe die Möglichkeit, Verantwortung für ihre Glieder zu übernehmen. – Es kann sehr wohl auch ein Akt der Freiheit sein, wenn ein einzelner sich der Kontrolle einer Gruppe stellt: Er nimmt die Gruppe und die Gruppe nimmt ihn in Pflicht. Die Frage bleibt, in welchem Geist und wozu eine Gruppenzensur geübt wird!
Noch einmal: Ein Abusus moralischer Askese hebt deren grundsätzliche Notwendigkeit nicht auf. Die Gefahr der Heuchelei ist aber nicht die alleinige Problematik dieser Art von Askese: Man muß es schon als Zeichen der Glaubensschwäche sehen, wenn *nur noch* in der Abwehrreaktion gelebt wird. Solche Askese hat ihr Motiv nicht darin, daß Gott schön, sondern darin, daß die Welt böse und die Seele ängstlich ist. Solche Askese orientiert sich eher an der Macht des Versuchers als an der Macht des Erlösers. Sie dient nicht mehr der Sendung. Sie wird Selbstzweck. Was sie läßt, bekommt ein eigentümliches Schwergewicht. Der Verzicht überlagert und verdeckt die Geistesge-

genwart. Die Bewahrung wird zum alleingültigen Kennzeichen der Rettung oder tritt unversehens an Stelle der Erlösung.
Ich denke, daß es auch theologisch bedeutsam sein könnte, auf den ursprünglichen Wortsinn des Begriffes »Askese« zurückzugehen.
Homer gebraucht das Wort im Sinne »technischen Verzierens und künstlichen Bearbeitens« (vgl. *H. Windisch*, ThW I, 492ff). Dann bildet Askese eine schöne Metapher für das Christenleben. Diese Metapher schließt Askese als Bewahrung keineswegs aus, deutet an, daß Askese nicht nur negativ als Verzicht zu fassen ist, sondern auch positiv als Übung.
Das Verb wird im Griechischen häufig gebraucht für gymnastische Übung. Im Griechentum heißt der »Athlet« »Asket«, und olympisches Training ist Askese. Auch der Athlet verzichtet auf Dinge, die seine Kondition mindern. Dieser Verzicht ist für ihn zwar notwendig, steht aber nicht im Zentrum seiner Askese, dem Training auf den Sieg hin.
Es ist wohl kein Zufall, daß Paulus das Bild vom sportlichen Spiel aufnimmt und sich selbst mit einem Schnelläufer und Faustkämpfer vergleicht. »Ich laufe nun so (und zwar) nicht wie ins Blinde, so übe ich den Faustkampf (und zwar) nicht wie einer, der Lufthiebe tut; sondern ich treffe mit Schlägen meinen Leib und unterjoche ihn, damit ich nicht anderen predige, aber selbst untüchtig werde« (1Kor 9,26-27, Lietzmann). Die wettkämpferische, spielerische Existenz dient hier der Ausbreitung des Evangeliums, an die das eigene Heil geknüpft ist.
Gehen wir vom Begriff des Spiels aus – auch eine moderne Olympiade macht das deutlich –, wird Askese zur Kehrseite jeden Spiels. Jedes Spiel will gelernt, will eingeübt sein, und die Einübung ins Spiel ist schon eine Art Askese: Je höher ein Spiel, um so nötiger die Übung. Eine Schachweltmeisterschaft braucht mehr Einübung als eine Skatrunde.
Wird Askese vom Spiel her verstanden, ist damit schon ihr Charakter als Freiwilligkeit und Freiheit beschrieben. Sie steht der von der Gesellschaft geforderten diametral gegenüber, die als Zwang in der Alltagswirklichkeit herrscht. Auch die sportliche Askese verliert im Leistungssport ihre Freiheit.
Hängt für ein rechtes Verständnis christlicher Askese alles daran, daß sie vom Evangelium her und auf das Evangelium hin geübt wird, ist noch einmal der Vergleich mit der Kunst aufzunehmen. Subsumieren wir Kunst unter den Begriff des Spiels, wird

deutlich, daß kein Kunstwerk zustande kommen kann ohne Askese. Auch ein Künstler, der einer epikuräischen Lebensanschauung huldigt, wird da, wo es um seine Kunst geht, irgendwo zum Asketen. Kunst ohne Askese gibt es nicht, und alle Künstler wissen von Verzicht, Kasteiung, von Armut und Verfolgung.

Als seine Frau im Wochenbett stirbt, schreibt *Lessing:* »Ich wollte es auch einmal so gut haben wie andere Menschen. Aber es ist mir schlecht bekommen« (zit. nach *Karl Scheffler,* Lebensbild des Talents, 1942, 310f). So kann nur einer schreiben, der um Askese weiß. *Novalis* notiert in seinen Fragmenten den Satz: »Je größer der Dichter, desto weniger Freyheit erlaubt er sich« (Schriften II, 581). Und *Gottfried Benn* weiß, daß es für den Künstler keine billige Gnade gibt: »Härte ist das größte Geschenk für den Künstler, Härte gegen sich selbst und gegen sein Werk« (GW I, 580). Der Künstler spielt um einen hohen Einsatz, und er setzt sein Leben ein, um diesen Einsatz zu gewinnen. Ob er für den richtigen Einsatz spielt, ist eine andere Frage.

Ein Blick auf die Künstler kann uns vor christlicher Selbstüberschätzung bewahren, aus dem Mehr oder Weniger *unserer* christlichen Askese etwas Besonderes zu machen. Sie ist als menschliche Übung nichts Besonderes, sie wird etwas Besonderes nur von dem her, von dem her sie kommt und auf den hin sie zielt. Allein in Gnade findet menschliches Tun sein Maß, allein im Gehorsam des Glaubens sein Recht. So ist im Prüfen der Geister, die in der christlichen Askese wirksam waren, nach ihrem Woher und Wohin zu fragen, zu prüfen auch, wem sie zu nützen vorgeben und wem sie nützen.

Schon die Mönche der frühen Christenheit wußten um die Problematik der Askese: »Ein Altvater wurde von einem Bruder gefragt: Wie finde ich Gott? Vielleicht im Fasten oder in der Arbeit, bei Nachtwachen oder in Werken der Barmherzigkeit? Er antwortete: In alledem, was du aufgezählt hast, und in der Unterscheidung (Discretio). Denn ich sage dir: gar manche haben ihr Fleisch gekreuzigt. Aber weil sie es ohne Unterscheidungsgabe taten, ging ihr Mühen ins Leere, und sie hatten nichts davon. Unser Mund riecht vom Fasten, wir haben die ganze Heilige Schrift gelernt, von ganzem Herzen haben wir die Psalmen Davids vollendet, aber das, was Gott verlangt, das haben wir nicht: Demut! (V, 10,91)« (Nr. 1108). So wird ein Wort einer Frau, der *Amma Synkletika,* überliefert: »Es gibt eine überspannte Askese, die vom Feinde ist.« Sie meinte, die königliche Askese wäre von der tyrannischen, dämonischen durch das Maß zu unterscheiden. So warnt sie vor übertriebenem Fasten (Nr. 906). So erfährt denn die mönchische Askese die Kritik der Altväter: Gastfreundschaft und Krankenpflege werden wichtiger als das Fasten (Nr. 427 und 1176).

Ich möchte nun versuchen, die Problematik der traditionellen christlichen Askese an einem Text Luthers zu erläutern, dessen

Kritik an der Askese weit über die der Wüstenväter hinausgeht. Seine Aussage verweist auf die Unterscheidungsgabe, auf die »discretio«. An seinem Text ist nicht nur die mönchische bzw. mittelalterliche Askese zu messen: »Es lobet Gerson die Karthäuser, daß sie nicht Fleisch essen, auch in der Krankheit, ob sie drob sollten sterben; so ist der große Mann betrogen worden von der abergläubischen engelischen Geistlichkeit. Wie aber, wenn sie Gott für Mörder wird richten ihres eigenen Lebens?« (WA 10, I/2, 19).

Hätte Gerson die Karthäuser nicht gelobt, hätte er ihre Askese, den Verzicht auf Fleichgenuß, nicht als beispielhaft vorgestellt und sie nicht, um der todernsten, aber auch tödlichen Konsequenz willen, zur Nachahmung empfohlen, hätte ich heute schwerlich Gelegenheit, mit Luther Gersons Beispiel für bedenklich zu erklären und als Lehrstück für heutige asketische Übungen zu behandeln. Behandle ich den Text als Lehrstück, heißt es: Ich will jetzt nicht Luthers Stellung zur Askese erläutern. Ich will von diesem Text her unsere Stellung zur Askese klären.

Luther verweist implizit auf eine mögliche Differenz zwischen dem Urteil Gottes und dem Gersons und auf eine Gefahr, in der alle Askese steht, die Gefahr voreiliger menschlicher Bewunderung. Askese kann zum Schaugeschäft werden, zur Leistung, die sich selbst meint. Sie verliert die Schönheit Gottes und macht sich selbst schön. Damit ist die Gefahr aller Askese anvisiert, daß sie sich von Gottes Schönheit löst und die eigene Schönheit sucht. Askese wird dann zur sublimen Form der Selbstsucht. Ihr gegenüber verweist Jesus auf die Verborgenheit des Fastens. Fasten als Schaugeschäft blockiert die Sendung, darum empfiehlt Jesus, so zu fasten, als ginge man zum Essen. Georg Eichholz notiert zur Bemerkung Jesu in der Bergrede: »Wenn Fasten Zeichen der *Umkehr* des Menschen zu Gott sein soll, dann verträgt sich damit keine Rolle« (Auslegung der Bergpredigt, 1965, 110f).

Zurück zu Luthers Votum: Es verweist auf die Möglichkeit einer eschatologischen Differenz in der Beurteilung der Askese. Was dem einen als Höchstleistung der Frömmigkeit vorkommen will, kann im Urteil des letzten Richters Mord sein. Wie kommt es zu diesem Mord? Jede Verzichtleistung erscheint bedenklich, die, abgesehen von ihren konkreten Motivationen und Bedingungen, abgesehen also von ihrer relativen Gültigkeit, zum Ideal stilisiert, zum Prinzip erhoben wird – zum Ge-

setz. Verzichtleistung wird da zum mörderischen Gesetz, wo der Mensch seinen Schöpfer nicht mehr im Geschaffenen ehrt.
Darum wird eine Kritik der christlichen asketischen Bemühungen notwendig. Da Theologie die Aufgabe hat, die Geister zu prüfen, muß sie auch und gerade die Geister prüfen, die in der Askese wirksam werden, und sie wird dies um so besser tun können, wenn sie diese aus eigener Erfahrung kennt. Novalis hat uns ein Fragment hinterlassen, das hier zu meditieren wäre; es könnte hellsichtig und hellhörig machen gegenüber einer selbstzerstörerischen und mörderischen Askese:
»Es ist sonderbar, daß nicht längst die Association von Wollust, Religion und Grausamkeit die Leute aufmerksam auf ihre innige Verwandtschaft und ihre gemeinschaftliche Tendenz gemacht hat« (Schriften III, 568. Vgl. meinen Aufsatz »Wollust, Religion, Grausamkeit«, in: Entscheidung und Solidarität. Festschrift J. Harder, hg.v. H. Horn, 1973, 155ff).
Ich entnehme diesem Fragment die Einsicht, daß nur das Kreuz die gemeinschaftliche Tendenz von Religion und Grausamkeit aufhebt, daß da, wo das Kreuz zum Gesetz wird, die Sendung in einen Kreuzzug ausartet: Blutig im frühen Mittelalter, unblutig und vielfach unerkannt, weil anscheinend schmerzlos, in unseren Tagen, in unseren Breiten. Die gefährlichsten Kreuzzüge sind möglicherweise die unerkannten, zu denen man sozusagen nachtwandlerisch aufbricht. Ich denke an die seelischen Schädigungen, die einer verfehlten christlichen Erziehung anzulasten sind. Ich denke, daß eine kritische Prüfung unserer Askese vor allem aber unsere Arbeitswelt analysieren müßte.
In diesem Betracht wendet sich Luther gegen die Folgen seiner eigenen Arbeitsethik: Der so nützliche wie verheerende Ameisenfleiß der Deutschen hängt sicherlich auch damit zusammen, daß Luther, wie Karl Holl an ihm rühmt, »die Arbeit um der Arbeit willen« verkündigte (Gesammelte Aufsätze zur Kirchengeschichte I, Luther, ^{6}1932, 261f, 474f. – Vgl. auch *Alfred de Quervain*, Ruhe und Arbeit, Lohn und Eigentum, Ethik II, 1956, 53f). Die Arbeit der Stallknechte und der Schulbesuch der Knaben als Gottesdienst deklariert (WA 36, 340) und beim Sonntag den Akzent vom Feiern weg auf das Heiligen verlegt (MA III, 205), das wird seine Folgen haben im Blick auf die Gesamtkultur, das wird zu einem Kult der Arbeit und der Leistung, sobald man Gottes vergißt, zu einem Kult mit blutigen und unblutigen Menschenopfern. Auch die innerweltliche Askese, die

die Reformatoren gegen die mittelalterliche Askese setzten, wird sich gerade von Luther her die Frage gefallen lassen müssen: »Wie aber, wenn sie Gott für Mörder wird richten fremden und ihres eigenen Lebens?«
Wo Askese um ihrer selbst willen geübt wird, rückt die Religion in die Nähe der Grausamkeit. Sie wird allzu leicht mörderisch, zu einer Art Konzentrationslager mit der Inschrift »Arbeit macht frei«!
Ein kluger Mensch hat einmal behauptet: Deutsch sein heißt, eine Sache um ihrer selbst willen tun. Askese aber ist kein deutsches Wort. Askese ist ein Fremdwort, wie der Satz »Gott ist schön« fremdsprachlich ist.
Noch eine letzte Bemerkung zu Luthers Frage, die Karthäuser betreffend: es gibt ja auch unter uns, wie immer sie motiviert sein mögen, mannigfaltige Formen bewußter Askese, Asketen christlichen Bekenntnisses, Karthäuser in vielfarbigen Kutten, die unter dem Zeichen dieses oder jenes Kreuzes Verzicht leisten. Karthäuser auch, die ihre Verzichtleistung im Namen des Gesetzes zur allerheiligsten Pflicht erklären. Solche christlichen Übungen, bewußt und sicherlich oft unter empfindlichen Opfern übernommen, stehen aber im allgemeinen in einem grotesken Verhältnis zu jenen enormen Verzichtleistungen, die wir unbewußt auf uns nehmen, obwohl sie seit langem hartes Gesetz sind und nicht erst seit gestern tödlich. Die ziemliche Harmlosigkeit bewußter christlicher Askese steht in keinem Verhältnis zu den Opferungen, die unsere Gesellschaft gefordert hat und fordert. Wie viele Menschen leben und sterben, ohne ihr Leben recht gelebt zu haben, nicht weil sie sich einem »höheren Zweck« opfern, sondern weil sie durch die Verhältnisse verbraucht werden? Zwar wäre es kindisch, nun die Kulturgüter zu schelten oder das Wirtschaftswachstum voreilig zu verteufeln; aber man wäre blind, wollte man den mörderischen Schatten übersehen, der unserer Kultur- und Konsumwelt anhaftet: Mit welcher Minderung von Leben wurden seinerzeit die Bauwerke bezahlt, die wir heute nachts beleuchten? Wir bewundern heute die Dome, Schlösser und Paläste – wer mußte für sie aufkommen und mit welcher Valuta? Kein Mensch hat genügend Verstand und Phantasie, um den Verlust an Leben zu berechnen, den unser Wirtschaftswachstum gekostet hat und noch kostet: angefangen von den Unterernährten der Dritten Welt, die zum Wohle unseres Wohlstands sterben müssen, bis hin zu jenem

Manager, dem erst die Ehe kaputtgeht, weil er keine Zeit hat für seine Frau, bis endlich der Infarkt einem Leben ein Ende setzt, das äußerlich ein Glitzerding war, erfolgreich und innerlich müde, ein ächzender Leerlauf. Und welchen Tribut an Lebensqualität fordert heute eine Großstadt von ihren Bewohnern?
Allerdings verfällt man in unverständiges Eifern, wenn man hier über dem Negativen das Schöne und Angenehme vergißt, das die Industrialisierung brachte. Wenn aber die Menschheit an die Grenze des Wachstums gelangt ist, stellt sich die Frage der Askese an die Christen neu: Ob sie zu einem Zeichen einer Umkehr wird, die nach dem Exekutiv-Komitee des Club of Rome der ganzen Menschheit not tut?
»Der Grundgedanke einer Gesellschaft im wirtschaftlichen und ökologischen Gleichgewicht ist scheinbar leicht zu erfassen; doch ist unsere heutige Wirklichkeit davon so weit entfernt, daß praktisch eine geistige Umwälzung kopernikanischen Ausmaßes für die Umsetzung unserer Vorstellungen in praktische Handlungen erforderlich sein dürfte« (*Dennis Meadows*, Die Grenzen des Wachstums. Bericht des Club of Rome zur Lage der Menschheit, 1972, 175).

Theologische Reflexion der Askese

Im Versuch, die Askese theologisch zu verstehen, werde ich nicht bei der Schöpfung einsetzen, sondern bei der Neuschöpfung. Ich nehme die alte Rede von der *Wiedergeburt* nochmals auf, um sie neu zu durchdenken und mit dem Gedanken der Sendung zu verknüpfen. Ich versuche, Askese von der Wiedergeburt her zu verstehen:
Meine Wiedergeburt kann ich nicht machen. Ich kann mich selbst nicht gebären. Ich werde geboren und wiedergeboren. Indem ich aber wiedergeboren werde aus Wasser und Geist, macht der Geist etwas aus mir, kann auch ich etwas aus mir machen. Wiedergeburt hat eine Partnerschaft zur Folge, eine Partnerschaft paradoxer Art zwischen dem Geist und mir: Ich überlasse dem Geist die Führung, der Geist läßt mir immer wieder den Vortritt. Er mutet mir zu, daß ich ihm vorangehe. In der Bitte um den Geist lasse ich mir den Vortritt gefallen, damit er die Führung übernehme und mir vorangehe. In dieser Partnerschaft erniedrigt sich der Geist, um den Menschen zu erhöhen; der

Mensch demütigt sich, um dem Geist die Ehre zu geben. Es ist die Partnerschaft, in der man gemeinsam durch Türen geht.
Wiedergeburt heißt: Ich werde zum Mitspieler im Spiel der Weisheit vor Gottes Angesicht, und ich mache bei diesem Spiel bewußt mit, denn Wiedergeburt setzt ein neues Bewußtsein frei. Jede menschliche Geburt unterwirft den Geborenen einem Gesetz, den Abläufen der Natur und den Zwängen der Gesellschaft. Wiedergeburt aber ist eine Geburt zu der Freiheit, die mit der Weisheit vor Gott spielt. Askese meint ein Training im weisheitlichen Spiel.
Askese hält die Freiheit aus, geht in der Freiheit weiter und versagt sich der Rückkehr zu den ägyptischen Fleischtöpfen. In der Sprache biblischer Theologie heißt das: Der Wiedergeborene kommt nicht in Ägypten, er kommt in Jerusalem als Bergbewohner auf Zion zur Welt. »Aber Zion nenne ich Mutter, Mann für Mann ist in ihr geboren« (Ps 87,5). Askese heißt dann, sich an die Höhe des Zion gewöhnen – wie sich vor der Olympiade in Mexico die Sportler an die Höhenluft gewöhnen mußten. Im Wind der Freiheit übt sich die Askese so im weisheitlichen Spiel, daß ihr der Zufall zur zufallenden Gnade wird. So wächst sie in die Zukunft, indem sie in die Freiheit aufbricht. In diesem Sinn hat Askese experimentellen Charakter, ist sie futuristisch. Askese bleibt immer vorläufig, sie erprobt neue Möglichkeiten auf die neue Erde hin. In ihr unternimmt der Kaufmann, der die köstliche Perle fand, seine Transaktionen, die gefundene zu erwerben. Sind die Transaktionen mühsam, so ist die Perle schön. In der Wiedergeburt wird Gott in meiner Existenz leuchten, damit meine Existenz seine Schönheit reflektiere. Meine immer noch klägliche Existenz vermag aber die Schönheit Gottes nur im Verband einer Gruppe, seines Volkes nämlich, zu reflektieren. Die Wiedergeburt verwandelt die Existenz so, daß der einzelne aus seiner Isolierung herausgenommen und in der Bruderschaft der neuen Erde eingefügt wird, in der die Zukunft zum Vorschein kommt: »Wir alle aber spiegeln mit aufgedecktem Angesicht die Herrlichkeit des Herrn wider und werden dadurch in dasselbe Bild verwandelt von Herrlichkeit zu Herrlichkeit wie von dem Herrn aus, welcher Geist ist« (2Kor 3,18).
Askese wäre dann das Aufdecken des Angesichtes, die menschliche Kehrseite der Verwandlung durch den Geist. Vielleicht kann man sagen, Askese diene der Ästhetik christlichen Lebens.

Peter Ramus, der hugenottische Laientheologe und Märtyrer, hat Theologie verstanden als ars deo vivendi, die Kunst, Gott zu leben (vgl. *Jürgen Moltmann*, Zur Bedeutung des Petrus Ramus für Philosophie und Theologie im Calvinismus, ZKG 68, 1957, 295ff). Im ständigen Flechten des Textes wird die Existenz hineinverwoben in ein Gewebe: Im Lesen und Meditieren, im Gespräch über den Text wird die Existenz eingehüllt in das Textgeflecht, wird zu einem Teil des Textes, und so kommt sie hinein in ein Kleid, das neue Leute macht. Die Kunst, Gott zu leben, erweist sich letztlich als Lesekunst, und die hat Folgen:
Die Existenz des einzelnen bleibt immer eine klägliche, beklagenswerte, mit Narben und Wunden versehen; sie soll im Kleiderwechsel königlich werden. Das ist ein Vorgang lebenslang. Da bleibt der einzelne auf Hilfe angewiesen: »Ziehet an den Herrn Jesus Christus« (Röm 13,14). So verstanden wäre der Gegenstand der Theologie Askese. Sie ist es, insofern alle Theologie praktisch ist. Als Theoriebildung wäre sie freilich nicht Kunst, sondern Kunstlehre.
Askese wäre dann zu bestimmen als theo-logische Existenz des Christen, die ihren Ausgang nimmt bei der nova creatio. In ihr würde die Kunst, Gott zu leben, schöpferisch. Askese erliegt der Versuchung, sein zu wollen wie Gott, sobald sie autonom wird, nicht mehr bestimmt durch die Gegenwärtigkeit Gottes im Geist, an der alles, aber auch alles hängt. Weil alles an Gottes Gegenwart im Geist hängt, kann die Askese die Wiedergeburt weder überholen – noch in direktem Gang einholen. Sie bleibt, wie alles Menschenwerk, Fragment, es sei denn, sie vergötze sich selbst. Nur wo Askese theonom bleibt, nur dort wird ihr Gott schön, bleibt sie ihm recht, kann sie ein Feiern sein.
Askese gewinnt jetzt im Vergleich zur Kunst ihre letzte Verdeutlichung, und zwar im Blick auf das Material, mit dem der Künstler arbeitet, wie im Blick auf seine Arbeitsweise. In der Kunst gestaltet ein Mensch Material. Laute, Worte, Töne, Farbe usw. In der Askese wird der Mensch zum Künstler seiner selbst. Er selbst mit Leib und Seele und Geist wird nun zum Material, das der Mensch formt. Er macht etwas aus sich. Askese ist die Zucht, in der sich der Mensch höher züchtet, in der er eine Rolle findet und eine eigene Qualität. In der Beschränkung zeigt sich der Meister! Nur fragt es sich, wes Geistes Kind er ist, woher und woraufhin er sein Leben gestaltet: Werden Herkommen, Familie, Stand, Umwelt von der Wiedergeburt, von der neuen Erde

her bestimmt? Oder wird die Wiedergeburt von den gesellschaftlichen Gegebenheiten überdeckt und überlagert?

Askese und Kunst sind sich darin ähnlich, daß sie Natur überwinden, verformen, sie auf ein Novum hin überholen. Askese ließe sich von daher pädagogisch und moralisch verstehen: abstrakt genommen, von Wiedergeburt und Gegenwärtigkeit des Geistes abgesehen, theologisch eine Ungeheuerlichkeit. Darum ist noch ein Hinweis zu machen auf die Arbeitsweise, die die Askese erfordert.

Wenn das Material des Künstlers der Mensch selbst ist, ist seine Arbeitsweise materialabhängig. Wo der Mensch – so wie in der Tanzkunst oder in der Schauspielkunst – selbst zum Gestaltungselement der Kunst wird, braucht er einen Tanzmeister oder einen Regisseur. Er kommt als Autodidakt schlecht oder gar nicht voran, nicht nur weil es um ein Zusammenspiel geht, sondern auch darum, weil er, anders als ein Maler, Schriftsteller oder Musiker, seinem Werk nie gegenübersteht. Er bleibt immer selbst drin, und seine Kunst lebt nur in ihrer Ausübung. Noch viel mehr ist Askese eine Kunst, die des Tanzmeisters oder Regisseurs bedarf, sie führt zu den höchsten Möglichkeiten, aber sie fällt in Abgründe, wo sie sich selbständig macht. Hier wäre eine Doppelseitigkeit ihres Wesens zu entfalten, die nur benannt werden kann: Askese ist eine verborgene Kunst eines einzelnen. Sie gehört zum Geheimnis der Neuheit eines Menschen, und der Mensch bleibt in der Neuheit kein Vereinzelter.

Wie das Gebet als verborgenes Werk des Glaubenden und zugleich in der Öffentlichkeit eines Gottesdienstes zu üben ist, so bewegt sich alle Askese in der Dialektik von Verborgenheit und Öffentlichkeit, Einsamkeit und Gemeinschaft. Gerade im Blick auf die heutige Gesellschaft wird eine gemeinsame Bemühung um die Askese nötig sein, und Wiedergeburt verweist ja auf eine Existenz im Chor. »Im Chor ist Wahrheit«, heißt es bei Kafka (vgl. *Max Brod*, Franz Kafkas Glauben und Lehre, 1948, 70). Dies könnte nun ein Zeichen sein, daß Askese nicht in eigene Regie genommen wird, wenn die beiden Seiten ins Gleichgewicht kommen: Der einzelne weiß sich an die Gesellschaft gewiesen, die Gemeinschaft besorgt dem einzelnen die Freiheit. Wird eine Seite totalitär, ist sie schon autonom geworden, auch wenn sie sich nachhaltig auf den Herrn Jesus beruft. Nur im Wechselspiel zwischen der Solitude und dem Chor wird Askese hochzeitlich werden.

Eine Ästhetik christlichen Lebens kann nur entworfen werden auf das Ende hin, als endzeitliche Hochzeitsvorbereitung also. Askese ist unterwegs dahin, wo Gott nicht nur schön, dahin, wo er alles in allem schön ist; wo er in allem »Gegenstand der Lust, der Freude, des Wohlgefallens, des Begehrens und des Genusses« wird. Zu diesem Ziel hin ist die Christenheit auf Erden unterwegs. Zu diesem Ziel hin sind die Jünger Matthäi am letzten gesandt in alle Welt, um zu Jüngern zu machen alle Völker, sie zu taufen und sie das zu lehren, was Jesus lehrte (Mt 28,18-20). Im Blick auf dieses Ziel ist Askese eine feine Kunst und Theologie eine schöne Kunstlehre. Im Blick auf dieses Ziel muß sich die Askese nach Ort und Zeit orientieren, muß sie sich dem Gelände anpassen, kann sie sich nicht Spielregeln geben ein für allemal. Auch dies wird ein Zeichen sein, daß sie sich nicht vom Tanzmeister und Spielleiter gelöst hat, wenn sie nicht bei liebgewordenen Spielregeln stehenbleibt. Ich denke, Reinhold Seeberg ist zuzustimmen, wenn er betont, daß das Neue Testament keine asketische Gesetzgebung aufstellt, sondern Mahnungen darbietet zur »Überwindung des Fleisches« im sittlichen Kampf. Ebenfalls ist aus dem Neuen Testament die Erkenntnis zu gewinnen, daß die Askese »in jedem Zeitalter der Geschichte aus den praktischen Verhältnissen ihre besonderen Formen empfangen wird« (RE I, 36). Dann aber wäre zu fragen, welche Gestalt der Askese denn *heute* vonnöten wäre.

Frage nach der heute gebotenen Askese

Ich möchte im Folgenden zwei von vielen möglichen Weisen evangelischer Askese zur Diskussion stellen, die mir für unsere Frage wichtig scheinen, meinend, sie böten einen Hinweis zu der Askese, die heute und gerade heute geboten wäre: als Spielregeln der Weisheit auf die neue Erde hin.
Die beiden hier zu verhandelnden Möglichkeiten mögen andeuten, daß eine Askese, die sich nach den praktischen Verhältnissen richtet, grundsätzlich einen unendlich weiten Spielraum hat: Sie reicht von einer »Askese«, die jedem Christen vom Evangelium her zuzumuten ist, bis hin zum Tun des Außerordentlichen. In der Sprache des Neuen Testaments heißt das: Der Heilandsruf an alle Mühseligen und Beladenen schließt eine andere »Askese« in sich als der Ruf einzelner in die Nachfolge. Einmal heißt es: »Mein Joch ist sanft, und meine Last ist leicht«

(Mt 11,30) und ein andermal: »Ich sende euch wie Schafe mitten unter die Wölfe« (Mt 10,16). Wenn ich hier zwei verschiedene Weisen der Askese benenne, möchte ich damit nicht andere Möglichkeiten für unwichtig erklären.

Zuerst wiederum etwas sehr Simples, das wir so leicht verachten, vielleicht weil es so wenig braucht und doch so schwer ist; es zeigt, wie leicht die Last und wie sanft das Joch sind, die Jesus uns auflegt. Die Sache scheint auf den ersten Blick allzu einfältig, einfach und für gebildete und mündige Zeitgenossen, insbesondere für Akademiker, unzumutbar; aber diese verächtliche Simplizität könnte nur eine Seite sein einer sehr hohen Kunst: die Sonntagsstille feiern.

Wenn der Sonntag der Tag ist unterwegs zur Hochzeitlichkeit, ist Askese die Einübung in den Sonntag: einmal nicht mehr zu reden, sondern zu schweigen. Die Stille und das Schweigen auszuhalten. Man versuche doch einmal, die Stille eines Sonntags zu feiern, und man wird erfahren, was Askese ist. Man läßt die Zeit laufen, läuft ihr nicht nach und findet sie.

Wo es zur Sendung des neuen Menschen kommt, wirft ihn der Geist in die Wüste hinaus (Mk 1,12f). Der Geist führt Jesus nicht dahin, wo er bewahrt, sondern dahin, wo er versucht wird. Jesu Askese in der Wüste ist eben keine bewahrende, moralische Askese, sondern eine Askese, die alles aufs Spiel setzt. Indem Jesus sich in der Wüste herumtreiben läßt, wird er zum Austreiber. So ist die Wüste nicht nur der Ort der Versuchung, sie wird zum Ort, da das Paradies wiederkehrt. Die Wiederkehr des Paradieses fängt da an, wo der Versucher sich verzieht und die Engel ankommen (Mt 4,11).

Wo der Mensch von heute sich vom Geist in den Sonntag führen läßt, wird er zunächst erfahren, daß dieser Tag noch jenseits von Eden ist. Und möglicherweise wird an diesem Tag Wüste zum Vorschein kommen; eine Wüste nicht wie im Negev oder in der Sahara, sondern eine Wüste wie überall in der Welt, auch mitten in einem Zimmer. Nun wird es still; aber schon redet da einer. »Ein anderer, ganz anderer, ein entsetzlich anderer, führt sogar vernehmlich das Wort . . .« (*Thomas Mann*, Doktor Faustus, 1947, 343).

Die Stille und das Schweigen aushalten heißt, zuerst den zum Schweigen bringen, der in der Wüste das Wort führt, heißt, ihn so zum Schweigen bringen, daß er seinen Platz den Engeln räumt. Hier erst beginnt die Sonntäglichkeit des Sonntags. Und erst wenn die Gemeinde die Sonntäglichkeit findet, wird sie die Macht bekommen, die bösen Geister der Zeit auszutreiben. Macht über die Geister hat der, der aus einer Stille kommt, die Wüste war und sonntäglich wurde. Warum fällt dem Menschen, und dem Zeitgenossen besonders, das Schweigen und Stillesein und also der Sonntag so schwer?

Nach Franz Kafka gehört »Stummheit ... zu den Attributen der Vollkommenheit« (zit. nach *Brod*, 26). Ich möchte diese Einsicht so verstehen und aufnehmen, daß uns der Gott, der das Wort war, unverfügbar bleibt. Deshalb auch werden das Schweigen und die Stille schwierig für uns, weil wir in ihnen einer Stummheit begegnen, vor der wir vergehen – einer Stummheit, in der wir sterben, bis uns das Wort auferstehen läßt, in dem das Paradies wiederkehrt.

Eine Erneuerung der Christenheit wird es wohl nur geben, wenn Gottes Volk sich aufmacht, um Jahwe ein Fest in der Wüste zu feiern. Um dieses Fest geht es jeden Sonntag im Reden und im Schweigen. Ich meine in der Tat, daß die erste Art des Fastens, die uns heute not tut, das Wort-Fasten ist. In einer sprachlosen Welt, die sich immer wieder durch die Rhetoren überreden läßt und die Worte nur verbraucht, muß es Menschen geben, die Schweigen lernen, um das rechte Wort für ihre Zeit zu finden. Im Wort-Fasten allein ist das Wort zu finden, das notwendige, das wir verloren haben.

Wieder können wir bei den Wüstenvätern in die Schule gehen: »Der Altvater *Makarios* in der Sketis, der Große, sprach zu den Brüdern, als er den Gottesdienst verließ: ›Flieht, Brüder!‹ Und einer von den Alten sagte ihm: ›Wohin sollen wir denn in dieser Wüste noch hinfliehen?‹ Makarios legte ihm den Finger auf den Mund und sagte: ›Das fliehet!‹ Und er betrat sein Kellion, schloß die Tür und setzte sich nieder« (Nr. 469). Es ist kein Zufall, daß die Tradition dem Makarios ein bedeutendes Predigtwerk zugeschrieben hat! Das Wort gewinnt im Schweigen Macht über den Prediger.

Kennzeichen der Zwänge, in denen wir leben, ist doch dies, daß immer etwas laufen muß. In der Kirche des Wortes muß das Mundwerk pausenlos laufen, auch wenn es leerläuft – möglicherweise sogar auf Tagungen. Diejenigen, die die Stillsten sein müßten, die Bischöfe und Präsides, reden heute fast pausenlos und fügen damit der Kirche Christi vielleicht mehr Schaden zu als alles, was Augstein heißt. Ich möchte hier nicht einem Quietismus das Wort reden, meine aber, daß eine Kirche und eine Gruppe in ihr für eine Gesellschaft, die an ihrer Überproduktion zu ersticken droht, solange irrelevant bleibt, als sie nicht Zeichen zu setzen weiß, Zeichen der Freiheit und des Widerstandes in dieser Welt. Die Feier sonntäglicher Stille könnte subversiv wirken; dann nämlich, wenn sie die Freiheit feiert. Es zeigt sich heute in einer früher vielleicht so nicht gesehenen Deutlichkeit, wie sehr der Sabbat/Sonntag »eine Angelegenheit der Welt« ist.

Der Soziologe *Fred L. Polak* schreibt im Blick auf die Möglichkeit einer kommenden Katastrophe der Menschheit: »Das größte Bedürfnis unserer Zeit ist unser Bedürfnis nach Zeit. Wir sitzen auf einer Zeitbombe, die in absehbarer Zukunft explodieren könnte. Wieviel Zeit bleibt uns noch?« (Technik und Forschung als Hilfsmittel der Gesellschaft, in: Qualität des Lebens, 142).

Wer auf einer Zeitbombe sitzt, kann schlecht feiern. Wenn die Menschheit ihren Sitz auf der Zeitbombe sich dadurch erwarb, daß sie die Arbeit vergötzte, muß man fragen, ob und wie die Bombe Zeit zu entschärfen sei. Dann kann die Stille *eines* Sonntags schon zum Zeichen der Entschärfung werden, und der Glaube feiert den Sonntag als Fest der Freiheit und als Göttersturz. Das Heiligen und Segnen des Sabbats wird durch die Auferstehung Jesu am ersten Tag der Woche erst recht zum Zeichen für alle Welt, daß sie Zeit haben, sich Zeit nehmen darf.
Nochmals sei an Walter Dirks erinnert, der zu zeigen versuchte, wie verschiedene Ordensgründungen auf Probleme ihrer Zeit antworteten. Ich denke, es sei wichtig, daß Gruppen von Christen heute einer sprachlosen und am Wortlärm leidenden Menschheit stellvertretend sozusagen eine »Antwort der Mönche« geben. Ich meine, dies wäre möglich, ohne Anruf der Heiligen Anna und ohne Mönch zu werden. Es wird aber nicht möglich sein ohne irgendeine Übung des Schweigens, ohne den Mut zur Stille, ohne die meines Erachtens ein Christenmensch seine Freiheit nicht findet. Ich sehe den Gewinn des Wortfastens – und das meint Sonntagsstille – in einem Zeit- und Sprachgewinn. Es könnte wohl sein, daß im Wortfasten dem Menschen ein kritisches Bewußtsein zuwächst, das aus einem Konformisten einen Protestanten und aus einem Gejagten einen Exorzisten macht.
Ein Kennzeichen angepaßter Christlichkeit besteht ja wohl darin, daß man das Liebesgebot in ein Gebot der Gefälligkeit umschminkt. Es gibt unter uns eine Gutmütigkeit, die nicht nein sagen kann und die zu einer Verzettelung und zu einem Verschleiß

derer führt, die mit Ernst Christen sein wollen. Diese Gutmütigkeit hat immer gute Gründe für ihre Geschäftigkeit, und sie hascht nach Wind, weil sie sich dem Wind nicht aussetzt, der in der Wüste weht. Die Christen denken nicht genug, darum tun sie zu viel und das Notwendige nicht. Und sie denken nicht genug, weil sie kein Fasten kennen. Aus solcher Askese aber könnte aus Gutmütigkeit ein Neues wachsen, der Mut.

Ich erinnere nochmals an das Zwiegespräch mit Karl Barth, dem ich meine Frage nach der Askese vorlegte. Barth schwieg eine Weile, sog an seiner Pfeife und sagte dann: »Sehen Sie, für mich bedeutet Askese nicht, daß ich weniger rauche, wohl aber, daß ich weniger rede ... Verzicht auf Vortragsreisen.«

Weniger reden heißt, auf viele Wirkungsmöglichkeiten verzichten, sogar viele Gelegenheiten zur Verkündigung vorübergehen lassen, warum? Um einer Möglichkeit willen: Der Glaube, der den einen Berg versetzt, läßt alle Möglichkeiten der Landschaftsgärtnerei hinter sich. Im Wortfasten wird neu entdeckt, welcher Berg zu versetzen ist, damit die Landschaft schön werde. Der Zeit- und Sprachgewinn, den die Sonntagsstille bringt, ist der Gewinn an Poesie. In der Poesie aber findet der Mensch hinwiederum ein neues Verhältnis zur Zeit.

Wenn Wiedergeburt als eine solche zur Poesie, zu Klage und Lob verstanden werden kann, wird Askese zur Vorschule der Poesie, wobei ich »Poesie« nicht literarisch verstanden wissen möchte, sondern schlicht als Befreiung aus jener Zeitbedrängnis und Sprachlosigkeit, in der der Mensch zu Grunde geht, weil er seine Angst und sein Entzücken nicht zu formulieren vermag. Poesie gibt es nicht ohne Stille; Lob und Klage können nicht aufsteigen, solange das »Wortgeräusch« herrscht. Wo Lob Lob und Klage Klage ist, brechen sie ein Schweigen. Wo aber Lob und Klage stumm bleiben, wird auch kein heilendes Wort gefunden, und Gottes Schönheit bleibt verborgen.

Anders bei *Serafim von Sarow*. Er lebte zu Beginn des letzten Jahrhunderts drei Jahre lang in völligem Schweigen. In der letzten Zeit seines Lebens wurde er dann zum Seelsorger Rußlands, der Ungezählte zum Heil führte. Wer weniger redet, hat mehr zu sagen (vgl. *Igor Smolitsch*, Leben und Lehre der Starzen, o.J., 206ff). »Sei fünf Minuten still«, hieß einmal ein gutgemeinter Buchtitel. Nur fünf Minuten?

Wenn ich mit dem Schweigen, mit dem Wortfasten primär eine Askese des einzelnen meine, eine spirituelle Askese mit sozialen Auswirkungen freilich, so wäre jetzt demgegenüber von einer Askese zu sprechen, die primär die Sozietät meint, eine Askese im Materiellen mit spirituellen Auswirkungen auf den einzelnen. Wie wir angesichts der Sprachlosigkeit und Zeitnot der Welt eine Askese der Stille brauchen, brauchen wir angesichts des Hungers in der Welt und angesichts der Umweltkrise in der industriellen Gesellschaft eine Einübung in die Armut. In der Armut kommt das Fasten ganz von selbst. Gegenüber der Armut wird nun vollends deutlich, daß unsere bisherige Askese wenig oder nichts taugt.

In den letzten Jahren hörte und las ich wohl kaum einen Satz Bonhoeffers häufiger als den aus »Widerstand und Ergebung«: »Die Kirche ist nur Kirche, wenn sie für andere da ist«, aber damit brach das Zitat in der Regel ab, verdächtig schnell. Der zweite Satz lautet nämlich: »Um einen Anfang zu machen, muß sie alles Eigentum den Notleidenden schenken« (WE[1] 261. – Vgl. *Martin Hengel*, Christliche Kritik am Reichtum. Das Eigentum in der frühen Kirche, EvK 6, 1973, 21ff).

In unseren Kreisen begnügt man sich offensichtlich mit Vorsätzen und scheut die Nachsätze. Seit Bonhoeffer den vielzitierten und den kaum zitierten Satz niederschrieb, ist uns der »Teufelskreis der Armut« in den industriell unterentwickelten Ländern ins Bewußtsein eingedrungen und die Entwicklung in den Industrienationen bis zum ökologischen Alptraum gediehen.

Wohl gibt es Kliniken für Fastenkuren; aber die Fastenkur, die der Christenheit not täte, das Heilfasten, hat noch nicht stattgefunden. *Karl Rahner* schreibt: »Wir, die wir uns nicht unter diese Armen rechnen können, sind reich (in irgendeinem, wenn auch noch so verschiedenen Umfang), *auch weil* (das ›auch‹ und das ›weil‹ sind zu beachten!) jene Armen arm sind. Wir geben das biblische ›Almosen‹, das heute in einer evolutionären und revolutionären Veränderung der gesellschaftlichen Strukturen auf mehr Gerechtigkeit hin bestehen müßte, nicht oder nicht in genügendem Maße« (Von der Unfähigkeit zur Armut, in: Neues Hochland 64, 1972, 53).

Er weiss agt: »Es wird voraussichtlich der Kirche nicht gelingen, denjenigen Kampf gegen die Armut durch ihre eigene ›Armut‹ zu führen, der an sich ihre Pflicht wäre. Die Kirche wird die Kirche nicht genügend mobilisieren. Es besteht eine Unfähigkeit zur Armut« (55). Dann stellt er die Frage: »Es hat immer heroische Menschen in der Kirche gegeben; aber hat es schon einmal eine heroische Kirche gegeben?« (57).

Nach tausend Jahren Unglück durch Heldentum kann man in Deutschland schlecht die Christen auffordern, Helden zu werden. Rahner tut es auch nicht. Wer Gott die Ehre gibt, wer ihm Recht gibt und um den Fragmentcharakter christlichen Lebens weiß, kann von der Kirche nicht Heroismus verlangen. Er kann sich aber auch nicht mit Harmlosigkeit, Langeweile und Ängstelei als den Kennzeichen des wahren Christenlebens zufriedengeben. Ihm wird die wahre Unfähigkeit zu trauern zuwachsen, die Unfähigkeit, traurig von dannen zu gehen, wie der reiche Jüngling traurig von dannen ging, der wußte, daß er nicht können wollte, obwohl er wußte, daß er wollen könnte. Seine vielen Güter ließen ihn mutlos: Viele Güter sind viele Möglichkeiten. Im Verzicht auf seine vielen Möglichkeiten hätte er eine neue, nämlich Gottes Möglichkeit gefunden. Ich meine, dem reichen Jüngling fehlte es an Mut, auch schlau war er nicht. Es fehlte ihm an Mut und an der Schlauheit des Perlenkaufmanns, alles auf einen Erwerb zu setzen und aus allen Möglichkeiten diejenige Gottes zu wählen. Sein Elend bestand nicht zuletzt darin, daß er allein war und niemanden hatte, der ihm Mut einflößte und ihm zu der Schlauheit half, die seine Vorsicht überrundete.

In einer Gruppe kann man sich gegenseitig angst machen. In einer Gruppe kann man sich aber auch gegenseitig Mut machen: man kann einander gut zureden, einander helfen, das Tapfere und Schlaue tun. Glauben heißt, das Tapfere tun, und als Tat der Freiheit ist Askese dieses Tapfere – die Möglichkeit, die ich habe, die Begabung, mit der ich begabt bin, den Segen, mit dem ich gesegnet bin, nun nicht für mich und meine Zukunft, für mein Ansehen und meine Sicherung zu gebrauchen und zu verbrauchen, sondern das, was ich habe, wegzuschenken, um Gottes Möglichkeit zu gewinnen. So schlau handelt der Glaube. Wir brauchen gegenseitige Ermutigung zum Wegschenken, um den Armen Möglichkeiten zu eröffnen, auf die sie bis jetzt verzichten mußten, zwangsläufig, notgedrungen. Wir entdecken dann: Die Armen sind unsere Möglichkeit, den Genuß zu finden, den die vielen Güter nicht und nie bieten, den Genuß von Gottes Schönheit.

Vergessene Fragen

Wieder blicken mich die hungrigen Augen aus der Menschenmauer im Flughafen von Bombay an, und ich lese den Satz, den ich vor einem guten Dutzend Jahren schrieb noch einmal: »Die Armen sind unsere Möglichkeit, den Genuß zu finden, den die vielen Güter nicht und nie bieten, den Genuß von Gottes Schönheit.« Über zwölf Jahre lang habe ich seither gelebt, ohne jeden Mangel an vielen Gütern, und nun springt mein eigener Satz mich an und zeigt das strengere Gericht, dem die Lehrer unterworfen werden (Jak 3,1). Er erklärt meine weitgehende Genußunfähigkeit: Genießt man zu vieles, vermag man den Einen nicht zu genießen!

Wie aber verhalten sich Genuß und Entsagung zueinander? Gehe ich nicht auf gefährlichen Pfaden, wenn ich van Rulers Satz wiederhole, wonach man »Gott nicht wirklich und völlig genießen« könne, »wenn man seine Welt nicht genießt«? Kommt beim Genießen der Welt nicht die Begehrlichkeit sofort ins Spiel, so daß das »Fleisch« mächtig wird? Man frage hier nicht zu schnell. Auch die Entsagung bleibt versuchlich. Auch dem Asketen kann das »Fleisch« einen Streich spielen, indem die Begehrlichkeit pervertiert zu selbstzerstörerischem Wirken, so daß Gerson die Karthäuser besser nicht gelobt hätte. Die geistlichen Lehrer wußten zudem, daß Enthaltsamkeit nur allzu schnell zu geistlicher Überheblichkeit, zu Hochmut verführen kann.

Es hilft mir wenig, wenn ich darauf verweise, daß sich an der Frage nach dem Verhältnis von Askese und Lebenslust eben zeige, wie versuchliche, sündliche Menschen wir seien, wie kein Lebensstil uns vor dem Mangel an Ruhm schützen könne, den wir vor Gott haben sollten (vgl. Röm 3,23), denn damit würden wir uns der Verantwortlichkeit, die wir für uns und die Welt haben, entziehen: Für das Finden eines Lebensstils, der heute not tut, wird es dann nötig werden, das Verhältnis von Genuß und Entsagung zu klären. Es scheint mir weise zu sein, vorerst nur auf die Frage hinzuweisen. Wenn meine hier gebotenen Überlegungen zu einer gewissen Vorklärung helfen könnten, wäre schon viel gewonnen.

Die Nötigung, nach dem Lebensstil zu fragen, entsprang der Einsicht in eine dreifache Sünde: »die Sünde, reich zu sein in einer armen Welt«, die Sünde an der Umwelt und die Sünde der Rüstung. Warum bin ich selbst und ist die Kirche mit mir unfähig zur Armut und damit unfähig, Gottes Schönheit zu genießen? Warum hat Bonhoeffer seine Mahnung an die Kirche, alles Eigentum an die Notleidenden zu verteilen, in den Wind geschrieben? Offensichtlich ist es nicht leicht, sich aus den Verstrickungen zu lösen, in die wir im Lauf der Geschichte hineingeschlittert sind. Die Sünde des Reichtums habe ich ererbt und teile sie mit all denen, die ihr Brot nicht teilen. Aus der dreieinigen Sünde, die uns kaputtmacht, kann sich der einzelne wohl kaum lösen – und schon gar nicht aus eigener Kraft. Trotzdem bekommt der einzelne einen unendlichen Wert für das Ganze. Zum Mehrwert, in den ein Christenmensch wiedergeboren wird, gehört ja gerade, daß er etwas wird für das Ganze der Menschheit. Darum frage ich mich, ob Rahner dem Problem nicht ausweicht, wenn er zwischen heroischen Christenmenschen und der Kirche unterscheidet. Wenn er fragt, ob es »schon einmal eine heroische Kirche gegeben« hat, dann würde ich sagen: ja – die Kirche in den Cevennen beispielsweise (vgl. *Robert Gagg*, Kirche im Feuer, 1961).

Für mich besteht kein Zweifel, daß die Unterscheidung zwischen heroischen Menschen und einer unheroischen Kirche eine Spätfolge der Fatalität darstellt, die das Mönchtum der Christenheit verursacht hat, daß nämlich Jesu Ruf zur Vollkommenheit auf eine Elite, eben auf die der Mönche bzw. der Asketen eingegrenzt wurde. An dieser Spätfolge hat auch die vorliegende Schrift Anteil, indem sie die Frage des Gemeindeaufbaus weithin ausgeklammert hat, wohl wissend, daß Lebensstil und Aufbau der Gemeinde zwei Seiten einer Sache sind. Die Unfähigkeit zur Armut, von der Rahner sprach, erweist sich als Unfähigkeit zur Gemeinschaft. Und diese doppelte Unfähigkeit angesichts dreifacher Sünde kann nur als Zeichen des Gerichts gesehen werden:

Im Gericht steht unsere bürgerlich-christliche Stilmischung, die Gott genießen möchte ohne den Armen und lieber auf das in der Zeit Ersparte setzt als auf die Sonntäglichkeit des »sorget nicht«. Im Gericht steht eine Kirche, die Kirchengebäude nach Dietrich Bonhoeffer benennt und sich Jahr für Jahr um Ausgeglichenheit des Budgets sorgt – und sich in Sammlungen für Notleidende ein Alibi verschafft. Im Gericht steht eine Kirche, deren Lieder »weder richtig klagen noch jubeln lassen, sondern in stumpfsinnigem Rhythmus in sich hineingrummeln und -mümmeln, was immer der öde Griff in die Gitarre begreift« (*Adloff*, 183). Im Gericht steht eine Theologie, die Gott dem Menschen unterworfen und es schon aufgegeben hat, gegen den todbringenden Zeitgeist aufzustehen, die vielmehr bemüht ist,

aus dem Gott Israels einen Plüschgötzen zu machen, der zu jeder Möblierung paßt. Im Zorn Gottes zerbrechen alle Stile, und wir sind am Ende mit unserem Latein und all unseren Künsten, »denn wir vergehen durch deinen Zorn« (Ps 90,7).
Ich bin ausgegangen von einer Art Schrecksekunde nach längerer Reise. Man ist nicht mehr unterwegs und noch nicht da, wo man ist. Ist das die Zeit des Gerichts, da man keine Zeit mehr hat? Wo man nur noch mit dem Psalmisten stöhnen kann: »Deine Schrecknisse vernichten mich« (Ps 88,17). Da trägt einer nicht das Gewand ans Licht, in das Gott die Seinen kleidet, da quält sich einer in der Isolation: »Den Freund und Genossen hast du mir entfremdet, mein Vertrauter ist die Finsternis« (88,19).

Im Schrecken des Gerichts findet all das, was wir über Lebensstil, über Fasten und Feiern bedenken können, seine Grenze. Sie habe ich seinerzeit übersehen; darum galt mir »die Gruppe von jungen Christen« als Avantgarde, der es in der Gegenwart des Geistes gelingen könne, »was nach Rahners Prophetie der Kirche als Ganzes nicht gelingen wird«. – Sicherlich kann es immer wieder Gruppen geben, die den andern voraus sind, die auch heroischer leben als die Masse des Kirchenvolkes. Sehe ich mich und die Kirche aber im Gericht, muß ich sehen: Jede Gruppe aber von Christen ist mit der ganzen Kirche korrumpiert, und wir nehmen das Gericht nicht ernst, in das wir alle geraten sind, wenn wir – wie das heute oft geschieht – mit einigen Schlagworten eine so oder so bestimmte Gruppe als eine Art heiligen Restes deklarieren. So nehmen die kirchlichen Programme und ekklesiologischen Entwürfe, die ich kenne, das Gericht nicht wahr; dann aber macht man es sich mit der Bekehrung, der Weltverantwortung oder dem Gemeindeaufbau zu leicht. Darum kann man nur mit *Anselm von Canterbury* warnen: »Nondum considerasti, quanti ponderis sit peccatum«: »Du hast noch nicht bedacht, welches Gewicht die Sünde habe.« Aus den hungrigen Augen der Dritten Welt blickt dich deine eigene Sünde an. Aber wer kann solchen Anblick ertragen? Auch wer nur von weitem eine Ahnung von diesen Dingen hat, den vernichten Gottes Schrecknisse.

Die Geburt soll für den Menschen ein Schock sein, hörte ich sagen und weiß: Wiedergeburt geht durch einen Schrecken hindurch. Erschrockenheit gehört zu ihrem Lebensstil.

Das vergessene Volk

Unter diesem Titel hat *Michael Holzach* 1980 einen Bericht veröffentlicht über »Ein Jahr bei den deutschen Hutterern in Kanada« (dtv TB 10051). Er kam erst nach der Fertigstellung des Buchmanuskripts über »Lebensstil« in meine Hände, sonst hätte ich ihn gerne Schritt für Schritt in meine Meditationen aufgenommen. In diesen Nachfahren einer Täufergemeinschaft begegnen wir einem Lebensstil, der in seiner Radikalität an die Väter der ägyptischen Wüste erinnert. Vielleicht gibt es in der ganzen Christenheit keine Gemeinschaft, die in ihren Licht- und Schattenseiten für unser Thema bedeutsamer wäre als die Hutterer.

In gewisser Weise liest sich der Bericht von Michael Holzach wie ein Kommentar zu der Schrift des syrisch-orthodoxen Metropoliten über »Die Sünde reich zu sein in einer armen Welt«: Die Existenz dieser Gemeinden verschärft die Frage nach dem Gericht, in dem wir als Christen hierzulande stehen, indem sie uns vorleben, wie man ohne Privateigentum leben und ein Gemeinwesen von der Schrift her organisieren kann: »Kein Aspekt des hutterischen Lebens fasziniert mich so, wie die Verdammung des Eigentums, und nirgendwo ist der Kontrast zur gesamten übrigen Welt so stark wie hier« (126). Sie setzen mit ihrer Existenz ein Zeichen dafür, daß die Menschheit nicht in arm und reich geteilt bleiben muß. Ihre Ablehnung des Krieges geht so weit, daß sie Steuern für Rüstung verweigern (214ff). Ihre Geschichte zeigt, daß der Weg zum Frieden ein Weg durch Leiden der Friedfertigen sein wird.

Die Existenz dieser Gemeinden mit ihrer Großzahl an Märtyrern deckt ein Stück Vergangenheit der europäischen Christen auf, für die sie noch nicht Buße getan haben. An der »Martertafel«, die der Anhang bringt (244ff), kann man sich bewußt machen, wie sehr *wir* unsere Vergangenheit verdrängt haben. Ist das Blut der Märtyrer der Same der Kirche, dann schreit das Blut der Märtyrer, das im Namen der Rechtgläubigen vergossen wurde, gegen die Kirche. Die Stillosigkeit unserer Existenz hängt auch mit der Schuld an den Täufern zusammen, die seit der Reformation an uns haftet.

Sowenig zeitgemäß ihr Lebensstil anmutet, sosehr sind sie uns in gewisser Weise voraus. Sie haben bewahrt, was etwa die Reformierten von Calvin her verloren haben, das Bemühen um die Reinheit der Gemeinde. Auch leiden sie offensichtlich nicht unter dem egoistischen Individualismus der bürgerlichen Religion, der den einzelnen isoliert.

Diese Brüder und Schwestern leben die Ankunft in der neuen Welt Gottes. Im Anschluß an sein Erleben bei der Schafschur meint Holzach: »Hutterische Existenz ist sich immer ihres göttlichen Auftrags bewußt. Das Diesseits und das Jenseits sind jederzeit miteinander verbunden, das eine ist auf das andere bezogen, die Gemeinde ist das Bindeglied zwischen Himmel und Erde. ›Wir lebn im Vorhof zum Paradeis‹, sagt Jakob immer, und sieht man sich um in diesem Stall, wo jeder seinen Kuchen und Martin seinen weichen Schlaf hat, wo ›Gerechtigkeit und Frieden sich küssen‹, dann zweifelt man nicht an seinen Worten. Die Brudergemeinde Wilson – sie ist wirklich das ›neue Jerusalem‹, ›die Hütte Gottes bei den Menschen‹ (Offenbarung 21,2.3). Wer könnte hier im Schafstall daran zweifeln?

Ich frage mich, warum die Menschen hier so zufrieden sind mit sich und ihren Nächsten, trotz ihrer biblisch verankerten Ängste vor Schuld und Sühne, trotz dieser Welt, die für sie ein Jammertal ist, ein Ort der qualvollen Entbehrung, und trotz eines Lebens, in dem ›man zuvor leiden muß, ehe man kommt zu Ehren‹ (Sprichworte 15,33) – woran liegt das? Die Antwort klingt paradox: Nicht trotz, sondern wegen der Ängste, des Jammers und der Pein sind die Hutterer glücklicher als mancher Erdenbürger draußen, der sein Leben lang hinter dem Glück herjagt, der alles darf und vieles hat, und der am Ende doch arm und verzweifelt ist« (56f). Die Härten des Daseins, denen sich die Hutterer aussetzen, werden schon hier mit Freude belohnt: »Die Vorstufe aufs Jenseits wird im himmlischen Vorhof Wilson schon als viel schöner erlebt, als alle Scheinfreuden der Konsumwelt zusammen genommen« (58).

Ich kann am Schluß meiner Überlegungen nichts Besseres tun, als auf das Modell und – Gegenbeispiel hinweisen, das uns – nach Ausweis des Autors – die Hutterer vorleben.

Eine evangelische Kritik am Mönchtum trifft in mancherlei Hinsicht auch die Hutterer. Sie haben keine Kirche, sie *sind* Kirche, man darf wohl sagen: »eine heroische Kirche«, aber sie hindern uns, wie sie – Kirche zu werden: Ihr Rückzug von der Welt wirkt kaum modellhaft auf ihre unmittelbare »christliche« Umgebung. Sosehr ihre Lebensgestaltung imponiert, so zukunftsweisend ihre archaische Existenz sich darstellt, scheint doch ein Stück Weltverantwortung und damit auch ein Stück missionarischer Kraft zu fehlen (vgl. 152. 166). So verschärfen sie mit ihrer Kulturkritik auch unsere Frage nach dem Verhältnis von Entsagung und Genuß und damit die nach der heute gebotenen Askese und nach unserem Verhältnis zur Kunst. Sie verschärfen diese Frage gerade durch die dezidierte Antwort, die sie geben. Das vergessene Volk mahnt an vergessene Fragen.